JN065804

人物叢書

新装版

中田　薫

なかだかおる

北　康宏

日本歴史学会編集

吉川弘文館

中田薫肖像（50歳）

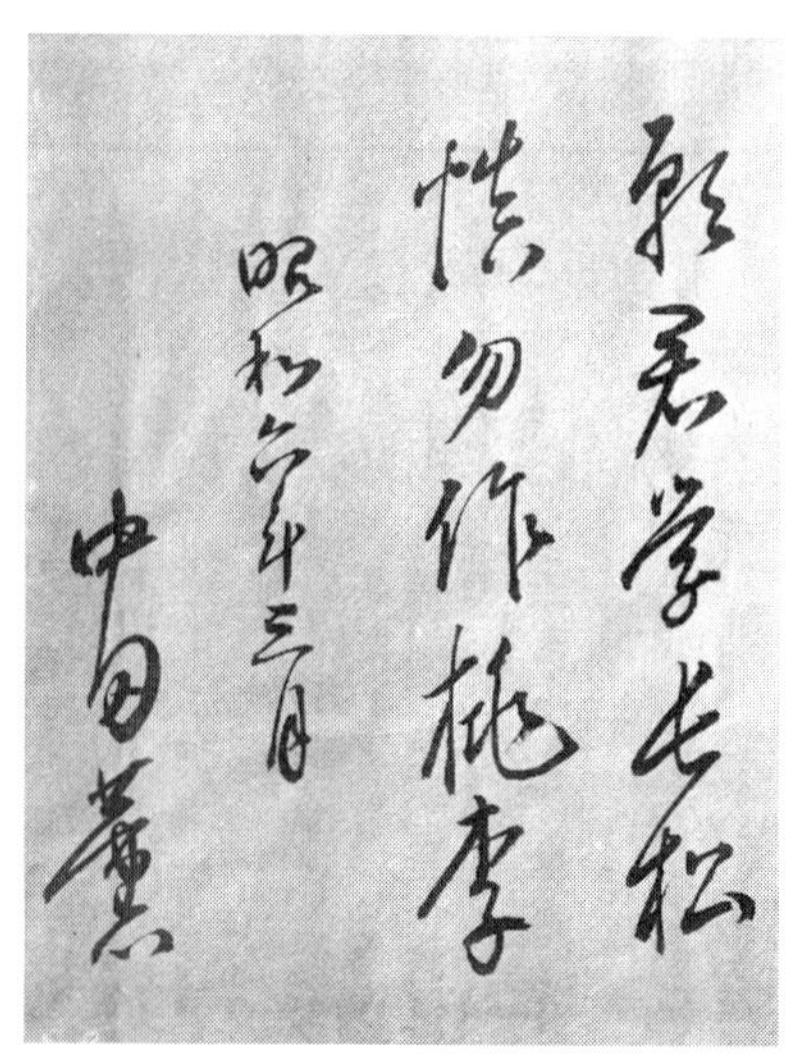

色紙「願君学長松／慎勿作桃李」

（昭和 6 年 3 月，唐李白の「贈韋侍御黄裳二首」其一より，『法学部卒業記念帖』昭和 6 年 3 月）

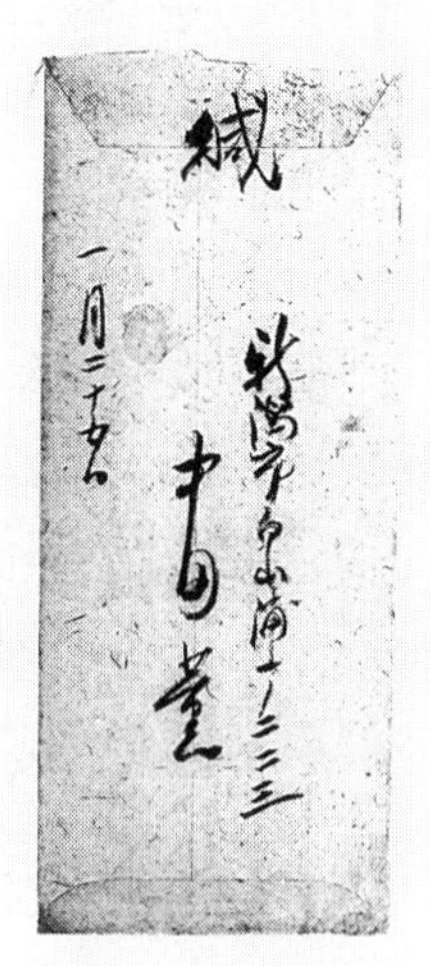

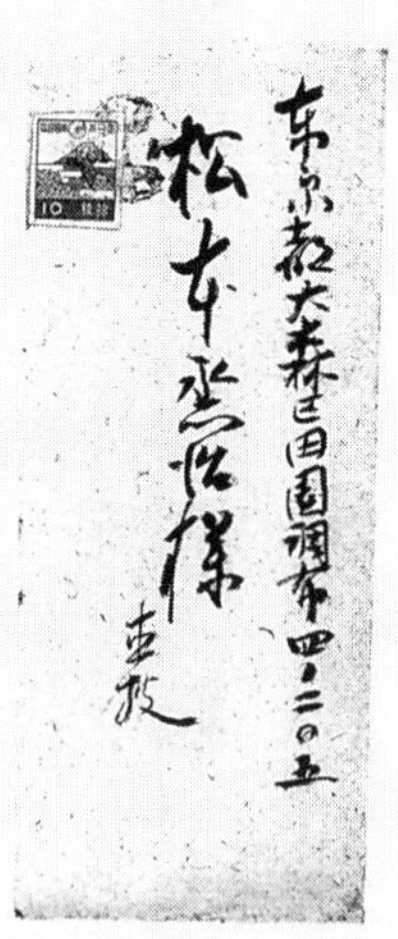

松本烝治宛書簡（昭和 21 年 1 月 25 日付，国立国会図書館憲政資料室蔵）

はじめに

中田薫は、日本における法制史学の創始者である。東京帝国大学法学部教授として堅実な学問的人生を歩み、ドイツ歴史法学と自由法論を用いて、支配者目線で描かれてきた従来の公法史的な日本歴史の奥に私法史の水脈を捉え、個人の権利意識を軸に歴史を描き出した。他方、昭和期には文学部にも出講し、人文科学系の日本史学の発展に決定的な影響を与えた。清朝考証学とランケ史学の対話のなかで育まれた実証主義史学と史料編纂事業という日本史学の基盤のうえに、大正期に導入されたドイツ西南学派の文化史学とともに豊かな彩りを加えたのが、中田法制史学であった。実際、その影響がなければ、戦後歴史学は全く違った道を歩むことになったであろう。

しかし、中田の人生は純粋な学問的営為に留まるものではない。歴代総長のブレインとして「大学の自治」「学問の自由」を守るために戦った大学人であったことは、意外と知られていない。退官後も、軍国主義に飲みこまれんとする大学を陰で支え続けた。

本書は史学史ではなく人物史である。中田の学問的成果は、『法制史論集』四巻五冊（第

一巻 親族法・相続法、第二巻 物権法、第三巻上下 債権法及雑著、第四巻 補遺）などに集成されており、これらを読み込むことからしか見えてこない。時代を象徴するイデオローグ的な学者ならいざ知らず、時間を超えて今なお通用する堅実な学問的営為を、安易に個人の体験に還元するのは危険で、歴史的に決算するのは傲慢である。本書では、中田の学問を理解する基礎作業として、その人生の忠実な復元を目指した。

中田の史的評価については、東大法学部教授を務めた田中耕太郎（第一次吉田内閣文部大臣、第二代最高裁判所長官、国際司法裁判所判事）起草の日本学士院祝賀式典「中田薫先生九十初度を賀する言葉」（久保正幡「大学行政」に引用）が的確に要約している。

しかし我々は学者としての先生の輝しい学績の前に、先生の大学や学術行政の面における御功績を忘れてはなりません。……とくに申し落してならないことは、先生が東大において、少壮教授であられた頃から引き続き大学制度や一般学制の問題について深い関心と卓越した見識を持たれ、至難であった定年制の実現のごとき先生の御尽力に負うことが大でありました。さらに先生は東大評議員、法学部長、長老教授として図書館、法学部研究室の拡張充実その他大学や学部の行政上大きな足跡をのこされ、また戦前戦中の非常時局に当っては、時々の総長の顧問的存在として適切な助言により困難を克服し、大学の自治を守ることに尽力されました。これらの行政的業績は先生の熱烈な真理愛、学問愛の当然の発露にほかなりません。
中田に私淑し、その背中に学びながら、戦中の混乱期を大学の自治のために生き抜いた田中の言葉だけに生々しい説明である。

本書では、中田の学問の形成とその影響からみた研究者の顔、大学の自治のために奔走した大学人の顔、学生に対する指導や左翼学生への説諭などに垣間みられる教育者の顔、そして家族のなかでの日常生活や意外に多彩な趣味などプライベートの顔、こうした多元的な姿を立体的に描いていく。

とはいえ、中田の人生の復元は困難を極めた。学外での華やかな活動を控え、学問と大学のために生きた人生、伝記にあたるものも皆無で、戦後の失火で中田の個人資料の多くが失われており、二十年以上の調査を重ねてここまで辿り着いた。公文書・私文書・新聞雑誌に散見する断片的情報、種々の回顧録の一齣、書簡、聞き取り情報などを組み立てて復元したので、典拠が煩雑になり、また未公開資料、戸籍の個人情報など典拠を掲げにくいものもあった。

本書をなすにあたり、多くの方々からお話を伺い、お手元に残る資料を閲覧させていただいた。なかでも、中田薫のご親族の皆さま、百歳を超えてお元気な長男瑞彦氏の妻美枝様、孫のみどり様、輝男様、中田の弟四郎の孫にあたる直宏様、その父勝平様（中田の甥）と母揚子様（中田の義姪）、勝平氏がかつて聞いた榮氏（中田の妻）・四郎氏の談話、直宏様の弟真司様、三田義幸様（中田の義弟三田定則の孫）、さらに高弟の高柳眞三のご子息高柳洋吉先生、原田慶吉のご子息原田達男先生、仁井田陞の姪荒谷淳子（あつこ）様、久保正幡先生の娘久保信子様、論争相手だった牧健二のご子息の牧英正先生、中田の孫弟子の滋賀秀三先生からは、かけがえのない貴重なお話をたまわった。

　また、未公開資料の閲覧許可に大きなご尽力を賜った大津透先生、苅部直先生、新田一郎先生、当時の法学部長岩村正彦先生、貴重な資料閲覧に便宜をはかっていただいた東京大学大学院法学政治学研究科附属近代日本法政史料センター原資料部、同法学部教務事務室、東北大学附属図書館貴重書係、ハイデルベルク大学文書館のザブリナ・ツィンケ様、衆議院事務局憲政記念館史料調査係の藤野由紀様、東京都古書籍商業協同組合の大場奈穂子様、久保正幡先生講演録などを提供いただいた吉原丈司先生、さらにお名前はあげきれないが、お世話になった諸機関とご教示をいただいた方々に、深く御礼申し上げる。

二〇二三年六月

北　康　宏

目　次

はじめに
第一　転勤族官僚の子の日本各地での文化体験……一
一　山梨甲府での誕生……一
—中田家の出自と鹿児島での生活—
二　高等中学校時代……八
—鹿児島から京都へ、そして仙台へ—
三　第二高等学校での日常と交友……一三
四　校長排斥運動と中田の単独行動……一四
—旧制高校の学生気質のなかで—
第二　東京帝国大学法科大学における学問形成と恋愛……一七

一　法科大学政治学科入学と受講した講義……一七
二　中田の学問形成とその基盤
　　—梅謙次郎と宮崎道三郎からの影響—……二四
三　彌生亭での熱烈な恋物語……三〇
四　大学卒業とその前後……三三
第三　大学院・助教授時代の研究と戸水事件の体験……三七
一　大学院時代から助教授時代の研究進展……三七
二　父直慈の死と家督相続……四八
三　戸水事件と東大法科の動き
　　—大学の自治との最初の関わり—……五一
四　吉田茂の妹紹介から結婚へ……五九
第四　欧州留学……六三
一　長男の誕生と欧州留学—上杉愼吉との交流—……六三
二　語学力の低下と留学スタイルの変化……六七

―上杉愼吉と吉野作造の事例―
三　ハイデルベルクからベルリン・パリへ……七一
四　吉野作造との交流と留学の成果……七五
五　帰国後の環境変化……七七
―長男瑞彦の成長、戸水の退官、教授就任―
第五　法学部「若手グループ」の活躍と大学の自治……八五
一　澤柳事件（京大事件）―その前史と経緯―……八五
二　澤柳事件への東大法科の応援―中田の暗躍劇―……九二
三　宮崎先生在職二十五周年事業、母ワカの死……九七
四　大学制度改革と「若手グループ」……九九
五　中田の多彩な趣味と小野塚喜平次との交流……一〇七
第六　中田の教育理念と学問の自由……一一〇
一　ヘボン講座設置問題と学術研究所構想……一一〇
二　中田の教育観―講義と学生指導―……一一六

三　帝国学士院恩賜賞の辞退と宮武外骨との出会い
　―中田の頑固さ―……一二四
四　中田と上杉との関係変化
　―上杉の山県有朋への接近、森戸事件―……一二八
第七　大学行政での活躍と講義準備・学生指導の日々……一三三
一　総長公選制度の確立―古在由直総長の選出事情―……一三三
二　文化財保存への思い
　―弁慶橋保存問題と黒板勝美との接点―……一三四
三　法制史講義の担当開始と弟子の育成……一三六
四　牧健二との論争……一四六
五　定年制の創始をめぐる中田の奔走
　―澤柳事件の反省と恩師宮崎の退官―……一四八
六　中田の一年限りの羅馬法講義……一五二
第八　関東大震災後の大学復興と研究の進展……一五四
一　震災前の法学部研究室整備―中田の奔走―……一五四

二　関東大震災と史料の焼亡……一五九
三　国立への大学移転案……一六四
四　震災後の大学復興と法学部
　—安田講堂、法文一・二号館—……一六六
五　宮武外骨の法学部招聘
　—明治新聞雑誌文庫創設の前史—……一七一
六　吉野作造の苦境と朝日新聞社での日々……一七六
七　明治新聞雑誌文庫の設立と中田の尽力……一七八
八　『法制史論集』第一巻刊行
　—瀧川政次郎破門伝説の真相—……一八二
九　中田の学問の深化と展開—大正から昭和初期—……一八六
十　文学部への出講の史学史的意義
　—坂本太郎と石母田正への影響—……一九一
第九　法学部長として—左翼運動と学生処分—……一九五
一　法学部長就任と九州帝国大学内訌事件への関与……一九五

二　七生社・新人会乱闘事件と総長告諭……一九八
三　恩師宮崎道三郎、親友上杉慎吉・吉野作造の他界…二〇五
四　古在総長から小野塚総長へ
　―学生主事・学生課の設置―……二一〇
五　左翼学生への対応
　―小野塚総長自宅訪問事件・中田の学生処分の方針―……二一四
六　平野義太郎事件とその処理をめぐって……二一八
七　学部長辞任と学問への回帰
　―恩師栗野健次郎先生の書簡を受けて―……二二〇

第十　軍国主義の抬頭と大学自治の危機……二二三
一　瀧川事件と東大法学部
　―若手教授・助教授の動き―……二二三
二　法学部懇話会の開催と中田の態度
　―瀧川事件の左翼的背景―……二二五
三　配属将校増員問題とその経緯……二二九

四　配属将校問題における田中耕太郎との共闘……二三四
　—中田総長擁立計画の噂—
五　美濃部事件と中田による「国体明徴訓令」の修正…二四一
第十一　中田の退官と戦時下の大学……二四九
一　最終講義、名誉教授辞退の波紋……二四九
二　還暦祝賀と退官後の学問の集大成……二五三
三　中田と田中耕太郎の共闘……二五五
　—「田中恐るべし。而して田中必ず身を誤るべし」—
四　矢内原忠雄筆禍事件と大内兵衛検挙……二五九
　—田中の奔走と中田の感慨—
五　荒木貞夫文相の大学制度改革……二六三
　—中田の協力で作成された「田中メモ」—
六　平賀粛学と田中糾弾、中田の指導と感慨……二六七
　—「大学の自治」の挫折—
第十二　戦中・戦後の生活と静かな晩年……二七五

一　戦中の生活―孫の誕生と疎開―……二七五
二　文化勲章受章、臨時法制調査会
　　―中田の時世認識―……二八〇
三　愛弟子原田慶吉の自死……二八九
四　法制史学会創設、学士院第一部長就任、文教懇話会
　　……二九一
五　静かな晩年と永眠
　　―アルト・ハイデルベルク―……二九四
六　中田資料の寄贈……三〇四
おわりに……三〇六
中田家関係系図……三一二
略　年　譜……三一四
参考文献……三二七

口絵

中田薫肖像
色紙「願君学長松／慎勿作桃李」
松本烝治宛書簡

挿図

父直慈・母ワカ……四
郷土亀田の龍門寺と街並み……四・五
小学校時代の中田と山本英輔、晩年に至る交友……七
第三高等中学校寄宿舎と造士館から転学時の成績……一〇
二人の恩師梅謙次郎と宮崎道三郎……一三
本郷桜木神社境内の下宿と恋舞台の彌生亭、『岩つつじ』自筆原稿……三一
中田の大学卒業写真と優秀な同級生たち……三四・三五

敬愛する濱尾新先生と山川健次郎先生……五〇
妻榮とその父竹内綱・母瀧・姉の菊……六〇
親友上杉愼吉と吉野作造……六五
留学先「巴里」での中田の写真、ハイデルベルク大学聴講生登録簿……七〇
帰国直後の家族写真、晩年まで続く吉田健一との不思議な交友……七八
逗子に引き籠もった母ワカと弟四郎・妹キミ・瑞彦……九八
教壇に立つ中田と田中耕太郎がノートに描いた似顔絵……一三一
六人の若き弟子たち……一四一
論争の頃の若き牧健二……一四七
盟友小野塚喜平次と中田……二一三
田中耕太郎・橋爪明男・土方成美・河合栄治郎……二六九
疎開先の新潟白山浦……二七八
文化勲章受章……二八一
榮とその兄吉田茂、大磯にて……二八八
柳田國男との旧交……二九二

浅草散歩、相撲伝・江戸の遊女に関する研究ノート……………二九六
晩年の中田、孫たちとともに……………二九六
古書会館竣工記念式典に姿をみせた90歳の中田と美枝……………三〇〇
中田の質素な位牌……………三〇二
中田の墓……………三〇二

第一　転勤族官僚の子の日本各地での文化体験

一　山梨甲府での誕生――中田家の出自と鹿児島での生活――

誕生

中田薫は、明治十年（一八七七）三月一日、国家官僚の父中田直慈（ちょくじ）と母ワカの長男として山梨県甲府市紅梅町に生を享けた。二人は四男一女に恵まれた。薫、キミ、トミ、文雄、三郎、四郎である。中田家は羽後国（秋田県）亀田藩の士族であり、直慈はその長男であったが、若くして郷土を離れ、薫の生まれた頃には権中属として山梨に赴任していた。のちに内大臣秘書官兼宮内書記官、嘉仁親王（大正天皇）の東宮主事を務める人物である。

紅梅町

紅梅町は旧甲府城の南、大手門東南に位置し、廃藩置県を受けて建てられた県庁や議事堂が立ち並ぶ官庁街の東に造成された新市街地である。現在の岡島百貨店あたりである。明治六年に山梨権令、翌年には県令となった藤村紫朗が、新政府の廃城令を受けて、明治八年、中田の生まれる二年前に二の濠・三の濠を埋めて城域を市民に開放したのである。旧土手小路のうち桜町以外の区域が紅梅町と名付けられたが、湿地で当初は二十九戸、市制が導入される明治二十二年には五十戸、二百六十人が住む町となる。甲府税務署は明治三十二年以前には一本南の錦町に所在し、直慈はそこに勤務していた。まさに江戸時代の伝統を破壊した出来立ての近代空間で、中田薫は生まれたのである。

出生地をめぐる諸説

中田の出生地については、鹿児島説・東京説・秋田説・山梨説が交錯していた。戸籍に出生地記載が欠けており、本人も晩年まで知らなかったためである。弟子の石井良助執筆の『国史大辞典』の項目にみえる鹿児島説が有力視され、多くの辞典に引き継がれてしまっている。西洋法制史の愛弟子久保正幡も、中田の妹トミに確認したと晩年の法制史学会の講演で強調している。トミは父の鹿児島収税長時代に生まれているから、兄もそうだと思い込んだのだろう。他方、東京説は本籍を青山南町に置いていたことから生まれた説で、石井紫郎執筆の略伝にみえる。中田は物心ついたころ一時東京に住んでいたので、その記憶を中田自身が誰かに語ったのかもしれない。また、秋田説は中田家が旧亀田藩士で、公文書でも「秋田県士族」を冠していたことから生じた説である。

しかし、退官後に作成した履歴書の写しが、弟子の高柳眞三の遺品（個人蔵）に残る。戦後の「東京大学原稿用紙」に記されたこの履歴書には、「山梨県甲府紅梅町」出生と記されている（本籍地欄に記入されているが、甲府に籍を置いたことはなく出生地の意）。山梨説は民法学者の我妻栄作成の略歴にもみえるが（日本学士院編『学問の山なみ』）、これに基づくものであろう。最晩年の中田が返送した『日本歴史』の特集「歴史学界長老諸氏の消息」にも「③出生地　甲府」とある。孫の輝男氏によれば、晩年には自分の由来探しをしており、中田家に残る墨書メモにも甲府生まれと書かれている。

父直慈

父直慈は、羽後国亀田藩藩士曾平の長男として、弘化四年（一八四七）十月十五日に現在の由利郡岩城町亀田で生まれた。弟には亀田中田家を継ぐ直吉のほか、上野家の養子となる季三郎（のちにシドニー総領事）がいた。現在も亀田の龍門寺の裏山に中田家墓所があり、岩城歴史民俗資料館では直慈や上野季三郎が大きく顕彰されている。

亀田藩士族

亀田藩は岩城家を藩主とする外様二万石、藩庁は亀田城に置かれていた。東北戊辰戦争では奥羽越列藩同盟に加わるが、久保田藩の呼びかけで本荘藩とともに同盟を脱退して新政府側に与（くみ）した。しかし、新政府軍の先鋒として酷使され、庄内軍に敗れた際に見捨てられ、その後再び庄内軍と組んで戦ったが、勢いを盛り返した新政府軍に敗れ降伏、最終的に反新政府軍となった亀田藩は、二千石の減封とともに維新をむかえた。

直慈はもと長吉といい、のち久米蔵（粂蔵）と改めた。「天資、敦敏重厚」「幼くして学を好み、史籍に通暁」し、鳥海弘毅・久野謙次郎とともに藩校長善館の三羽烏と称され、師の憲欽からは「出藍のほまれ」と絶賛された。長じて藩校教授、学監となるが、戊辰戦争では斥候として活躍した文武両道の人物だった。明治三年、二十五歳の時、三

父直慈・母ワカ

郷土亀田の龍門寺（左）と街並み（著者撮影）

人は貢士に抜擢されて大学南校（開成学校）で洋学を学び、国典は平田篤胤門下の平田鉄胤に教えを受けた。その後も東京に残って明治七年大蔵省に入省、山梨県少属として官僚の道を歩み始める。中田が生まれた明治十年には七等属に進んでいた（中田直慈墓誌）。

母ワカ

母のワカ（のち和歌子・和歌とも）は、安政四年（一八五七）七月十七日の生まれ、旗本葉山家の長女である。葉山家は駿河国に出自をもつ武士であったが、兄の葉山七郎は万延元年（一八六〇）甲府勤番に属しており、この時ワカは三歳、幼くして父を亡くして歳の離れた兄のもとで育った。若き七郎も一時浜松奉行所の支配割付として勤務したが（『駿藩名所分配姓名録』）、その後、致仕して甲府に戻っている。

旗本の家に生まれたワカは、明治九年にはすでに十九歳になっていた。山梨に赴任し

た気鋭の直慈は、当時の士族出身官僚の交流のなかで「ワカという頭がいいのがいるから、どうだ」と勧められて結婚した。「母はすべてが頭の中にあるというタイプであった」とは、中田自身が孫の輝男氏に語った逸話である。ワカは、夫の直慈の「道を直角に曲がるような性格」、実直を絵にかいたような生真面目さとは対照的で、粋でサバサバした性格の女性であった。「旗本の娘であるがタバコも吸うし、玩具の三味線も弾くような砕けた人」であり、「三味線を弾くと直慈は機嫌が悪くなった」という（甥の勝平氏の伝聞）。中田は実直な性格の点で父に似ているが、情に厚く江戸時代の軟文学や文楽や歌舞伎など芸能にも深い関心を持つあたりは母譲り、顔もワカにかなり似ている。

直慈が明治十三年に大蔵省租税局四等属となって、一家は一時東京に移った。前年十月に長女キミも生まれており、二人の幼児を育てるには便宜な環境であった。しかしそれから四年、明治十七年に直慈は鹿児島県収税長（三等収税属）に任ぜられ、鹿児島に移ることになる。中田はこの時七歳で、すでに東京の尋常小学校に通い始めていた。

鹿児島へ

交通手段の少ない時代、秋田出身の中田家にとって最果ての異郷だった。江戸時代の旧俗も残り、収税長の直慈は官僚でありながら騎馬が許される待遇だったと、中田の小学校同級生で鹿児島の名士岡積利兵衛がのちにみどり氏に語っている。公務で鹿児島を離れることも多かった。東京暮らしに慣れていたワカは、色濃く残る前近代的な人間関

小学校時代の中田と山本英輔，晩年に至る交友（岡積利兵衛をはさんで）

係に心身を疲労させた（美枝氏談）。他方、鹿児島には学問的気風があったので、安心して薫を鹿児島師範学校付属小学校（尋常小学校）に転校させることができた。同級生には山本権兵衛の甥で、後に海軍大将・海軍大学校校長となる山本英輔がいた。二人は親友となり、晩年に至るまで交流は続いた。小学校の卒業写真の中田の縦長顔と山本の丸顔が、晩年の写真でそのまま老けた二人となっているのが微笑ましい。

十月には次女トミ（医学部教授三田定則に嫁ぐ）が誕生する。明治二十年、直慈は激務の合間に自身の異文化体験をもとに『嶋嶼見聞録』を執筆している。墓碑に「在職循良」と評されるが、二十三年には会計主務官・収税属への俸給繰上渡で大蔵省より譴責を受けている（『官報』六月十三日）。学者気質で君子と称されるも、本当に困っている部下のためなら罪を背負っても配慮する「音容恍惚」で威風堂々とした父の背中を見ながら、中田は育ったのである。

二　高等中学校時代——鹿児島から京都へ、そして仙台へ——

鹿児島の造士館

明治二十三年（一八九〇）七月、中田は鹿児島師範学校付属小学校を卒業し、九月に鹿児島高等中学造士館予科補充科の第二級乙ノ組に入学する。造士館は薩摩藩藩校に起源を持ち、ナンバースクールの一つに擬せられるが七高を名乗らず、造士館の名を守り続けた（山下玄洋『中学造士館の研究』）。時の校長も旧藩主一門の島津珍彦で「館長」と称されていた。翌年第一級乙ノ組へ進級、当時の学年は進級するにつれて数字が小さくなる。二十五年七月に卒業、九月には鹿児島高等中学造士館予科（第三級）に進学するが、すでに弟妹四人をともなう十五歳になっていた。

鹿児島における足かけ十年間の生活に大きな転機が訪れたのは、明治二十六年のことである。五月九日付で父直慈が岐阜県収税長への転任を命じられたのである。問題は高等中学校に通い始めていた中田の身の振り方であった。岐阜から通える高等中学校は存在しない。家族は岐阜に転居、中田は第三高等中学校予科（第二級丁組）に転学し、叔父直吉を保証人として寄宿舎に入った（京都大学大学文書館蔵「第三高等学校関係資料」）。

転校時の歴史の成績は八十八点と抜群、地理も八十一点だが、代数学や幾何学は各五十点、いまいちである。数学で落第しそうになったといつも祖父は語っていた、祖父が家計簿を付ける時は横に座ってそろばんを弾いたとは、孫のみどり氏の回想である。あえて京都を選んだのは、歴史や文芸に関心を持っていたからであろう。

京都の第三高等中学校

当時の第三高等中学校は優秀な仲間であふれていた。同期の予科第二級には神戸正雄（経済学者、京大教授）が、一年先輩の予科第一級甲組には大谷正信（英文学者、俳人繞石）、河東乗五郎（碧梧桐、正岡子規の門弟）が、乙組には阪本四方太（俳人、前年は同甲組にいたが留年）が、丙組には姫路出身の辻善之助（日本史）がいた。また、二年先輩にあたる本科一部（法科・文科）の第一年級には、高濱清（高浜虚子、俳人）が、三年先輩の同第二年級には荻野仲三郎（文化財保存行政、古文書学者荻野三七彦の父）、重田定一（日本史）、天坊幸彦（地域史研究者、喜田貞吉と同期だが一年留年）が在籍していた。

中田とすれ違いで二十六年七月に卒業した先輩には、喜田貞吉（日本史）、金澤庄三郎（言語学者）、桑原騰蔵（東洋学）、姉崎正治（宗教学）、笹川種郎（臨風、日本史）が、二十五年卒には幣原喜重郎や濱口雄幸がいた。彼らの間でどのような交流があったかは不明だが、のちに研究者や文学者として活躍する人物、とりわけ日本史の世界で一家をなす錚々たる顔触れがそろっていることは注目される。彼らの培った雰囲気の中で互いに学問的関心を高め合ったことだろう。京都という環境がそうした雰囲気をさらに後押しした。

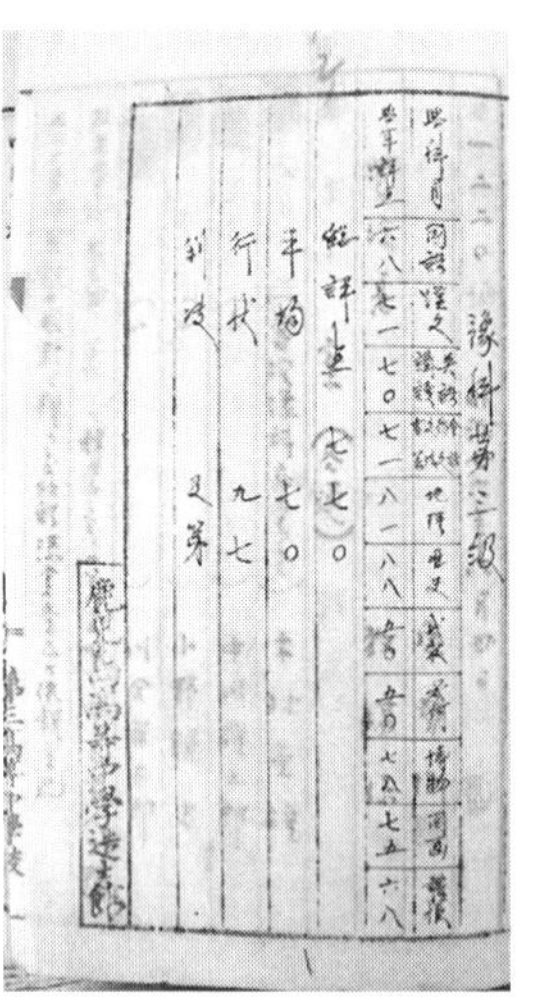

第三高等中学校寄宿舎（下）（三高同窓会編『神陵史グラフ』）と造士館から転学時の成績（京都大学大学文書館蔵）

文楽と歌舞伎

中田は文楽や歌舞伎が大好きで、生涯の趣味とした。忙しい教授時代も月二、三回は通っていた。旧劇が好みで、菊五郎などの所作事に魅せられた。清元・常磐津など渋い音楽が入るのが好みで、文楽の人形芝居も日本の音楽のものに惹かれた。高等中学校時代には文芸の世界に進みたいとも思っていたようだが、こうした趣味が当時の鹿児島や仙台で養われたとは考え難く、関西の恵まれた文化環境と交友関係、特に文楽の拠点である大阪へ頻繁に鑑賞に出かけた体験が根底にあるようだ。

京都での生活に慣れたのも束の間、明治二十七年六月十五日、突如全校生徒が会堂に召集され、神妙な表情の校長折田彦市から第三高等中学校改組が予告された。本科は解散、他校へ転配される。二十三日に高等学校令が公布され、鹿児島を除く六校を高等学校と称し、本科二年から大学予科三年へと改正、第三高等学校には大学予科が置かれず、帝国大学進学資格を得られない専修コースに改組されるという。当惑した本科生の間にどよめきが起こった。二百九十二名の転配先は、一高百十四名、二高七十八名、四高三十一名、五高五十五名、山口高十三名、鹿児島高造士館一名と決まった。

分袂式と転配

本科最後の卒業証書授与式の七月七日を迎えた。その後、転配予定の在校生も加わって盛大に「分袂式（ぶんべいしき）」が開かれた。夜には「大提灯をつけ篝火をたき、この日とくに許された離杯を汲んで宴を校前の芝生に張り、師友相ともに別れを惜しみ」、散会の刻、「赤レンガの校舎をふりかえりふりかえり、名残りを惜しんで校門を去」った（神陵史編集委員会編『神陵史』）。記念樹の樟（くすのき）と記念碑はいま京大時計台南東にひっそりと立っている。

転配の選定基準に関する資料は確認できないが、成績席次で選抜されたようだ。中田も最初は環境の整った万人憧れの第一高等学校を希望したが、法科の競争率は高くあえなく「落選し」、第二希望の第二高等学校転学となった（甥の勝平氏談）。同期の友人神戸正雄や先輩の辻善之助が一高に転学したのをみて、もう少し数学を勉強しておけばよかったと反省した。法科を選んだのは、歴史や文芸はあくまで趣味で、国家官僚の子で藩士の家柄の中田にとって、官僚への道こそが現実的な選択だったからであろう。

三　第二高等学校での日常と交友

第二高等中学校

明治二十七年（一八九四）九月、中田は仙台の第二高等学校予科第一部第一年（法科）に転学、ここで三年間を過ごすことになる。仙台市西南、広瀬川に近い片平町にあり、ゴシック様式木造の建物や講堂が立ち並び、図書館・運動場・植物園も充実していた。十月三日は第三高等中学校からの転学生七十八名を迎える歓迎会。そこには高濱清・河東乗五郎・大谷正信・阪本四方太、さらに久保得二（天随、中国文学者）や森総之助（物理学者、三高校長）がいた。文人が目に付く。二高教授には若き高山樗牛もいて、中田の文芸への関心や江戸時代の文学の造詣は、彼らとの交流のなかで培われた。後輩にはのちに親友となる吉野作造もいるが、すれ違いの明治三十年九月入学で、仙台での交流はない。

栗野健次郎先生との出会い

校長は創設以来の吉村寅太郎。慶應義塾出身の温順な人物だが、入学式の訓示で「お菓子を食べるならそれを節約して牛肉を食べなさい」と語るなど小学校の先生といった雰囲気で、身なりを綺麗に、上草履を用いよと普段から小言を重ねる始末。豪快な旧制高校生は汚れ破れた制服と高下駄といった風体だから、校長への不満が鬱積していた。

教頭は物理学者の難波正、のちに京大理学部長になる人物である。歴史の教授は斎藤阿具、和蘭貿易研究で文学博士を取得している。国文学は俳人の佐々醒雪、豪華な顔ぶれであった。特に全生徒からの崇敬を集めていたのは英語の粟野健次郎で、「ウェブスター大辞典の権化」と呼ばれていた。漢文和文に精通した哲人で、時に湧き出す蘊蓄（うんちく）のある社会批判に生徒たちは魅せられた。中田も生涯の恩師として畏敬の念をもち続けた。

東京勢の主導

仙台の学校ゆえ東北六県出身者も少なくないが、主流派は東京や関東の中学から入学した連中で、二高校友会尚志会の統括する言論部・雑誌部・運動部の幹部も東京勢で占められ、東北弁が野鄙視された。予科の学生は豪放を旨とし、女色を漁る選科・医科の軟派と接するを恥とし、牛肉屋で酒をあおったとは、後輩で歴史家となる斎藤隆三の回顧である（以上、斎藤『自叙伝』、中田「粟野先生の書翰壹通」）。

四　校長排斥運動と中田の単独行動
――旧制高校の学生気質のなかで――

校長排斥運動

明治二十九年（一八九六）九月、中田は予科第一部第三年（法科）に進学。級長は粟野健次郎教授となった。父は宇都宮税務管理局長に移動している。翌年三月、予科生たちの吉村校長への不満がいよいよ爆発し、「水清うして大魚住まず」と唱えて校長排斥運動に立ち上がった。少し前にはカロザースというアメリカ人教師を「下卑鄙陋」と口汚く非難して離職させる事件を起こし、勢いついていた。三月六日に合同欠課、予科生四百三十七名連署の辞職勧告書を提出した。

このとき、中田ひとり所信を異にし、全校学友と袂を分かって参加しなかった。中田は回想する。「併し僕一人反対した。そして演説をしたのだ。「ストライキは今迄の例を見ると大抵失敗してゐる。やるのなら徹底する迄やらなければならん。がストライキを最後まで続行することは到底不可能だ。今迄の経験によると、大抵途中で降参して仕舞ふ。そんな位なら初からやらない方がいゝ」と言つてやつたんだ。そうすると、他の連中が、今度は皆退学する積りで最後迄やると言ふんだ。僕は「それなら尚いやだ。退学すると、大学に入学出来ない。吉村などと言ふ男のために将来を賭けるのはいやだ」と言つて、皆が連判状と言ふものを作つて名を書いたが僕一人とう〳〵書かなかつた」。

粟野先生の言葉

盟休二、三日後、級長（担任）粟野先生から召喚状が届いた。私宅に出向くと、なぜお前だけ参加しなかったかと問われて動揺する。説明すると「それならば明日から君一人で、学校へ出席しろ。学校は休業ではないから平常通り各課目の教授をしてやる」という。さすがに当惑して「主義と所信とを異にした為め、已むことを得ずして三百の学友と手を分つたのであるが、級友が退学処分をも覚悟して校長と闘争しつつある悲壮な有様を餘處目に、僕一人登校して平然と授業を受けることは、情として忍び難い」ですと断ると、ならばきちんと欠席届を提出せよと命ぜられた。のちに「先生の厳正且つ剛直なる性格」に感服したと語る。

時代の潮流に左右されない自主自立の毅然とした若き中田については、当時一年だった斎藤隆三が「此時に一部三年の中田薫といふ人、後に東京帝国大学の法科教授になつた人だけが唯一人排斥の理由がないといふので連盟に加わらなかつた。本当に強い人というべきであろう。一同敬意を表したものであつた」と評している。

中田を殴れ

ボイコットは二週間以上続いたが、その間、東京から先輩たちが応援に来たり、調停したりした。仙台の新聞も支援の筆法であった。最終的に校長の依願免官と予科生の二週間の停学処分で落着した。中田だけが処分されなかった。ボイコット中から「中田を擲れ」との声が頻りにあがっていたが、委員のなかには中田の親友もいて「中田が参加しなかつたと言ふことは僕等が雷同したのではないと言ふ証拠だからい丶」と宥めた。のちに中田は回顧する。「なぐられずに済んだよ。その頃ストライキが沢山あつたから、ストライキには慣れてゐるよ。その時は僕が勝つたのだから痛快だつた。僕が有名になつたのはその頃からだよ」。

　後任の校長には澤柳政太郎が着任、最初の訓示で「青年は意気を尚ぶ。変節漢には鉄拳制裁亦可なり」と演説をぶって学生を屹驚させた。ストライキで授業は遅れたが、彼の尽力で揃って無事卒業することができた。中田は自らの遍歴を「高等中学校を二つ、高等学校を一つ、都合三つの学校を転々とした」と振り返っている（以上、中田「粟野先生の書翰壹通」「趣味と思ひ出」、斎藤『自叙伝』）。澤柳は翌年に一高校長に移動、京大総長の時には大学の自治をめぐる澤柳事件で中田の戦う相手となる。

　なお、こうした過激な暴動や校長排斥は明治前期に頻繁に見られたもので、のちに中田と深い交流を持つことになる三上参次や小野塚喜平次も、それぞれ明治十四年大学予備門暴動事件（飛鳥山事件）、長岡中学校長排斥運動で中心的役割を果している。

第二　東京帝国大学における学問形成と恋愛

一　法科大学政治学科入学と受講した講義

法科大学政治学科入学

明治三十年（一八九七）九月、中田薫は東京帝国大学法科大学政治学科に入学する。総長は濱尾新、法科大学長は富井政章に代わって六月から梅謙次郎が就任していた。富井も梅も穂積陳重とともに民法制定の中心的役割を担った人物である。入学直前の八月、中田は十一歳の弟文雄を喪い、弟の分まで有意義に生きようとの思いを秘めての入学だった。しばらく青山の自宅から通っていたが遠くて不便なので、本郷三丁目交差点から本富士通を春日の方に少し歩いた北側、桜木神社境内に隣接する晃陽館に下宿した。

学年暦と落第比率

当時の学年暦は、九月十一日から十二月二十四日までが第一学期、冬期休業を経て一月八日から三月三十一日までが第二学期、春期休業を経て四月八日から第三学期、六月十七日に第三学期課業が終り、六月二十一日から学年試業、七月十日に第三学期が終了する。九月十日までが夏期休業である。「試業」（学年末試験）では年度の平均点六十点未満は落第、一科目でも五十点未満があると落第確定。採点も厳しく追試験もなく、次学年での試業のみの受験も認められず、規定通り卒業できる学生は限られていた。第二学年の試験で半数以上が原級に止まり、法律学科独法一年の入学者は三十名を超えていたが、首尾よく卒業できたのは七名だった。逆に平均点八十点以上の者は特待生として授業料免除、卒業時最優等生数名は銀時計を恩賜されたから、試験だけは頑張ったとは、首席を守りぬいた同期の松本烝治の謙虚な回想である（松本「諸先生の思い出」）。

受講科目

法学部教務事務室には中田の登録簿や成績表は残っていないようだが、この時期は学科ごとに科目が確定していたので、中田の受けた科目はほぼ復元できる。政治学科第一回試業（第一学年）は、憲法（穂積八束）、国法学（一木喜徳郎）、比較法制史（宮崎道三郎）、経済学（和田垣謙三）、民法（梅謙次郎）、刑法総論（松室致）の六科目。第二回試業は、経済学（添田壽一）、経済史（田尻稲次郎）、統計学（松崎蔵之助）、行政法（一木）、政治学（木場貞長）、政治史（河村譲三郎）、法制史（宮崎）、国際公法（寺尾亨）、民法（梅）の九科目。第三回試業は、経済学（金井延）、財政学（松崎）、行政法（一木）、国際私法（寺尾）、民法（梅）、商法（岡野敬次郎）、法理学（戸水寛人、渡欧中の穂積陳重の代講）の七科目だった。政治学科では、法律学科の刑法各論、刑事訴訟法、民事訴訟法の代わりに政治学固有の講義が置かれ、経済学科独立以前ゆえ経済学関係科目の比率も高かった。戸水寛人の羅馬法は法律学科固有科目なので、中田は受講していない。

中田の席次

政治学科の同期入学者は百四十三人だったが、第一学年修了時点で落第は四十九人に及んだ。中田は十番、首席は松岡均平、三番に神戸正雄、十一番に松岡（柳田）國男がいた。中田も奮起して第二学年修了時点では八十四名中の四番にまで上昇。首席は相変わらず松岡均平、三番神戸、松岡國男は旅行に勤しみすぎたためか二十五番まで落ちる。法律学科独逸法兼修では松本烝治が常に首席を堅持、野村淳治は三番・八番と変動、英吉利法兼修では中島玉吉が七番・四番と上昇している。なお、松岡・松本は卒業まで首席を貫いた。

各授業の雰囲気

講義は、現在の法学部研究室棟の東にあったゴシック風煉瓦造二階建て本館、その背後東側に散在した別建て教室二室の煉瓦造り建物や大講堂木造建物（二十九番教室）で行われた。各講義についての中田の回想はあまり残されていないが、同期の松本がリアルな思い出を語っており、中田の受けた授業の雰囲気が垣間見られる。

入学して「先ず度肝をぬかれた」のが、木造の二十九番大講堂での穂積八束の憲法講義であった。学生たちは兄陳重と区別して八束先生と呼び習わしていた。池を有する小石川の大邸宅から「乗馬で登校」する痩せ形の蒼白い顎髭を蓄えた八束は、泰然と構えて朗々と講義した。内容は「天皇即主権者、即国家」、鋭利な論法と精明な論理で学生たちは「平伏盲従するのみ」であった。刑法総論は講師の松室致が講じた。のちに検事総長、司法大臣、法政大学学長、枢密顧問官を歴任する人物である。

第二学年の行政法の一木喜徳郎は鼻鬚のある眉目の秀でた色黒の先生で、謹厳寡黙の君子人、一事をも苟もしない人物で、ドイツ流の論理整然した講義は岡野敬次郎の商法と双璧だったと松本は語る。第二学年の国際公法、第三学年の国際私法は、半白の鼻鬚のある小柄な寺尾亨の担当。休講が多く内容も「フランス流の簡単なもの」だったが、天下の志士をもって自任し、のちに辛亥革命に心酔して職を辞して孫文の補佐を務め、孫文の日本亡命以降も支援し続けた個性的な教官だった。門下生が建てた赤坂霊南坂の二階屋で、師弟ともに熱燗を嗜みながら語り合うのが常であった。

梅謙次郎の民法講義

在学中、中田や松本が最も感銘を受けた講義は、第一学年から第三学年まで三年継続で講じられた梅謙次郎の民法講義だった。中田の入学した明治三十年は、ドイツや日本で民法が施行される直前の時期である。フランス法を基礎にもつ梅でありながら、ドイツにおける民法編纂を横目で見つめつつ、穂積陳重・富井政章とともに起草を進めていた。明治民法は前三編（第一編 総則、第二編 物権、第三編 債権）が明治二十九年に、後二編（第四編 親族、第五編 相続）は明治三十一年六月に公布され、両者あわせて七月十六日に施行されている。中田らは出来たての前編と起草中の後編について、起草者の梅からその試行錯誤を含めて直々に学ぶことができたわけである。

梅の人格

民法編纂の最終段階で多忙を極める梅は法科大学長でもあり、優れた事務能力ゆえに明治三十年に内閣法制局長官を、三十三年には文部省総務長官を兼任していたが、大学の方もほとんど休講することなく、遅刻してでも人力車で授業に駆け付けた。背が高く「風采堂堂、音吐朗朗」たる梅の講義は原稿なしに流暢に語るフランス流で、筆記すればそのまま立派な文章となった。民法全般を万遍なく扱う平明で実際的なもので、債権編の契約各論は意義だけで済ませ、親族・相続法も一回の講義で大綱を語り終えるなど、全体を総合的に把握させるものだった。講義と研究室指導とを峻別する欧米のやり方だということが留学してわかったと松本は語る。梅が学生指導をいかに大切に考えていたかは、多くの試験答案に一枚一枚朱字で評語をかき込んで返却していたことからも窺われる。卒業後もしばらく和仏法律学校（法政大学）の講師として梅の傍らで過ごした松本は、梅のことを「先生の精励比類なきこと、常に正義を行い、正道を履むことを務められた君子人」と敬愛し、先生の正義感は講義で論じられる「性法(せいほう)」すなわち「自然法に（著者註、慣習を超えた理性に基づく普遍的法）基づいたもの」だという。早世した兄の巨額の借財を法律上の義務もないのに多年にわたって完済する梅の生き方を通して、正義や道徳を教えられたと感謝している（以上、松本「諸先生の思い出」）。

二人の恩師梅謙次郎（左）と宮崎道三郎

中田もまた梅のことを「恩師」として深く敬愛し、「講義は学内第一品で、繁簡宜しきを得た誠に見事なもので、私がとにかく私法の基礎概念を学び得て卒業したことは、全く先生の賜物である」と謝意を表している（『懐旧夜話』）。高等中学校時代の素朴な文化史・文芸への関心から出発した中田は、民法制定という同時代体験を経つつ、当事者の梅の魅力的講義から多くを学ぶことによって、権力関係を軸として描かれてきた公法的歴史の背後に隠れた私法的水脈を発見し、独自の研究視角を獲得していった。

他方、中田の法制史研究に直接の影響を与えたのが、第一学年の時に受講した宮崎道三郎の比較法制史講義と第二学年の法制史講義であった。学究的で史料を掲げながら進められ、後者は古代末までしか進まないのが常であった。歴史に関心を持っていた中田は早々にその学問に魅せられ、そこから具体的な研究方法を学んだ。講義の謄写版印刷や筆録は所々に残るが、明治二十九年六月の書き込みがある「宮崎法学博士口述　日本法制史」（立教大学大久保利謙文庫87-80830）は中田の受講した時期に近いものである。前篇では「法制史ノ目的」「法制史ノ材料及参考書」「法制史学ノ大意」を概観し、後篇の法制ノ沿革では「第一部　国初ヨリ鎌倉開府ニ至ル時代」のうち「第一章　孝徳天皇以前」と「第二章　孝徳帝后（後）ノ形況」で終わっている。概説とは言い難かった。

比較法制史の講義の方は、緒言につづき「第一部　羅馬法制史」「第二部　独乙法制史」という構成である。英米法の高柳賢三は回想する。「温厚篤実な、そして出世間的な、その風貌をもつて教室に現れる姿は、ギリシャの神像を仰ぐやうであつた。その講義で、先生苦心の研究を、丁寧懇切に、諄々と学生に説かれるのは、古風な儒者といつた面影があつた」「現行法、現行法とせちがらい学風のうちに、超然として大宝令を説かるるのが気に入つたのである。先生はかつてドイツ留学中ウインドシャイドとイエリングに師事した。そして「ウインドシャイド先生」と「イエリング先生」の学風を比較されるのが先生得意の話題の一つであつた。これら法律学史的人物を「先生、先生」と親しみをもつて呼ぶこの先生に、わたくしは興味を感じた」（高柳「学生時代の想出」）。

宮崎道三郎略歴

宮崎は安政二年（一八五五）伊勢国安濃郡の生まれ。明治十三年七月に東京大学を卒業して法学研究生となり、十二月から文部省御用掛として官立学務局に勤務していたが、十四年七月には東京大学御用掛を兼務、和漢法律史編輯の命を受ける。同年十一月には東京大学助教授に任じられて法学部に勤務、あわせて「和漢法律史編輯専務可致事」の辞令を受ける。明治十七年にドイツ留学を命じられ、一年間はハイデルベルク大学でローマ法・ゲルマン法・寺院法・刑法・法理学を学び、十八年にはライプツィッヒ大学に転じ、十九年十月からゲッティンゲン大学で学んだ。二十一年十月に帝国大学法科大学教授となり、翌年から「日本法制沿革」（のち「本邦法制沿革」）の講義を担当する。穂積陳重に次ぐ長老だが、研究に専念し、清貧を貫いて定年まで借家住まいであった。

二　中田の学問形成とその基盤

——梅謙次郎と宮崎道三郎からの影響——

ドイツ歴史法学

法制史家の井ヶ田良治が「日本のギールケ」と呼んだように、中田の学問基盤を宮崎道三郎から学んだゲルマニステン（ゲルマン法研究者）の歴史法学に求めるのが一般的である（井ヶ田「中田薫」）。しかし、それを積極的に受容した後世の法社会学者やマルクス主義者と比較すると、中田の受容は異質である。それ一辺倒ではなく、梅謙次郎から学んだ柔軟で現実的な視角、自然法に基づく権利意識や所有権観念を基礎に置きつつ歴史的・地理的な多様性を把握する視角が、中田の本源的な思考基盤をなしている。

梅の家族法論の影響

実際、中田の日本家族法論、家長権や家督相続の理解は、梅の描いたデッサンを史料から具体的に実証したものだといってよい。中田の学生時代前後に行われた梅の講演「家族制の将来を論ず」（明治三十五年、『法学大家論文集　民法之部　下巻』有斐閣書房、一九一〇年に再録）をみると、日本の家族制を固有の国体と不可分な制度とみなすことへの批判、日本の「家」「家長権」は封建制の影響を受けて形成された一時的なものにすぎず、封建制が撤廃された近代においては消滅していくという視点、家長権と父権・親権との区別、ローマ法とゲルマン法における家の財産の処分権の相違、さらに社会進化の可変性と法や慣習の固定性との対立といった視点に至るまで、比較史的でダイナミックな視点で貫かれている。民法講義でもこうした見通しが語られたと推察される。中田は梅の講義から法と文化を時間軸・空間軸のなかで動的に把握する方法を学び、日本の家の本質と封建制・惣領制とを歴史的に切り離して考える視角を受け継いだ。

中田の学問的基礎

また、利己心として表出する権利意識、自然法観念を前提として、利害得失と生存競争を基軸に政治史とは異なる私法史の展開を描く梅の視角は、中田の割地制度や荘園制の研究にも通底する。中田が初期の論文で用いた「生存競争」の語が、梅の講演にも時折見られる点も注目すべきである。梅の法律観は自然法を基礎とするフランス法系に位置づけられるものだが、教条的なものではなく、自然法を柔軟に捉えてその土台の上に比較史的視点を導入するという特徴を有し、フランス自然法かドイツ歴史法学かという対立図式で割り切れない立ち位置を示す。こうした法律観は、ボアソナード旧民法の修正過程、すなわち異なる学問基盤を有する梅・穂積陳重・富井政章による対話的作業たる明治民法起草過程において、多様な国々の民法と法慣習を博捜しつつ日本の法慣習の理解を進めるなかで鍛え上げられた実践的なものだった。中田の法制史学はこうした視角を引き継ぎ、これをより専門的な研究へと深めたものなのである。

モンテスキュー『法の精神』との出会い

ここで想起されるのが、中田が学生時代に神田の古書店でモンテスキュー『法の精神』の英訳本（Bohn's edition, 1878）と出会って法制史研究を志したという逸話である。石井良助・石母田正・久保正幡らが中田本人から雑談的に聞いたり、二高の同窓会で語られたりした話である。大学二年の時とも大学院時代とも伝えられるが、前者が正しい。中田はすでに大学卒業段階で、法制史研究に人生を捧げる決意を梅に語っているし、大学院進学直後から「鎌倉時代の法制」というテーマで研究を遂行し、日唐律令比較の前提となる唐令復元研究にも全力で取り組み始めているからである。

久保正幡の回想によれば、「自分は戯作者になりたいと思ったことがある。けれども、大学の学生になって二年の時にモンテスキューの『法の精神』を読んで、これは面白いということで法制史を勉強した」と中田が語ったという（久保「中田薫先生」）。ただ、多くの科目をこなす当時のカリキュラムや学生の語学力からみて、この大部の書をたとえ英訳とはいえ、スラスラ読んだとは考え難い。すでに何禮之訳『孟徳斯鳩　萬法精理』（明治九年、和綴本十八冊。明治十年、洋装本二巻）が出版されており、これを横に置いて読んだのだろう。大学二年の時といえば、まさに梅の民法講義を受講して二年目に入った時期、自然法的な観念を基盤としつつ、愚直なまでに世界各地の多様な文化や慣習を蒐集し、そのなかに風土や民族の特質に即した形で現われる法の精神を発見していくモンテスキューの手法、これは梅から学んだ実践的な法認識と相通じるものであった。また、宮崎の第一学年配当の比較法制史（西洋法制史）を受講し終ったころでもあり、専門知識をふまえて読む時、ますます中田の好奇心をとらえてやまなかったのだろう。

中田の成長体験とモンテスキュー

加えて、自身の成長期の文化体験がモンテスキューへの傾倒を後押しした。山梨・東京・鹿児島・京都・仙台と日本各地を転々として、現在の比ではない多様な地域の慣習や風土を体で感じ取ってきた中田の体験は、『法の精神』を読みながらリアルな経験として蘇（よみがえ）り、文化の多様性の中に一定の法則や精神を見出すという視点を育み、中田の比較法制史研究の土台となった。実際、中田の初期の論文「王朝時代の庄園に関する研究」を熟読すると、『法の精神』の問題意識に閃きを得たとみられる記述が散見する。また、戦前版岩波文庫『法の精神』の翻訳者宮澤俊義は、序で恩師中田への謝辞を記している。彼に翻訳を勧めたようで、後々までこの書への愛着は続いたようだ。

宮崎とドイツ歴史法学の特質

留学前に宮崎から学んだドイツ歴史法学は、フーバーやギールケのような民族主義的色彩は希薄で、ローマ法とゲルマン法を対立図式で捉える傾向も顕著ではなかった。古典的歴史法学者サヴィニー、それを受け継ぐホイスラーの研究が最先端とされ、ローマ法とゲルマン法に共通する普遍的法意識を把握せんとする点はモンテスキューと響きあう考え方で、論集再録前の「王朝時代の庄園に関する研究」初出原稿にみられる特徴でもある。

グリムの法言語学

宮崎から学んだもう一つの視角は、ヤーコプ・グリムの法言語学的な研究法であった。これもグリムに潜在するゲルマニステン的傾向を受容するというよりは、言語を通して多様な文化の実態を把握しようとするものであった。

中田と柳田國男

中田と同じく一年時の宮崎の講義の影響を受けた人物に、同期の松岡國男がいた。卒業成績は政治学科で中田に次ぐ九番、旅ばかりの日常ではないだろう。柳田「年譜」

(『柳田國男全集』別巻1)に「この年(明治三十年)、ハイネをよく読み、『歌の本』や『流刑の神々』に影響を受ける」とみえ、一年の時からハイネに心酔し、いつもドイツのレクラム文庫を携行していたようだ(橋川文三『柳田國男』)。二年時に松崎蔵之助のもとで農政学を専攻、農商務省参事官兼官の岡野敬次郎の推薦で農商務省に奉職するが、未練もあって大学院に籍を置いて「三倉——義倉、社倉、常平倉——」という歴史的研究を続けた。

ドイツ歴史法学の影響

　中田は政治学科に進んで父と同じ官僚の道に進む予定だったが、学問に魅せられ法制史研究を志す。柳田も法制局参事官・内閣書記官記録課長・貴族院書記官長と国家官僚の道を歩むが、体調のこともあって大正八年(一九一九)に早期退官、その後、朝日新聞社に入社して民俗学研究に没頭する。柳田との交流は卒業後も続くが、最終的に二人に官僚の道を捨てさせ、日本文化の基層研究に没入させたのは、宮崎から学んだドイツ歴史法学の魅力、ローマ法やキリスト教文化に抹消されたゲルマン社会の法と文化の再発見というグリムやハイネの探求方法であった。

戸水寛人との出会い

　中田に大きな影響を与えたもう一人の師に戸水寛人がいる。中田は法律学科固有科目の羅馬法は受講していなかったが、法理学担当の穂積陳重のイタリア外遊を受けて戸水が代講したことで、二人は出会うことになる。その交流は講義に止まらず、卒業後も大変可愛がられた。戸水は政治的関心の強い人物で、中田が大学の自治と学問の自由のために奔走することになるのも、後述の戸水事件への関与が契機である。

このように、中田の学問形成はゲルマニステンの影響の一言で割り切れるものではない。文芸史への広い関心を出発点とし、梅から学んだ自然法観念の土台の上に、モンテスキューからの刺激や幼年期からの地方体験を彩りとして取り込み、文化や歴史のなかに法の多様な様態を発見していく柔軟な思考を錬磨していったのである。

三　彌生亭での熱烈な恋物語

大学時代の中田は、図書館に籠って勉強ばかりしていたわけではない。青春を謳歌し恋する学生でもあった。その片鱗は、本人が晩年に書き残した短編小説的な自筆草稿『岩つつじ――若かりし日の恋物語――』（ご親族のもとで発見）から窺われる。

「朴念仁」と呼ばれる自分にも、六十年間ものあいだ心の奥深くに秘めてきた、燃え上がるような恋物語があったと記し始める。学生時代二十一、二歳の頃、自宅の青山から「大学まで往復に多くの時間を要するので、本郷三丁目の桜木神社境内の晃陽館と云ふ下宿屋に、大学卒業の年まで下宿してゐた」。角帽・制服姿の中田青年は、毎週土日夕方に近所の西洋料理屋「彌生亭」で夕食をとるのが習慣だった。本郷三丁目の交差点

彌生亭のお蝶さん

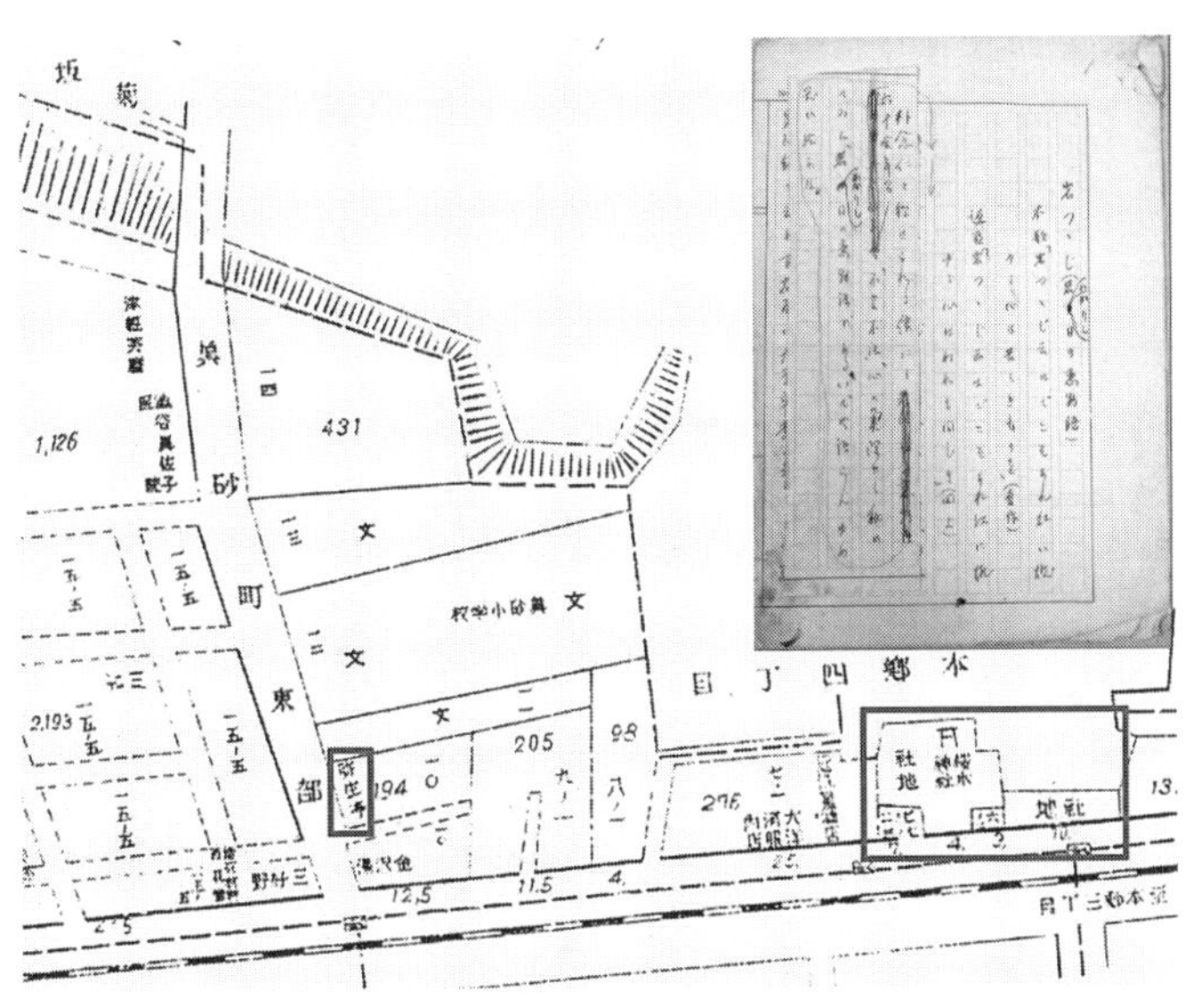

本郷桜木神社境内の下宿と恋舞台の彌生亭，『岩つつじ』自筆原稿

から春日に下る大通りを少し歩いて北に入った菊坂に通じる小道の右側にあった。二階が食堂で、長い食卓が据えられ、その食卓の西端、窓際の席に座るのが常であった。

この店には、歳十七、八くらいの「お蝶さん」という髪を銀杏返しに結った美しい看板娘が給仕として働いていた。友人の間でも憧れの的、中田もひそかに恋心をよせたが、最初は高嶺の花だと感じていた。しかし、お蝶さんは中田が来るといつも、他の客を差し置いてさりげなく傍らで給仕をしてくれる。他の客が呼んでお酌をさせても、すぐに中田の横に戻ってくる。言葉にすることなく、いつしか二人は相思相愛の仲となった。

しばらくして、彼女は雇い主の肝煎りで料理番の男と婚約させられる。中田との関係があまり深くならないうちに引き離した方がお互いの人生のためだ、という配慮もあったようだ。お蝶さんは泣き崩れながら、諦めかねる思いを涙とともに飲み込むのだった。

八十七歳の時の再訪問

爾来、お蝶さんの姿は彌生亭から消えた。「想えば儚い恋、奇しき運命の戯れであった」「永遠に忘れえぬお蝶さんの面影を偲びつつ、忍び音に歔欷（すすりなき）する夜半もある」と八十七歳の中田は六十六年前の青春時代を想い、ある夜、杖を突きつつ「また遭ふ日は永遠に来ないが、お蝶さんの幸いを祈る心は永久に変わらない」と呟きながら、妻に内緒で彌生亭の跡地を訪れる。薄暗い製作所になっているのを見て、北宋の孫覿の詩を捩（もじ）って「白首重来、一夢中。高楼已改、旧時容。風物変遷、人又老。空憶蝶嬢、涕泣胸」と涙ながらに賦した。漢詩を散りばめた、ロマンチックな自伝的小説である。

当時の学生たちの恋愛事情

実は、このような恋愛は、出会いの少ない当時の帝大生にありがちなものであった。中田の後輩で生涯の親友となる上杉愼吉も、卒業間際に本郷切通の清水楼（しみずろう）の娘と恋に落ちたという。そのためか、中田が副査を務めた卒業試験面接の前夜に酔いつぶれて、失態を冒している（中田「上杉君を想ひて」）。当時の学生の溜り場は豊国・鳥又・清水楼で、美人女給が学生たちを惹きつけていたが、「秀才の上杉さんは、運よくこの女難を免れて、早川千吉郎氏の姪御と結婚」、他方、美濃部達吉は試験期間でも同級の杉本安吉と「北のほう」（吉原）に走ったと『帝国大学新聞』特集の「その頃の赤門生活19　美濃部達吉博士談」（一九二六年十二月六日）は記す。しかし美濃部自身の回顧では「少くとも吾々の仲間は、品行方正道徳堅固」、「まだ「カフェー」も無ければ、喫茶店も無く」「今も龍岡町に在る豊国が、其の頃は純粋の牛肉店で……唯一の贅沢」だったと、記事を意識しているかのように語っている（美濃部「私の大学学生時代」）。中田は美濃部の四歳年下、女給との恋はそれ以降の時代の先駆けとなる事例なのであろう。

四　大学卒業とその前後

優れた同期生たち

明治三十三年（一九〇〇）七月十日、中田は修学年限三年で卒業した。翌年から法科も医科と同じ四年となる。民法・商法の施行で学習内容が増加したからである。四年目には教授会選定の科目の卒業試問も設置されるが、そうした関門を体験せずに済んだ。

この年の卒業生は百二十九名、英法四十五に対して仏法十八、独法十、政治は五十六、いまだ開成学校以来の伝統が残る。こうした傾向は三十年代後半に転換、司法省法学校の伝統を引く仏法は変わらないが、英独比率は三十七年卒業で逆転し、四十一年には英

中田の大学卒業写真と優秀な同級生たち（『三々会卒業十周年記念帖』）

法二十三、独法百八十名となる。この学年は秀才クラスの誉れ高く、優れた人材が輩出した。研究者に限っても、先の松本烝治（商法、東大教授）、松岡均平（経済学、東大教授）、野村淳治（国法学、東大教授）、神戸正雄（経済学、京大教授）、中島玉吉（民法、京大教授）、柳田國男（民俗学）に加え、五来欣造（政治学、早稲田大教授）、村上貞吉（東洋法、上海の東亜同文書院教授）がいる。甥の勝平氏は中田が「卒業したとき一番うれしかったのは、もう一生試

験を受けなくてよいと思ってホッとしたことだ」「自分は四番で卒業した。吉田茂は二十〜三十何番で後ろの方だった」と語るのを聞いたが、実は卒業席次は八番。二年修了時が四番である。「大学時代四番だった」とぼやかして話したのかもしれないが、甥っ子につい見栄を張ったところに中田の人間臭さが感じられて微笑ましい。

梅謙次郎先生との対話

卒業式翌日、中田ら五・六人は梅謙次郎に招集され、大蔵省から推薦を依頼されているが出仕する者はいないかと尋ねられた。中田は法制史研究への志を固めていたので、感謝しつつも、大学院に進学して宮崎道三郎先生のもとで法制史研究を修める予定ですと丁重に断った。梅は「誠に結構なことだ。日本のヴィオレ（フランスの法制史の父）となってくれ」と激励してくれた。中田は「私の今あるは先生の激励に負う所少なくない」と感謝の念を持ち続けた。留学出発時にも、梅の玄関先までお暇乞いに訪問した。晩年、中田は自身の努力を振り返って、先生とお別れしてのち五十年、ヴィオレを凌ぐ研究を発表できたことを先生の霊に告げて、師恩の幾分かに酬いたいと語っている（『懐旧夜話』）。

法制史講座の沿革

なお、この時期は講座の拡張期で、明治三十四年二月の教授会で法制史比較法制史講座からの比較法制史二講座独立原案が出され、翌年一月には比較法制史講座と支那法講座新設要求に修正、大学評議会で前者の独立のみ承認された。頓挫した後者は戦後東洋法制史講座として実現、中田の孫弟子の滋賀秀三が初代となる。

第三　大学院・助教授時代の研究と戸水事件の体験

一　大学院時代から助教授時代の研究進展

大学院進学

明治三十三年（一九〇〇）九月、中田薫は大学院に進学する。法学部の大学院進学者は全体で五十八名、かなりの人数である。「鎌倉時代の法制」を課題として宮崎研究室に所属する。活字化されていない厖大な原史料と世界各国の最新論文を縦横に使って、壮大な荘園制研究を完成させたのだから、この時期のその凄まじい努力は想像を絶する。

唐令復元と日唐律令比較

一年目に取り組んだ課題は、日唐律令比較研究とその前提となる唐令復元であった。散逸した唐令を諸書に引用された逸文から復元し、日唐の制度比較に活用する。今日でも日本古代史の基本的研究手法だが、宮崎が考案した方法を中田が具体的研究を通して定着させたものである。現在では対外関係史や文化比較研究の視点から行われる傾向も強いが、宮崎の指導を受けて着手した当初はもう少し限定された問題意識に基づくもので、特有の視角も含意されていた。西洋における法制史研究はユスティニアヌス帝の市民法大全（ローマ法）の再発見と復元、その解釈学を基盤として発展し、それを基準にゲルマン固有法の特質を浮かび上がらせる歴史法学へと展開した。歴史法学といっても、サヴィニーに代表されるように神聖ローマ帝国を理想として、ゲルマンの慣習法を夾雑物とみなしてローマ法純化を目指す立場や、グリムをはじめ固有の慣習法を評価する立場など多様で、ドイツでは民法制定をめぐる法典論争へと展開した。こうした歴史法学の最新の研究法を意識して進められたのが、唐令復元と日唐律令比較研究であった。

中田の唐令拾遺稿本

現在、東京大学東洋文化研究所には、仁井田陞の遺品として原稿用紙に毛筆でしたためた「中田博士自筆「唐令拾遺」稿本」が残る。中田の戸令・田令・賦役令の復元研究はその画期的論文を通して知られていたが、草稿は計二十二篇三百十三条に及び、当初の中田は全体の復元を目指していた。「明治三十四年七月中旬第一回稿成。同九月上旬第二回稿成。中田薫」との跋文があり、明治三十三年九月から翌年七月に基礎を固めて夏休みに一挙に整理、大学院最初の一年間はほぼこの仕事に専念したことがわかる。その後も増補に力を注ぎ続けたことは、多くの附箋や書き込みから窺われる。この過程で完成には相当な時間を要することを実感し、最終的に弟子の仁井田陞にゆだねることになるが、この基礎作業は生涯を通しての研究、特にのちの家族史研究の土台をなした。

三浦周行との出会い

唐令復元に専心していたころの法制史研究室に、中田の人生に少なからぬ影響を与える人物が現われる。明治二十六年に文科大学国史科選科を修業し、史料編纂掛嘱託の史料編纂助員をへて史料編纂官となっていた三浦周行が、明治三十四年四月からは法科大学の「法制類聚編纂掛」主任に着任したのである。それまでは小中村清矩・萩野由之・小中村（池辺）義象らと共著もある国学者系の増田于信が嘱託として勤務していた。

『法制類聚』の編纂

明治三十六年三月に兼務の都合による三浦の辞任申出が承認されているから、およそ二年の在任であった。当時は法科よりかなり低く見られた文科大学、恵まれない待遇に置かれた選科出身の三浦は苦労人で、実質的には栗田寛の私塾で学問を形成した。中田は大学院入学から半年して、三十歳に近い年長の三浦と机を並べることになる。

『法制類聚』について詳細は不明だが、国立国会図書館、東京大学法学部・史料編纂所・総合図書館、京都大学法学部図書室、筑波大学附属図書館に司法省総務局編『法制類聚』（一八九〇年）なるものが残る。これを引き継ぐかたちで、法科大学で続編の編纂が進められたようである。国立国会図書館と京都大学法学部図書室には一九〇三年九月の年紀を持つ「『文庫書目』法科大學法制類聚編纂掛」という史料が残存し、旧幕府引継書類、旧幕府裁許絵図目録、旧幕府書類目録などを収録する（書写資料。書名は書き題簽による。巻頭に「記録掛文庫架蔵書目／甲部　旧幕府引継書類ヲ収録ス」とあり。一印記あり。原稿用紙使用。和装。挟み込み紙あり）。さらに、一九〇三年の年紀をもつ『旧幕府書類目録、内閣記録課主管』『旧幕府裁許絵図目録、内閣記録課主管』（書写資料、別名はそれぞれ「内閣記録課主管旧幕府書類目録」「内閣記録課主管旧幕府裁許絵図目録」）も国立国会図書館と京都大学経済学部図書室に残存し、巻末に「法科大学法制類聚編纂掛蔵本　明治三十六年九月謄写」との識語があって、朱筆の書き入れが確認される。時期からみてもこの時に編集されたもので、おそらく京大本は三浦旧蔵資料であろう。

中田と三浦の影響関係

二人の個人的交流については不明だが、三浦はすでに明治二十六年から三十二年ころにかけて「古代親族法」「養子考」「五人組制度の起源」「為替手形の起源」「鎌倉時代の質屋に関する規定」「敷金の起源」など私法史の論文を発表していた。中田が大学院に進学したころも「本物返の性質」「寺院法史料」「喧嘩両成敗法」「鎌倉時代の訴訟に於ける懸物押書の性質」「中古の親族法と唐制との比較」と精力的に執筆を重ねており、中田に少なからぬ刺激を与えたはずである。三浦も法制史研究室の宮崎や中田から影響を受けた。明治三十一年から週一回宮崎の私邸で指導を仰ぎつつ『令集解』の校訂を進めており、中田も大学院時代に誘われて少し参加したが、しばらくして中止となった。大正四年（一九一五）・六年に纏めた徳政とその起源に関する論文や大正七年の頼母子の起源とその語源に関する論文は、中田論文を意識したものである。

学術調査の日々

三浦が登場して一年後の明治三十五年四月、中田は法科大学助教授に就任する。この時期の「官報」には、中田の出張の記事が散見する。明治三十五年七月十一日には「学術上取調ノ為新潟県下へ出張ヲ命ス（七月八日東京帝国大学）東京帝国大学法科大学助教授中田薫」とみえ、明治三十六年二月十二日には「学術上取調ノ為神奈川・静岡県下へ出張ヲ命ス」、また明治三十八年三月十三日には「学術上取調ノ為京都府及三重県下へ出張ヲ命ス」とみえる。

新潟での調査

最初の新潟での現地調査は相当に鋭意努力したもので、成果報告書は同年秋に早々に纏められ、法制史研究室に保存された。

明治三十六年三月には三浦が退任し、後任が充てられなかったので、書生たちを統括して法制史研究室の史料収集や調査を推進することが、いまだ講義を担当しない助教授中田の公務となった。歴史学者としての素養を磨く格好の機会が与えられたのである。

徳川時代の不動産法の研究に着手

中田は調査の合間も精力的に研究を進めた。大学院から助教授時代の研究を窺わせる資料として、不動産法の関係史料を収集整理した「徳川幕末不動産法」という墨書の文献が注目される（法政大学蔵）。表題の右横に「中田薫稿」とあり、末尾には「明治三十六年五月十九（十五カ）日脱稿」との跋文が記されている。

香取文書

香取文書などを積極的に活用しつつ、簡単な総説を付した史料抜粋からなる小編で、売買（永代売、年季売）、譲渡（附寄借地）、質入（質地、家質）、書入、小作（附卸山、請山）、地借及店借（附拝借地）といった内容である。「以上、東京府記録課主管諸証文留帳、自弘化二至安政元」などとあるように、行政機関が保有する文書の調査を進めるなかでの成果である。

その意義はこれまでほとんど認識されてこなかったが、のちの『徳川時代の文学に見えたる私法』につながる基礎作業で、遅くとも前年の明治三十五年秋から三十六年初めにはこの分野の研究を本格的に開始していたことがわかる。法政大学には梅謙次郎関係の史料群が伝来し、中田が何らかの理由で梅に貸して、返却されずそのままになっていたため、偶然に震災の難を免れて残存したのだろう。

最初の論文、戸令応分条の由来

助教授になって一年ほど経った明治三十六年一月、最初の論文「養老戸令応分条ノ由来」が『法学協会雑誌』に掲載された。日唐律令比較の事例研究である。的確な素材選択と厳格な分析は、中田の家族法・相続法研究の土台となる。また、同年十一月に仕上げて入稿した「頼母子の起源」が翌月の『国家学会雑誌』に「論説」として掲載された。

頼母子の研究

このころ宮崎は盛んに徳川時代の私法について講演しており、明治三十二年十一月の講演を纏めた「質屋の話」では、講組織における相互金融「頼母子」に触れ、鎌倉時代の「無尽銭」は質屋の貸付金だと論じているので、中田は宮崎との対話のなかで関心を持ち、徳川時代さらに室町時代の頼母子についても検討を進めたのだろう。直接の契機は保田次郎「社会的制度上より観察したる頼母子講」で、起源に関する一節に疑問を感じて書いたという。中田の論点は、頼母子の最盛期を江戸時代の明和ころではなく、南北朝末期から室町時代初期の至徳・応永ころとするもので、基本史料として活用した「香取文書」は帝大付属図書館の小杉榲邨影写本を活用した。

徳政の起源

頼母子の起源が中世に遡るという指摘は、三浦が「法制雑攷（十二、寺院の研究）」（一九〇〇年）で簡単に指摘していた。建治元年（一二七五）十二月の高野山領の紀伊国猿川・真国・神野三庄荘官請文を掲げ、無尽とは別の意味を持ち始めているとする。中田はこれに気づいておらず、三浦が『法制史の研究』（一九一九年）に再録したものを目にして修訂している。翌三十七年二月には「徳政発現の年代に就て」を『法学協会雑誌』に掲載、横井時冬や平出鏗二郎の先行研究を批判し、徳政の起源を論じている。「頼母子の起源」と「徳政発現の年代に就て」の論文は、「頼子も亦室町時代有名なる徳政の災難を蒙れること」を問題にしたところに接点がある。大学院での研究テーマ「鎌倉時代の法制」の延長線上にあり、宮崎に提出した一連のレポートなのかもしれない。

法言語学的研究と白鳥庫吉・喜田貞吉との論争

これと並行してこの時期、法言語学的研究にも真剣に取り組んでいる。神判など宗教文化史的研究も、ヤーコプ・グリムやブルンナー、コーラーらの神判と法の起源の研究に学んだもので、明治三十七年に「古代亜細亜諸邦に行はれたる神判」を公表している。

また、宮崎や三上の紹介であろうか、人文系の史学会にも入会し、同年七月・十一月には「郡村の語源に関して専門大家の御教示を乞ふ」「再び郡村の語源に就て」を『史学雑誌』に掲載、「むら」「あがた」の語源をめぐって東洋史学者の白鳥庫吉と論争を繰り広げる。翌年三月の「こほり（郡）むら（村）なる語の原義」、五月の「四たび郡村の語源に就て」、八月の「韓国古代村邑の称呼たる啄評・邑勒・檐魯及須祇の考」「韓国古代村邑の称呼に就て白鳥博士に答ふ」と掲載が続く。「我が太古史に見えたるアイヌ語の神名」では、日本の神々をアイヌ語で解するのは不遜だとの右翼からの脅迫文も届いたが、「蝦語の神名に就きて喜田・安藤両君に答ふ」「喜田学士の土蜘蛛及クロボックルに関する諸説を評す」と重ねて、『史学雑誌』紙上で喜田貞吉と論戦を交えている。さらに「可婆根（姓）考」「我が古代の法制関係語」といった論文も発表するが、次第に法言語学的研究がそう簡単ではないことに気づき、「先生（宮崎道三郎）に「カブレ」」てやったと自虐的に回顧するようになる（石井良助「法制史学八十八年」）。しかし、以後もこの分野の研究を続けて、講義の中ではしばしばその成果を活用している。晩年に至るまで中田の言語への関心は絶えず、種々の外国語を自学自習して素朴な研究をまとめている。

他方、明治三十五年夏の新潟調査をふまえた「越後国割地制度」が明治三十七年三月に『国家学会雑誌』に掲載された。財政学教授の松崎蔵之助の勧めで公表できたのは、予想外の喜びだった。直近の内田銀蔵の割地制研究については言及がない。またこの年は多産で、十月から十二月にかけて「唐令と日本令との比較研究（一）～（三）」を、翌三十八年三月には副産物の「養老令の施行期に就て」を纏め上げた。宮崎からゆだねられた日唐律令比較は、以降の中田の多様な研究課題の源泉となっている。

荘園制研究の公表

そうしたなか、明治三十八年七月に戸水事件が勃発、中田も先輩たちと大学の自治のために奔走する（後述）。しかし学問を疎かにすることなく、昼は研究室で荘園史料を分析し、夜は自宅でドイツ・フランスの法制史の本を読み、両者に類似点が多いことに驚きながら研究を深めた。翌年の一月から十二月には、中田の代表論文「日本庄園の系統」「王朝時代の庄園に関する研究」が『国家学会雑誌』に掲載された。美濃部達吉の推薦による異例の十二回連載である。さらに、補論「「コムメンダチオ」と名簿捧呈の式」「知行論」「鎌倉時代の地頭職は官職に非ず」も並行して公にされた。なお、連載最後の十二号だけが記載様式や文章の雰囲気が異質で、内容もやや雑な感じを否めない。後述するように、まさに結婚式直前の慌ただしい時期で、「元原稿」を十分推敲せずに入稿したからであろう。両原稿の時期差からくる歴史像の微妙なズレも見落すべきではない。

三上参次の協力

荘園制研究に取り組み始めた時期や契機は不明だが、すでに日本における私有の系譜への着目も萌芽的に見いだされる。未公刊史料を縦横に活用できたのは、史料編纂掛の三上参次が便宜を図ってくれたおかげである。政治学科がもと文学部に所属していた縁で、師の宮崎と三上との間にも交友があり、中田自身も大学院時代から公務で出入りしてはいたが、その収集史料は明治天皇の勅令を受けた修史事業の材料で、三上が自分にも史料編纂官にもそれを用いて論文を書くことを禁じていたことを思えば、いかに特別な配慮であったか驚かされる。中田もそれに報いて、精一杯の熱意をもって博捜している。また、外国文献の読解をふまえた研究も当時の水準からみて画期的だった。中世ヨーロッパの封建制や恩恵関係を扱う「コムメンダチオ」論文は、自己の荘園制研究を比較法制史的に位置づける試みで、この見通しにも梅の影響が濃厚にみられる。

下戻法についての諮問と総有

留学前に取り組み始めたもう一つの課題は徳川時代土地所有権に関する研究で、明治四十年末に「徳川時代に於ける山年貢の性質」「御朱印寺社領の性質」を公表する。荘園制研究と並ぶ一連の研究の淵源となる。明治三十二年に国有土地森林原野下戻（さげもどし）法（ほう）が施行されると行政訴訟が殺到、寺社は旧寺社領私有の根拠として御朱印状を提出したが、その鑑定を依頼され、実際問題と不可分な課題に取り組む契機となった。中田説と対立する内容の三上参次・辻善之助・芝葛盛『社寺領性質の研究』（大正三年）が刊行されると、大正五年には「徳川時代における寺社境内の私法的性質」で自説を補強再論している。

以上、留学前の中田の関心は、日唐律令比較、不動産物権と封建制、徳川時代の土地所有権にあり、家族法への関心は日唐律令比較の中で萌芽しつつあるにすぎなかった。

中田の時代区分

最後に、近年盛んな史学史研究で扱われる時代区分について一言しておく。中田の時代区分は大正十年から担当する法制史講義に「上古（上世）（大化前代・大化後代）・中世・近世（徳川時代）・最近世」と現われるが、このような区分は初期の論文から確認される。従来、日本の古代・中世・近世・近代という区分は、明治三十六年の内田銀蔵『日本近世史』、明治三十九年の原勝郎『日本中世史』に始まるとされるが、内田自身が「近世」の多様な用例を掲げて「普通の見解は江戸時代の初期より始まる」と記すように、当時汎用されていた区分を再検討する試みにすぎない。

「中世」の語は早く伯克爾（バックル）『英国文明史』（宝文閣、明治十二年）の翻訳に現われ、「中世暗黒の時代」「近世」など学術語として普及、二十年代には教育界でも定着した。日本史に応用する試みも現われ、早く伊藤博文『帝国憲法義解』（国家学会、明治二十二年）に「中世屢々変乱を経」、坪谷善四郎『大日本帝国註釈』（博文館、明治二十二年）に「中世以降政権武門に帰せしより」とみえる。

しかし内実は多様で、農商務省農務局『大日本農史』（博文館、明治二十四年）は神代・上世・中世・近世・今世と、尋常小学校国史科用書『新編日本史教科書』（明治三十二年）は上世史・中世史・近世史・現世史と区分するが、ともに大化以降を中世としており、前者は江戸時代から、後者は鎌倉時代からを近世とする。高橋健自『新撰国史』（金港堂、明治三十四年）は聖徳太子以降を中世とするなど、「中古」観念を基礎に律令国家の淵源を中世の始点とみる考えも併存した。興味深いのは、同時期の吉見謹三郎『日本憲法論』（日本経済社、明治三十五年）に「中世以降、幕府租税の大権を握り」とみえ、国文系の中古観念の影響のない法学界では、伊藤博文以来、鎌倉時代以降を中世とする見方で一貫していることである。

中田の時代区分は、内田や原の著書から学んだものではない。法学の世界での中世・近世概念の普及をふまえ、比較法制史の立場から独自にその概念を研ぎ澄ましたものである。西洋封建制に当て嵌めるために中世概念を用いたとされるが（石井進「「中世」の発見」）、「古代亜細亜諸邦に行はれたる神判」（明治三十七年）では「我中世に行はれたる神判」と、「郡村の語源に関して専門大家の御教示を乞ふ」（同年）では「郡をコホリ又は許富理と書きますが、若しも日本古代にはｈ音が無く」と使用し、広く文化史的視点から用いている。他方、職(しき)の観念と封建制との関係を有機的に扱う「王朝時代の庄園に関する研究」では古代中世概念を用いず、それを前提に分析することを慎重に避けている。

二　父直慈の死と家督相続

話は前後するが、大学院在籍二年目の明治三十五年（一九〇二）二月二十二日、二十五歳の時、父直慈を喪う。脳充血による突然の死であった。享年五十六。このころ直慈は、内蔵頭代理内蔵助の要職にあり、日本銀行総会にも常に責任者として出席、明治三十三年には東宮主事となって病弱な嘉仁皇太子（大正天皇）に寄り添い、翌年には内大臣秘書官兼宮内書記官となって、激務の只中にあった（中田薫提供・宮内庁書陵部蔵『中田直慈在職日誌』参照）。赤坂区青山の官舎は、畳の縁には菊の御紋が入り、厩もあって馭者（ぎょしゃ）も官舎内に居住し、馬車で出勤する毎日だった。

葬儀

大物官僚の葬式だけに新聞に告知され、喪主中田直吉（直慈の弟で亀田中田家戸主）・中田直三郎（長女キミの夫で、当時は直吉の養嗣子）・安川繁成のもと盛大に挙行された。二月二十五日青山南町一丁目二十四番地から出棺、青山共同墓地斎場で葬儀、正五位勲四等瑞宝章を受けた。中田家墓所は羽後亀田の藩主菩提寺の臨済宗龍門寺の裏山にあるが、直慈の弟の義理の叔父で、葬儀でも世話になった資産家安川繁成から、自分が明治十七年に開基した笄町の浄土宗繁成寺（秋月子爵の室や毛利公爵の母ら、華族婦人が念仏を唱えて鉦を打つので、俗にカンカン寺と称した）の墓所が青山墓地内にあるからと勧められ、宗派は違っていたが、そこに墓所を設けて浄土宗に改宗した。小祥忌には、鹿児島時代以来二十年の父の旧友渡邊千秋を訪ねて、立派な墓碑銘の作文を依頼している。

母・兄弟と官舎を出る

家督相続した長男の中田は、当時下宿していた牛込南榎町の近所、牛込市ヶ谷砂土原に

敬愛する濱尾新先生（左）と山川健次郎先生

家を借りて、青山の豪奢な官舎から出た母ワカ・弟の三郎・四郎と共に暮らすことになる（「松本烝治関係文書」）。家計も厳しくなり、三田定則に嫁いだ妹トミから三郎・四郎の学費援助を受けている。四郎は八歳、小学校二年のわんぱく盛りで、近所の石鹼屋の倅で一歳年上の西條八十（「かなりや」の作詞で知られる詩人、仏文学者）をよく殴っていたという（勝平氏談）。おとなしい三郎もまだ十歳。大学院で研究に邁進する中田にとって、幼い弟たちに囲まれた環境は研究生活には厳しく、しばらくして実家から五百メートルほど離れた牛込二十騎町に書斎兼下宿を借りることにした（『懐旧夜話』）。

法科大学助教授就任

父を亡くした五日後、葬儀二日後の二十七日に教授会で「中田薫法学士の都合を聞き合わせたうえで、助教授任命を稟請する」ことが決定、四月十四日付で法科大学助教授に任ぜられた。もう少し早ければ父を喜ばせることができたのにと悔やみつつ、学究肌の父の霊前に報告した。就任の折、師の宮崎道三郎は前総長濱尾新に紹介してくれた。感情を表に出さない温厚な人柄だが、弁説は長く、濱尾が来ると文部省の役人たちは「総て長し」「提灯を用意せよ」と困惑したという評判の人物である。緊張して挨拶すると「法制史専攻の助教授とは珍しいね。今後益々努力してくれ給え」と激励してくれた。留学に際し総長に再任されていた濱尾に暇乞いに行った時にも「先年欧州の大学を視察に行ったことがあるが、何れの大学でも法制史の研究に努力している。殊にドイツでは盛んである。君もドイツに行ったら専ら法制史の講義を聴き給え」と期待の言葉をかけられた。出発日には新橋駅まで見送りに来てくれた（『懐旧夜話』）。

三　戸水事件と東大法科の動き

――大学の自治との最初の関わり――

戸水事件の勃発

明治三十八年（一九〇五）に起こった戸水寛人教授休職事件は、中田にとって学問にささげた人生と並ぶもう一つの人生、大学の自治のための奔走の出発点となった。

日清戦争後の三国干渉で遼東半島を返還させたロシアは韓国・清国に進出、大連・旅順の租借権、東支鉄道敷設権を獲得した。義和団事件以降も満洲に大軍を駐留し、日本海にウラジオストックにかわる不凍港を求めて朝鮮半島を南下した。日本政府は軍備増強を進めていたが、事情を解さぬ世論は軟弱外交と憤った。明治三十六年六月、帝大の戸水寛人・小野塚喜平次・金井延・富井政章・寺尾亨・高橋作衛、学習院の中村進午ら急進的な若手七博士が、ロシアの満洲進出に対する外交責任を問い、満韓交換論を批判、桂太郎首相に対露開戦を求める意見書を提出した。「七博士開戦論」である。

バイカル博士

日本は日英同盟を締結、ロシアに南下中止を求め、鴨緑江以北の活動の容認まで譲歩したが、ロシア側は一蹴、明治三十七年二月に開戦に至った。翌年五月にバルチック艦隊を破ったことで早期終戦ムードが漂い始めたが、戸水は過激な戦闘論を唱え続け、バイカル湖北方に撃退するまで戦うべしと訴えた。世は「バイカル博士」と呼んだ。

明治三十八年八月、アメリカのポーツマスで日露戦争終結に向けた講和会議が開かれると、戸水は講和条約批准拒絶を求める上奏文を宮内省に提出した。久保田譲文相は山川健次郎総長と会見し、官吏の休職を定めた文官分限令第十一条四号の「官庁ノ事務ノ都合ニ依リ必要ナル時」を根拠に、官吏服務紀律違反で二十五日付の休職通牒を発することを申し渡した（内閣仰付二十四日、官報掲載二十五日）。山川は、不条理で必ずや騒動を惹起すると忠告しつつもやむなく承諾した。中田の仄聞するところでは、閣僚の一人が久保田に「君の部下には大学教授でありながら、盛んに外交論、殊に政府の政策に一致しないようなことを論ずるやつがいるが、自分ならああいう者は首切ってしまうがな」と冗談半分にいったのを、実直な久保田が真に受けたのが事の始まりらしい（『懐旧夜話』）。

大学官制第二条では、学内高等官の進退は総長の方から具状し、それを受けて文部大臣が発令することになっていた。山川は休職後一週間を経た八月三十一日の法科教授会の質問で、初めて文相側の要請処分を受容した自分の失態に気づいた。ここに不明を恥じて辞表を提出したが、九月五日に日比谷焼打事件が起こっている状況で、帝大総長辞職はさらなる波紋を惹起しかねないので、政府は内密に慰留に努めた。山川夫人すら十数日後に知ったほどの内々の提出だった（『男爵山川先生伝』）。

戸水休職

戸水休職の情報はいち早く学内に広がった。八月二十五日、法科の若手は言論の自由、大学の自治の侵害だと憤慨、翌日夜に美濃部達吉の呼び掛けで小野塚喜平次・高野岩三郎・山崎覚次郎・上杉愼吉・中田・山田三良・岡田朝太郎・高橋作衛らが公法研究室に集まった。当初は浮世離れした学問をしている宮崎道三郎や中田には案内状が出されず、中田も憤っているとの伝聞で追加された。集会では、抗議文を文相と首相に提出すること、『国家学会雑誌』に学問の自由を擁護する論文を寄せることが決定された（以下、戸水『回顧録』『続回顧録』、『男爵山川先生伝』、『懐旧夜話』、『大学の自治』、田中耕太郎『教育と権威』、「坪井九馬三日記」、『報知新聞』十二月六日）。中田は翌日午前中に近所の松波仁一郎や筧克彦の自宅をまわって署名を集め、竹早町の美濃部宅に届け、午後組が他の署名を集めて政府に提出した。その後も臨時教授会が繰り返し開かれ、法科としても正式に総長と文相に抗議することが決議され、九月十九日に教授・助教授二十一名連署の抗議文が提出された。しかしこの段階では運動は法科内で留まっていた。

『国家学会雑誌』特集号

『国家学会雑誌』特集号は同年十月に発行され、十四の論説が並んだ。中田には Lehrfreiheit, Academische Freiheit というテーマが課されたが、外国文献を消化しきれず提出できなかった。のちに国家主義者になる上杉や筧も含まれているのが興味深い。上杉は「此頃、無学下根の俗官吏、学問教育の自由の大義を解せず、一時の利便に従ひ、権勢の駆使に就き、任に学問教育の職に在る者の地位を動かさんことを試むる者あり、識者見て帝国文明の前途の為めに深憂あり」（傍点著者）と非難し、イギリス詩人ミルトンの検閲制度批判を受けて検閲吏の一人が自ら恥じて職を辞した美談を掲げるという過激さである。なお、発刊後しばらくした教授会の終りに、国家学会会長の一木喜徳郎が突然立ち上がり、会長にも知らせずに特集号を出したこと、公平であるはずの学術雑誌を一種の論説で固めたことに憤慨し、会長を辞して退去したという一幕もあった。

山川総長の辞任

事態は収束に向かうかに見えたが、山川総長が八月末に提出していた辞表が三ヵ月以上経た十二月二日に受理され依願免官となり、大学に諮ることなく農科大学長の松井直吉が新総長に任命された。穂積陳重は、山川総長や久保田文相との個人的交友関係から今回の事態を遺憾として新総長に辞表を提出したのだが、弟の八束の方は法科大学長としての責任から同日辞表を提出したにすぎない。内田貴『法学の誕生』は「八束が職を賭して守ろうとした戸水」「大学の自治を守るために職を賭して国家権力に対峙した」と評し、のちの「論敵を陥れるために国家権力を使」う姿と対比するが、八束が当初から戸水の行動にむしろ強い不快感を抱いていたことは、以下に示す態度からも明らかである。

全学教授総会

十二月四日、山川総長辞任の情報は学内外に波紋を投げかけ、全学問題へと拡大する。夕方七時から全学教授・助教授百数名からなる全学教授総会が物々しい雰囲気のなか開催された。座長の理科大学長箕作佳吉は「動物学を専攻し、普段はオタマジャクシからカエルへの変化を顕微鏡でのぞいている自分ですら、今度のことは憤慨に堪えない」と熱弁をふるい、法科の土方寧、梅謙次郎、理科大学の寺尾壽ら怒りの収まらない教授たちが、順に立ち上がって政府を痛烈に批判した。

穂積八束の態度

そこに三十分ほどして法科大学長の八束が現われ「皆さん今夜は何でお寄りになったのですか」と白々しく尋ねた。政府から調停役を依頼され、事態の激化に内心憤っていたのである。温厚な箕作が説明していると、工科大学長の塚本靖二が「遅れてきた人にいちいち説明する必要があるのですか」と怒鳴った。八束は「議長のほかに議長がある会とはおかしな会ですね」とやり返す。大騒ぎになって「退去を命じろ」とヤジが飛び、八束は無理やり廊下に追い出された。教授総会の興奮した雰囲気が窺われる。

松井総長退任

無邪気に列席していた松井新総長は、数人に取り囲まれて別室で辞表提出を求められた。中田が隣に座っていた梅謙次郎に「先生、うまくいきますかね」と尋ねると、梅は「大丈夫だよ、何でもかんでも追ん出してやるよ」と呟いた。梅がこのときの運動の影の主導者であることを暗示するとともに、中田が敬愛する梅から学問のみならず大学の自治の精神をも伝授されていたことを窺わせる逸話である。なお、松井は翌五日朝に就任三日で辞表を文相に提出、「三日総長」と揶揄された。実際の任期は十三日間だった。

この総会では、①文相に抗議書を提出し、首相には警告文を出すこと、②各大学長と評議員の名で文相辞職を勧告すること、③目的を達しえなければ連袂辞職することの三ヵ条が決議された。起草委員には、高橋作衛（原案執筆）、梅（内容検討）、三上参次（文章推敲）の三名が選出され、七日付文書に百九十名余りの署名が集まった。

すでに提出された穂積兄弟の辞表と小野塚・寺尾亨・金井・建部遯吾・高橋・岡田・戸水九名の辞表に加え、六日には寺尾壽・青山胤通・梅・岡野敬次郎・松波仁一郎が提出、文科大学では独自に総辞職を決議、坪井九馬三・星野恒・井上哲次郎・元良勇次郎・中島力造・上田萬年・三上・箕作元八・芳賀矢一・萩野由之・姉崎正治・白鳥庫吉・田中義成・高楠順次郎、・大塚保治の十五名が提出した。法科学生も独自に参集して声援を送ろうとした。京大でも五日に法科大学で連袂辞職を決議、辞表を木下廣次総長に提出した。

桂首相は十二月六日朝の段階で穂積八束と秘密裏に会談し、教授らの慰留をあらためて依頼するとともに、山川・戸水の免職および強硬派教授辞表の受理を文相辞職の交換条件として提示して面目を保とうとした。しかし、大学側は山川と戸水の復職、文相久保田の引責辞職、大学の独立と言論の自由の保証の三条件を頑として譲らない。

文部大臣への意見書

八日午前には教授総会の抗議書「文部大臣に対する意見書」が文相に提出され、九日には首相に「総理大臣に対する覚書」が渡され、箕作佳吉・青山・坪井ほか十二名が桂首相を訪い、文相引責辞任の直談判を行った。調停に奔走する前総長の菊池大麓・加藤弘之・濱尾新ら長老は、そもそも山川に復職の意志はなく、文相の引責辞任の止むを得ざることを切言したので、首相もようやく折れて、文相辞任の内報が伝えられた。

第二回教授総会と桂首相との会談

これを受けて十二月九日午後、第二回教授総会が山上御殿で開かれた。医科大学長の青山は矛を収めてもいいのではと説き、箕作も賛成したが、法科の土方は犠牲者たる山川前総長と戸水博士の復職まで戦うと強硬論を主張、こちらが多数を制し、①学問の独立を図るに適当な方法を設け、十分強硬な結合を図ること、②すみやかに山川前総長と戸水教授の復職を求めるべきこと、③今後は必ずしも教授総会を開くことはせず、今回の議論に基づき評議会に一任すること、三点を大多数の賛成で可決した。長老の穂積陳重・箕作・岡野を代表に立てて桂首相に面会し、善後策を考えてもらおうということになる。官邸に連絡すると今すぐ来いとの返答、一同待機することになった。

しばらくして穂積・箕作らが帰ってきて結果報告した。首相は誠実に事情を聴き「それならば君らはわしに何を望むのか」と問う。穂積は「それはあなたの覚悟次第です」と答える。桂が「覚悟とはどういう覚悟だ」と問い返すと、穂積は「覚悟とは読んで字のごとし」と酬いる。桂も頭のいい人で「よろしい」とだけ答えた。中田は穂積の巧みで冷静な外交談判に敬服し、さらに深い畏敬の念を持つようになったという（以上、『懐旧夜話』、「坪井九馬三日記」）。この回答を聞いて一同退席したのは深更のことであった。

教授会決議による任免

戸水事件を経て、明治四十年前後から法科教授会後の懇談会で大学制度について議論が重ねられ、同年四月の教授会では、教官の任免や地位待遇に関して一般官吏と異なる服務規律を設ける必要を認め、選任や免休職は教授会決議を経ることを決している。

四　吉田茂の妹紹介から結婚へ

国費留学生に選出

明治三十九年（一九〇六）三月、法学部教授会は来年度国費留学生に、助教授の中田・松本烝治二人を稟請することに決定した。助教授になるとただちに三年間留学するのが慣例であったが、このころには順番待ちになるので私費留学する者も少なくなかった。中田も三年前の教授会で候補になったが、金井延教授からは交通及保険専攻の松岡均平が、梅謙次郎教授からは商法専攻の松本が、宮崎道三郎教授からは法制史専攻の中田が推薦されるなか、投票の結果、松岡・中田・松本の推薦順位が決定、大学評議会では松岡のみが全学十人中第八位で文部省に上申された。今回は二度目の挑戦だった。

吉田茂の妹との見合い

明治三十九年は私生活でも転機の年となった。大学の後輩吉田茂（明治三十九年卒業、年齢は一歳差）から、妹の榮を妻に迎えないかと勧められたのである。中田もすでに三十歳、吉田は外務官僚の道を歩み始めていた。日比谷公園に妹を呼び出し、木陰からこっそり中田にみせた吉田から「あれ、妹だけど、もらってやってくれ」といわれ、「惚れた腫れたという齢でもないし……。まあ、いいよ」と答えた。みどり・輝男氏が祖母から聞

松本楼での結婚

妻榮とその父竹内綱・母瀧・姉の菊（左下枠内は結婚頃の榮）

いた話である。かつての燃え上がるような恋と比べれば淡白なスタートだった。

十二月八日に結婚、披露宴は日比谷公園の松本楼で行われた。翌年二月二十五日に入籍。榮（のち榮子）は明治十六年十二月七日生まれ、中田とは六つ違い。竹内綱（高知藩家老の竹内吉管の息）の六女で、母は瀧。幼いころから家庭教師をつけて育てられ、馬車で東京女学館に通うハイカラで凛とした才女だった（竹内綱の孫白石多士郎氏談）。晩年の榮が巻紙に流麗な手紙を書いているのをみて、甥の勝平氏が「すごい」というと「昔は朝の四時か五時には父に起こされて、お習字と論語の素読をさせられたのですよ、だれでも小さい頃からやればこれくらいはできますよ」と答えた。孫のみどりも〝教育ババ〟に朝早くから勉強をみてもらったと回想、電話で竹内家の親戚と「……ざあます」と話すのを聞いてそんな世界があるんだと驚いたともいう。料理は得意ではなく、あまり愛嬌はなくツンとした感じの人だった。こうして中田は吉田の義理の弟となる。家族ぐるみの付き合いは晩年まで続き、吉田のことを「兄さん」とか「お前」と呼んでいた。奇しくも二人が亡くなったのも同年、一方は学問の世界を生き、一方は官僚・政治の世界で生き抜いた。

新婚生活の一波乱

しかし、迎えた新婚生活はいきなり一波乱。新居は榮の実家竹内家の笄町の豪邸の離れに準備され、お嬢様の榮は侍女二、三人を連れてやってきた。荘園制論文執筆のころで、妻への心遣いが欠けていたのか、気まずい雰囲気となった。父から「嫌になったらいつでも帰って来い」といわれていたこともあり、本当に結婚した初日に実家に帰ってしまったのである。女中たちに慰められながら寂しく過ごしたという（みどり・輝男氏談）。

これだけを聞くと波乱万丈のスタートにみえるが、日比谷公園での顔合わせの事実すら、榮本人には知らされていなかったらしい。綱の命を受けて、兄がもっともらしい理由を付けて呼び出したにすぎない。甥の勝平氏が榮から聞いた話では、突然父に呼び出され「実は今日はお前の結婚式だ」と知らされたという。榮がびっくりして悲しむだろうから当日まで言えなかったらしい。顔も見たことのない相手との結婚、驚いて不満を漏らす榮に「まあ、嫌になったらいつでも」と説得したのだとすると、すぐに帰ってきたのも自然な流れである。とはいえ、さすがに困ったということで、二人を自宅の離れから追い払い、中田が独身時代に書斎兼下宿としていた二十騎町の別宅のそば、神楽坂近くの加賀町に新居を設けさせた。隣には郷土亀田の元藩主、子爵岩城隆邦の邸宅があった（輝男氏談。『人事興信録』第四版に、家督を継いだ子爵隆徳邸が牛込市ヶ谷加賀町二とみえる）。

厳格な研究者との質素な日常は、お嬢様の榮には心労だったようで、軽い神経衰弱になった（白石談）。中田はやさしく労わったが、そのぶん母が弟三郎・四郎と住む実家を訪れることも少なくなった。四郎はこのころグレて上野で喧嘩を繰り返し、府立四中、東京開成中と退学を重ねていた。そうした状況を支えなかったので、母との関係は冷え切ってしまった。気丈夫なワカだけに、竹内家に気を使い、侍女を伴って嫁いできた榮ともうまく咬み合わなかったのか、「薫は養子に出したようなものだ」「竹内家にノシを付けてくれてやったようなものだ」と話していた。しばらくして、四郎の逗子開成中学校転校という事情もあり、遠く逗子の農家の離れに移り住んでしまった（勝平氏談）。

第四　欧州留学

一　長男の誕生と欧州留学——上杉愼吉との交流——

長男瑞彦誕生と留学への出発

明治四十一年（一九〇八）二月五日、長男で一人息子の瑞彦が誕生した。中田薫は三十一歳、留学直前の慌ただしい時期である。三月二日に正式に文部省外国留学生として、法制史研究のために独仏英への三ヵ年留学が命ぜられ、二十八日付出発となる。生まれて間もない赤子を妻に託して三年間も家を空けることへの罪悪感、後ろ髪をひかれるような思いで日本を後にする（以下、中田「上杉君を憶ひて」）。

先輩たちのアドバイスに従って、まずはハイデルベルクへ直行することに決めていた。異郷の地に不安を募らせていたところ、面識のある後輩助教授の上杉愼吉が滞在している噂を仄聞、これ幸いと問い合わせたがベルリンに移っていると聞いて失望する。落ち込んでいると、中川孝太郎・矢作栄蔵両教授が医学士の牧田太（のち陸軍軍医総監）・平山金蔵（のち東京胃腸病院長）に紹介状を書いて、到着時の世話を頼んでくれた。

ほっとして四月一日に横浜港で日本郵船に乗り込み、インド洋を経て五月二十日マルセイユ港に到着、五十日の船旅だった。二十一日夜に同船で親しくなった留学生とベルリン行汽車に乗込んだが、他の四人はベルリンに直行するので、翌日夕方、中田は一人ストラスブルク（ストラスブール）駅で途中下車する。薄暗くなったホームに一人残されると異郷の空が心細さを誘う。支線に乗り換えてアッペンヴァイアー駅に向かい、さらに乗り換えたころ雨まで降りだした。ハイデルベルク駅に着いた時には夜十時五十分の深夜になっていた。

ハイデルベルク到着

ホームに降り立つと、遅い時間にもかかわらず牧田・平山らが出迎えてくれていてホッとする。上杉が近づいてきて握手してくれた。予想外の再会、ベルリンからロンドン旅行を経て数日前にハイデルベルクに至り、Luxhof に滞在しているとのこと。中田のために部屋まで取ってくれていた。「贅沢屋」（誤訳なのだが）と愛称される日本人留学生馴染みのホテルである。荷物を置いたあと階下の食堂に集まり、みんなでビールで祝杯、アドバイスを受けながらしばし楽しい時間を過ごした。その後は、中田の部屋で夜二時まで旧友と再会したかのように二人で談笑、ここに生涯続く二人の親交が始まった。

上杉愼吉との再会

上杉は中田からすれば後輩助教授だが、学生時代に体を壊し休学、さらに四年制の下での卒業ゆえで、実はさほど歳は離れていない。国費留学の順番を待たず、明治三十九年に故郷の加賀前田家の援助を受けて私費で渡欧し、ハイデルベルクで公法学者イェリ

親友上杉慎吉（左）と吉野作造

ネクに師事して、その私邸に寄宿する幸運まで得た。四十年夏はルソー研究に熱中し、ジュネーブで毎日図書館に籠り、四十一年の春まではベルリンに滞在していた。当時の上杉は、のちのような端正な姿ではなく、蓬頭垢顔の物騒な風体、ロシア無政府党員と交際して留置所の鉄格子に入れられたこともある。五月にはハイデルベルクにたまたま戻っていた（今野元『吉野作造と上杉慎吉』、「上杉慎吉関係文書」、野村淳治「上杉さんの思出」）。

到着二日後、食堂で朝食を取っていたが、上杉は一向に姿を見せない。部屋を覗くと病気だといってゴロゴロしている。夜九時頃に竹村正（のち千葉医科大学教授）と共に上杉を見舞うと、突然ガバッと起き上って「自分の病気はシャンパンを飲めば直るのだ、今から一緒に出かけよう」と言い出す。「ホーヘンツォルレン」という小奇麗なカフェーでシャンパンを抜いて大はしゃぎ。午前二時、竹村は愛想をつかして姿を消す。「大丈夫だから構うな！」と乱暴に振り払う酔歩蹣跚の上杉をどうにか宿に連れて帰った。

午前様の二十五日は疲れて休息を取っていたようだが、二十六日朝には反省して小雨の降るなか下宿探しに付き合ってくれた。少し狭いが間借りの下宿が見つかった。ひと段落付いたとき、歩きながら突然上杉から、これから午後二時の電車で田舎のアーデルスハイムに出発する、引き籠って哲学書を読み、思索に勤しむ生活を始めるのだと打ち明けられた。このころの上杉はホームシックからくる精神衰弱になり、ロンドン行きも取りやめていた。痛飲もその症状であった。

アーデルスハイムに到着した上杉からの手紙が届いた。「山又山ノ層重タル中ニ来タ。……。茲デ先人未発ノ一大哲理ヲ発見シテ見セル」との抱負が書かれ、細かい心遣いの言葉も添えられていた。「下宿ハ気ニ入ツタカト心配シテ居ル。当分ハ散歩ヲ主トセヨ。来独ノ当初ハ意外ニ身体ニサワル人ガアルモノダ。此手紙ガ貴兄ノ独逸デウケトル第一ノモノタル名誉ヲ有スルト思フ。……。夜淋シケレバ竹村ト音楽ヲ聞キニ行ケ。前田・平山ノトコロヘ話ニ行ケ。元気ノヨイツモリデモ着独当時ハ淋シイ。淋シイト身体ヲワルクスル。ビヤモモ少シ呑ムヨウニセヨ。語ナドハ心配スルナ、打捨テ置イテモ三四ヶ月経テバ旨（うま）クナルコト受ケ合ヒダ」（中田「上杉君を憶ひて」）。

二 語学力の低下と留学スタイルの変化
——上杉愼吉と吉野作造の事例——

ピットニーにドイツ語を学ぶ

異郷での生活に落ち着くと、中田はドイツ語会話を学ぶため、町の少し西 Kaiser str. 31（Adressbuch 1911, S. 275 に Lisa von Pittoni とみえる）のリーザ・フォン・ピットニーのもとを訪れた。ハンガリー系の女性教師で「日本人留学生の母」といわれた人物である。古くは後藤新平、その後も小野塚喜平次・矢作栄蔵・加藤正治・斎藤阿具・吉野作造・山田三良ら多くの留学生が彼女に基礎トレーニングを受け、休日には教会や公園など史跡を案内してもらっている。世話をした若手研究者の写真や葉書を大切にアルバムに収めていた（「小野塚喜平次」）。のちに矢部貞治が留学した頃には引退していたが、小野塚の紹介で訪れると、彼女は小野塚や中田の思い出を熱く語ったという（「矢部貞治日記」）。

上杉の自殺未遂

上杉愼吉との交友は深まっていく（以下、中田「上杉君を憶ひて」）。上杉の移り住んだアーデルスハイムはハイデルベルクから汽車で二時間余り、さらに郵便馬車で二十分の山深い農村である。田舎の人は純朴で、上杉もすぐに溶け込んで店頭で肉の切売の手伝いまでしていた。上杉を見送って二週間ほど経った六月十日、中田のもとに不安に慄（おのの）いたような葉書が届いた。心配した中田は六月十三日午後、医学士の前田松甫（のち大阪日本赤十字社病院長）・竹村正・平山金蔵とともに上杉のもとを訪れた。

上杉は虚ろな表情で語り始めた。先日遺書をしたためてベルリン日本大使館へ郵送、書籍やノートを手当たり次第に引き裂いて暖炉に投げ込んで焼いた。三階の窓や馬屋の煙突から煙が立ち上っているのを見て人々が駆けつけてくれたので我に返ったが、もう少し遅れたら物騒なことになっていたと述懐する始末。一同、溜息をついた。

二十五日、落ち着いた上杉がハイデルベルクに遊びに来た。帰郷後に次のような葉書を中田に送っている。「君モ余リ家ノコトヲ考エルナ。コンナコトヲシテ居テハ勉強モ出来ヌ。毎日〱夢ノヨウニ立ツテ行クト思フダロウガ、ソレヲモウ三四ヶ月ハ続ケ玉へ。考エテ見ルト僕ノ此頃、昨年ノ暮頃カラ妙ニ心ノ変ナノハ、ツマリ原因ハ Heimweh（ホームシック）ト、ソレト戦ハントスル Ehrgeiz（野望）カラ出タ過度ノ読書ニ在ルト思ウ。本ヲ読マネバナラヌ〱ト気ニカケルノガ一番毒ニナル。気ヲツケ玉へ。気ノ向イタトキ読ムサ」。

五ヵ月ほどした九月、少し遠出をしてみようとライン地方への旅行を思い立ち、フランクフルトでは上杉の勧めるタンホイザーの公演日を選んでオペラを鑑賞した。「幽玄壮大なる音楽や軽妙華麗なる演舞にタダタダ驚くの外なきを覚えた」と回想している。

当時の留学生の語学力

このころ、外国での生活に溶け込めない留学生が多かった。穂積や宮崎ら一つ前の世代は、お雇い外国人や日本人による外国語で語られる講義が七割を占める大学南校（開成学校）・東校（医学校）の伝統を引く東京大学で学んでいたので、語学力は高く容易に溶け込めた。しかし帝大世代には言語の壁は厚かった。会話力を付けるには、構内の外国人教師館でドイツ人教師レーンホルムの子供を相手に稽古するしか方法はなかった。助教授という肩書を持ちながらドイツの若い学生や他国の留学生と共に講義や演習を受ける、プライドとコンプレックスの狭間で精神的に参ってしまう者が多かったのである。

鬱病か逃避か

中田より一年早く留学した上杉と遅れて留学してきた吉野作造とは、処し方が対照的である。上杉は多くの科目を正規登録して休まず受講、精神的に参ってしまう。吉野はイエリネクの講義も何度か出たが、学ぶものはない、レベルが低いと出席しなくなる。吉野の「聴講生許可証」「講義聴講料リスト」がハイデルベルク大学文書館に残るが（田澤晴子「吉野作造の足跡を訪ねる」）、イエリネック、フライナー、ユーゲマン、オネケン、アルフレド・ヴェーバー、レヴィーの講義は「聴講」で、しかもすぐに出席しなくなる。首席卒業の吉野には概説的だったのだろうが、碩学に学ぶものがなかったはずはない。語学の壁でついていけなかったのだろう。下宿のおばさんから息子が使っている入門書

を貸してやろうといわれて憤慨している。このように、真面目に向き合い精神的に病むか、言い訳して逃避するかという二つの傾向に走ったようである。

聴講形式での受講

中田は自分の語学力を冷静に顧み

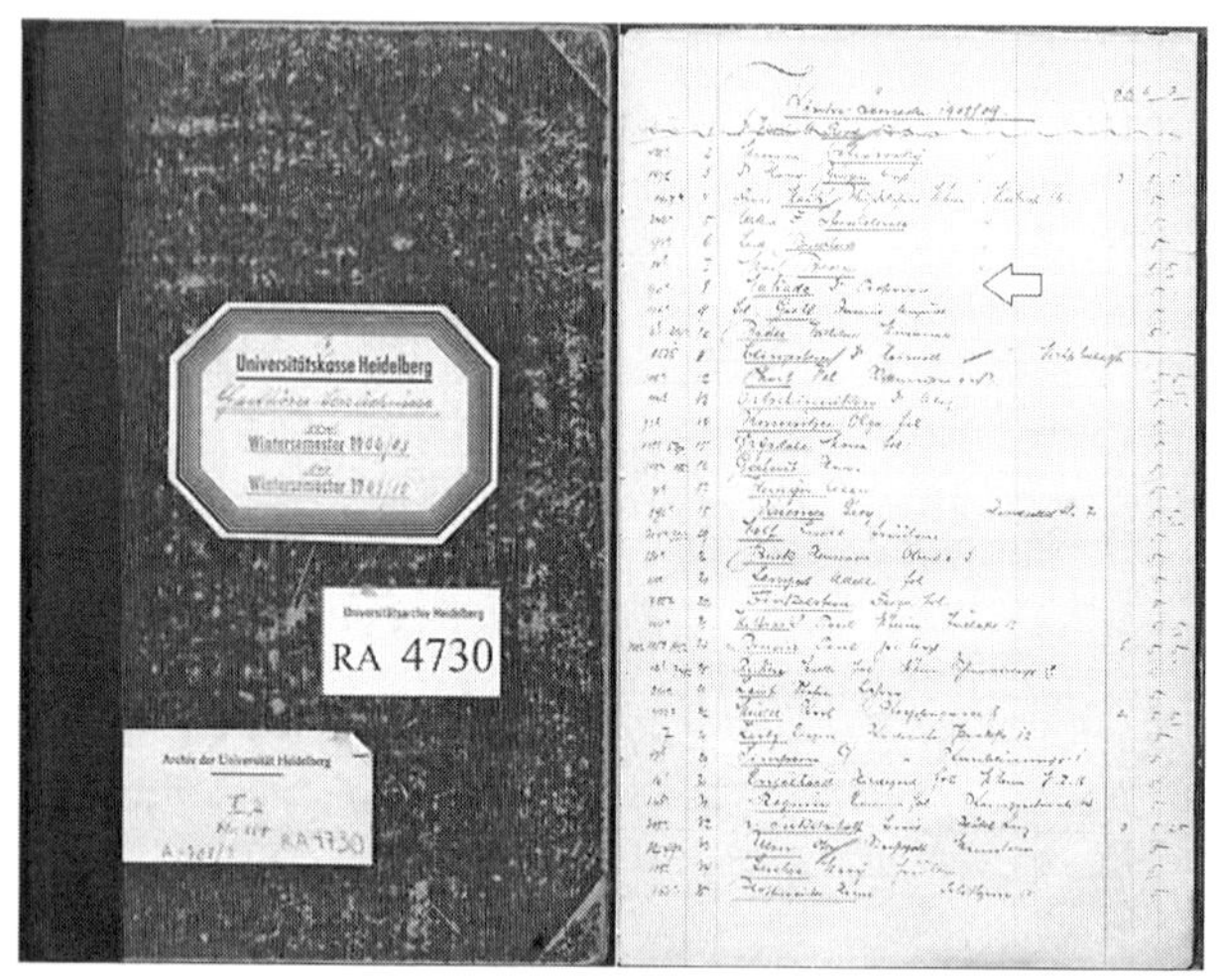

留学先「巴里」での中田の写真，ハイデルベルク大学聴講生登録簿
（⇦のところに Nakada Dr. Professor と見える，ハイデルベルク大学文書館蔵）

て、正規登録を避けて聴講形式をとり、史料収集に専念したようだ。正規登録者リスト（ハイデルベルク大学文書館）には中田の名は見当たらず、聴講生登録簿のみに見える（上杉の署名あり）。実際、孫の輝男氏や甥の勝平氏に語った回想でも、後輩たちが次々に会話ができるようになっていく中で、自分はドイツ語・英語ともにうまく話すようになれなかった、ロンドンの馬車でビクトリア・ステーションやピカデリーサーカスへ行くよう頼んだ際も、発音が悪くて通じず困ったという。さらにこれ以降の世代、矢部貞治や田中耕太郎の日記などをみると、博物館やコンサートをめぐりながら図書館に通うといったスタイルがむしろ一般的となっていく。

三　ハイデルベルクからベルリン・パリへ

上杉愼吉はバーデン大公国の内務省の行政視察のため、明治四十一年（一九〇八）十月からは半年間、カールスルーエに滞在していた。その間も中田は上杉に誘われ、宮廷劇場で「椿姫」「ローエングリン」を鑑賞している。三月には行政視察も終り、いったんベルリンに戻ってシベリア鉄道経由で帰国の途につくという（中田「上杉君を憶ひて」）。

明治四十二年四月、中田も住み慣れたハイデルベルクを後にした。下宿を引き払ったのを機に一ヵ月余りスイス・イタリア・オーストリア・ハンガリー・南ドイツを旅行、ローマでは松本烝治や立作太郎らと邂逅して La Toscana で晩餐、オペラ Ernams（ヴェルディのエルナーニ）を鑑賞し、史跡や博物館などを見学した（「松本烝治関係文書」）。五月二十三日、ベルリンに降り立つ。翌二十四日早朝、中田の下宿に突然上杉が小川郷太郎（中田の後輩で当時京大助教授、のち大蔵政務次官）の案内で訪ねてきた。この日の夕方七時の汽車で帰国の途につくのだという。相変わらずの神出鬼没である。心寂しくてたまらないから出立まで一緒にいてくれと頼まれて一日行動を共にし、午後七時十五分にフリードリッヒ街の駅で日本での再開を契ってしばしの別れを惜しんだ。

三潴信三との交流

ベルリン滞在期に懇意になったのは、のちに同僚となるドイツ民法の三潴（みづま）信三であった。ちょうどこの時期、イタリアからベルリンに移っていた。まだ右も左もわからない中田を方々に案内してくれた。二人ともティヤガルテン付近に下宿、近所のティヤガルテン・ホーフという食堂は日本人の溜り場になっていた。三潴は四年後輩の明治三十八年卒業だが、早く明治四十年から私費で渡欧留学しており、二人は大変懇意になった。

松本烝治との再会

ベルリンには同期の親友で酒豪の松本烝治もいたが、彼も早く明治三十九年から留学し、すでに三年目を迎えていた。五月からしばらく長期旅行に出ていて、六月にベルリンに帰ってきた。上杉が去って寂しいベルリンでの日々であっただけに心強かった。松本もベルリン滞在中にホームシックから泥酔し、往来で酔いつぶれることもしばしばで、酒癖が悪くドイツ人と喧嘩したとか、警官をなぐったとかいう噂もあった。その松本も明治四十二年中に帰朝するが、船に乗っても相変わらずデッキの上で泥酔し、商船会社の所用でアメリカから同船していた中橋徳五郎（のちに文相）が介抱したという。

新たな交友も始まる。土木工学専攻で工科大学助教授の君嶋八郎は少し年上で、帰国後には九州帝国大学教授となって工学部長まで務めた河海測量工学の草分けである。中田とはベルリンで初めて知り合い、翌年も共にパリで過ごした（以上、『懐旧夜話』）。

ギールケのいるベルリン大学へ

なお、ベルリン大学には中田の法制史に決定的影響を与えたギールケ教授が在職していた。この頃の学問生活の詳細を語る史料は残されていないが、おそらくドイツ語にも熟達してきた中田は、彼の講義からドイツ歴史法学の最先端を学んだであろう。

留学三年目の明治四十三年はパリに移った。留学中の成果を整理しつつ、日本の前近代の法の在り方を考えるための手がかりとして、フランスで流行していた自由法論（法は時間のなかで代謝されるという議論）も積極的に学んでいる。その頃のパリでの若々しい写真が、三十三年卒業生の卒業十周年記念アルバムに転載されている。

梅先生の訃報

明治四十三年の九月に入ったころ、パリの秋風とともに日本から悲しい知らせが届いた。敬愛する梅謙次郎先生の突然の訃報である。宮崎道三郎からの書翰のなかで「偖テ我邦学界ノ為メ尤モ残念ナルハ、梅教授ノ薨去ニ御座候。実事トハ知リナガラ、夢カトバカリ思ハレ申候」と痛惜しているのを見て中田は驚愕し、その溌剌とした授業風景、優しい励ましの言葉、留学出発の折に玄関先までお暇乞いに伺って、激励の言葉をたまわった時の元気な姿を思い出しながら涙した（『懐旧夜話』）。このころ梅は清国の法律教育にかかわり、韓国政府の顧問として法典起草に尽力、夏には京城で法律調査をしていたが、寄宿先の京城天眞楼で腸チフスに罹り、大韓医院の医師村上龍蔵（次男は戦後最高裁判所長官を務めた村上朝一、その長男はドイツ法の村上淳一）から感冒と診断され、入院後に腸チフスと判明した時には手遅れだった。梅は駆け付けた妻兼子に「子供は無事か」と問い、「それが何よりだ」との一言を残して、韓国併合の二日前に客死した。八月二十五日没、まだ五十一歳であった。音羽の護国寺墓所に葬られた。

家族法研究の出発

中田が荘園制研究から研究対象を広げ、家族法研究に本格的に取り組み始めたのは帰朝以降である。その問題設定に梅の強い影響がみられることは先述の通りで、敬愛する恩師への謝意を込めてこの研究テーマをスタートさせたのだろう。なお、京城天眞楼は新田又兵衛の経営する旅館兼料亭で、朝鮮統監府や長州系要人の一等民間宿泊施設、伊藤博文、原敬、桂太郎、さらに黒龍会の内田良平も好んで利用した。天眞楼は息子利兵衛が継承するが、彼は法制史家新田一郎氏の曽祖父である（新田「京城天真楼遺聞」）。

四　吉野作造との交流と留学の成果

ハイデルベルク再訪

留学三年目も終ろうとしていた。来年春には帰国する。そんな晩秋、懐かしい風景をもう一度歩きたいとハイデルベルクを訪れた。下宿のグレーザー Greaser 家にも挨拶に行った。日本人贔屓の大家さんで、息子はすでに大学生となって経済学を勉強していたので話が合った。十月以降は後輩の吉野作造が下宿していた（以下、「吉野作造日記」）。

吉野との日常

吉野は最初 Landhaus str. 21 にあった七十二歳の「ナップ婆」宅に十歳年上の眼科医野地菊司と下宿していたが、パン・コーヒー朝食付で六十マルクという下宿代に嫌気がさして、Greaser 宅に引っ越したのである（『野地菊司自叙伝』）。中田の訪問予定の手紙が吉野に届いたのは、偶然にも引越しの日の朝だった。十一月十二日夜に到着した中田は懐かしい Luxhof に泊まって、翌日日曜日に吉野の下宿を訪れた。吉野はちょうど教会に向かうところで、中田の元気な姿をみてグレーザー家の人たちは大喜び、手を取り合い大歓迎、ベルリン・パリでの話や思い出話に花が咲いた。Luxhof で昼食、久しぶりの好天気なので、午後もグレーザー家の人たちと古城の方へ散歩に出かけた。

吉田茂への駄文

十五日の昼、吉野の下宿を訪れるとグラタンやシチューを作ってくれていた。前回は失敗したけど今度はうまくいったよと吉野は頭を掻いた。翌日も結局夜遅くまで二人で過ごした。だんだん打ち解けてきて、共通の後輩で中田の義兄吉田茂がイタリアの日本大使館に在留しており、最近熱烈な恋愛結婚をしたことが酒のつまみとなった。酔った勢いで駄句に満ちた葉書を出そうと盛り上がる。夫人は牧野伸顕の令嬢雪子。吉野が「吉々と亭主横坐に髀を撫で、女房コリヤ見よ我が鼻のし田」「茂々と通った罰で女房に、問いつめられて雪づまりけり」と詠うと、中田は笑いながら「当年の駿才あたら老馬（ローマ）にて」と続けたので、吉野が「雪の軒端に息あえぎつつ」と付す。中田が調子づいて「近頃は場所柄丈にポーとなり」（Via Po 九番地に住んでいた）と継ぐと、吉野は「雪をだいても熱は下らず」とまとめた。中田はこれで留めず、「ポーポーと未来の大使ノヴォせ上り」（九をイタリア語で Nove という）とウィットの効いた句をなしたので、吉野も負けじと「蔭では老馬と人がナポリー」と返す。若き助教授たちの青春の一齣を彷彿させる。この書簡を素面で受け取った吉田は、困った先輩たちだと呆れただろう。

吉野は料理好きの世話焼きで、翌日も二日酔いの目をこすりつつ、朝早く市場に鳥一羽と米と卵を買いに行き、ベルリンの野地から贈ってもらった醬油で「鶏飯」を炊いて中田に昼食を饗している。夜も Luxhof で夕食を共にし、Café Imperial で遅くまで談笑した。ちなみにこの日には味噌・福神漬・鰹節が届いている。十九日土曜日は、小豆を使って朝から「しるこ」を作って中田に供している。夕食後は歌劇場にDer Troubadour（トロヴァトーレ）を観にいく。結局、図書館で資料を集める暇はほとんどなかった。二十日、中田が明日パリに帰るので吉野は名残惜しく、夜十一時まで初雪の風景を眺めながらトルストイの死など取り留めないことを話し続けた（以上、「吉野作造日記」）。

法学博士

パリに戻ると「法学博士会に於て学位を授くべき学力ありと認めたり。仍て明治三十一年勅令第三百四十四号学位令第二条に依り茲に法学博士の学位を授く」との十一月二十四日付の手紙が届いた（「官報」十一月二十八日）。中田はいまだ集めきれていない資料の収集と帰国準備に追われながら、パリの華やかなクリスマス、コンフェッチ（紙吹雪）が撒かれる美しい風景を眺めつつ、三年間の日々を振り返っていた（『懐旧夜話』）。

明治四十四年五月二十八日、ベルリン発の汽車に乗ってシベリア経由で帰国の途につく。六月十三日到着予定であったが、一日早く十二日に帰国した（「官報」八月十四日）。

五　帰国後の環境変化

——長男瑞彦の成長、戸水の退官、教授就任——

長男瑞彦の成長

三年ぶりに帰ってみると、環境は大きく様変わりしていた。家庭では、長男瑞彦がす

（下段右写真提供　文藝春秋）

帰国直後の家族写真（上），晩年まで続く吉田健一との不思議な交友

でに物心の付いた三歳になっていた。父親の顔を見ずに育った息子、そう簡単には懐いてくれない。留学中の三年間、妻の榮と瑞彦は、実家竹内家の麻布区笄町の豪邸の離れに住んでいた。すでにそこでの生活に馴染んで、広大な庭も息子の遊び場となっていた。明治四十四年（一九一一）八月に正式に笄町に転籍している。

瑞彦と吉田健一の親交

瑞彦は父とは対照的な方向に成長した。吉田茂の息子で文学者となる吉田健一は四歳年下のいとこだが、二人の心温まる逸話は微笑ましい。小説家を目指したこともある瑞彦自身が「少年と青年前期頃の思い出」のなかで生き生きと描いている。——このころ竹内家から借りていた家は「五百坪近く、樹木の多い庭の外れを、裏隣りの雑木林中からの湧水が、小川となって流れていた」。青山学院中学に通う瑞彦は、鉄棒・ダンベル・エキスパンダーを備えた庭で砲丸投げやボクシングをして遊ぶ活発な性格、そこに夏休みの一週間「〝鍛えて〟欲しい」と「蒼白く」「ナヨナヨした」健一が預けられた。父茂が天津総領事の時にイギリス人小学校に通っていたので英語はできた。半ズボンで「ヨチヨチ、フラフラしながら」瑞彦からコーチを受ける。木登りをしたり小川にとび込んだりと次第に健一も溶け込んだ。胸に座布団を括り、木吹を切って「フェンシングごっこ」もした。「真黒に日焼けした健一」は「ニコニコしながら帰って行った」。

吉田健一の恋愛相談

成長した健一は、建築学を学ぶためケンブリッジに留学したが、ホームシックで帰国、父は駐イタリア大使として母と弟妹三人と在留しており、健一だけが世田谷桜新町の借家で女中と暮らしていた。東京農業大学に通う瑞彦は時々訪れて励ましたが、健一はいつもいろいろなパンを出して勧める。「初夏のある夕方」この不審な行動の理由が明らかとなる。渋谷駅パン売店の女性に「〝熱烈〟な思いを抱」いているとのこと。「細っそりした」姿に彼の母の面影を感じた瑞彦は、彼に寄り添い、演奏会に誘うことを提案、さらにラグビー部の友人を「〝特命全権大使〟」としたが、「あの一日に何回も来る変なひとのことですか。まあ、あのひとが、そんなにお偉い外交官のお坊ちゃんなんて、それ本当ですか、あんな変なひとが……」と全く望みなし。たしかに背広姿に籐のステッキという風体、貴族言葉を使う怪しい十代青年、「無理はなかった」。瑞彦は落胆する「痛々しい」健一に酒を注いで慰めるのだった。――臨場感ある描写である。二人は晩年に至るまで一緒に呑みに行っていたと輝男氏は回想する。性格も生き様も正反対の二人の心には、幼年期に父の愛情を十分に受けられなかった寂しい響き合いがあったのだろう。

二人の共通点

瑞彦は大柄で、父と全く違う生き方を選んだ。武道を嗜み、戦中には右翼との付き合いもあった。意外なことに、中学の頃には共産党に熱中し、自宅に特高警察のガサ入れ、鍵のかかった机からは秘密資料ならぬお恥ずかしい本、「そりゃ、夫も恥ずかしいに決まってる、孫が可愛くなるのも当然ね」とは榮の回想である。琉球拳法空手の本部(もとぶ)朝(ちょう)

本部朝基に入門

碁の客分となり、『本部朝基先生・語録』を執筆している。笄町での少年時代、茂の兄竹内虎治にとても可愛がられていたようで、「虎治さんが生きていれば、義兄さんももっと素直になっていたかも」と美枝の妹清子氏は語る。

子供たちには怖い父親だった。みどりは空手を教え込まれた。輝男は丸川氏ら空手の集会から酔って帰ってきた父から、突然「お前は不肖の息子だ！」と絡まれて「かかってこい」といわれる。高校生で体も大きくなった輝男、さすがにそれはないだろうと頭にきて突き飛ばすと、玄関を突き破って飛んで行った。さあ大変。一晩、風呂桶に息子を隠した母美枝であった。以後は対等な男として認めてくれたが、学生時代に飲み屋でボラれたと耳にするや、逆に情けないと叱られ、池の中に立たされた。みどり氏によれば、あまり会話のない父と祖父、兄の茂に近しい祖母、祖父の方を向く母とみどりという「軸がずれている中田家」（三田義治の妻美代子氏の評）において、家族みんなに気を遣うまとめ役が弟輝男だったという。

大学の方でもいろいろ変化が見られた。重鎮の穂積陳重・八束の辞職が近々発表されるらしい。ショックだったのは、敬愛する戸水寛人先生が留学中の明治四十一年に辞職していたことだった。助教授になった頃に書庫を案内してもらって、ホコリにまみれながらローマ法のグロッサーのついた古典籍の説明を受け、贅沢な鰻をご馳走になったことが昨日のことのように思い出された。留学の暇乞いに伺った際も奥様と共に送別会をしてくれ、突然真剣な顔をした戸水から「僕は君がまだ洋行から帰らぬうちに大学をやめるつもりだ。ついては僕がやめたあとのローマ法を君に引き受けてもらいたい。だから留学中、君はおもに独仏の法制史を研究するであろうが、それにもローマ法は必要だ、よろしく頼むよ」といわれた。留学中には戸水の顔を思い浮かべながらローマ法の講義ノートを纏めた。結果的に、戸水の後任には京大の春木一郎が据えられたが、しばらく講師として京都との掛け持ち更新で、正式に教授になったのは明治四十五年春である。中継ぎのあと、帰国後の中田に引き継がせる意図もあったようだ。法制史研究の裾野をローマ法にまで広げる契機となった点で、戸水の言葉は中田法制史学に深みを与えた。

帰国後、飯田町四丁目の戸水宅を訪ねたが面会できなかった。戸水は衆議院議員や弁護士をしつつ早稲田大学や日本大学などで教鞭をとっていた。第一次世界大戦の頃からは企業発起にも手を染め、友人の連帯保証人となって破産に瀕し、高利貸から借金して大正末年には自宅を失って寂しい晩年をおくることになる。戸水が亡くなったのは昭和十年（一九三五）一月二十日。翌日、芝区三田四国町のあばら家にお悔やみに赴くと、靴脱ぎのような玄関に接した八畳くらいの部屋にお棺が据えられていた。向こうはすぐ縁側で裏の長屋と接している。中田は感慨無量になり、心のなかで泣いた（以上、『懐旧夜話』）。

同期の松本烝治も「高遠の理想と、博大な知識をもつた学者であつて、若し政論者たるに止まられたならば、一世の指導者として世を終わられたであろう」「三田の慶應義塾大学の前方の陋巷に先生の御弔みに行つたときに、先生の不幸な後半生を思つて、暗涙に咽んだ」と回想する（松本「諸先生の思い出」）。美濃部達吉の天皇機関説が帝国議会で攻撃された昭和十年、戸水事件の時代とは隔世の感。学問の自由の崩壊と軌を一にして、戸水は寂しくこの世を去ったことは象徴的である。

教授昇任と比較法制史講座担任

明治四十四年、留学先での研鑽が評価され、中田も教授に昇任、美濃部達吉が兼担してきた比較法制史講座の担任となる。中田の講義は西洋法制史からスタートし、フランス法制史とドイツ法制史を隔年で講じた。久保正幡によれば、中田は「当時、美濃部達吉先生が比較法制史をやっておられたが、美濃部君は公法・憲法・行政法をやりたくて、自分に押しつけたのだ」と話していたという（久保「中田薫先生の思い出」）。

村役人権限についての鑑定依頼

翌年六月二十五日、中田は東京控訴院刑事部第四号廷に呼ばれ、天保年間（一八三〇～四四）・文久年間（一八六一～六四）の越後国魚沼郡庄屋組頭百姓代の職務権限に関する鑑定を命じられた。村役人が代表して村方入会地を質入する権限を有したかが問われたのである。二十八日付提出の鑑定書は満足できるものでなく、村の性質の究明が不可欠な課題であると気づく。ここに中田の村や入会権に関する研究がスタートする。このち大正九年（一九二〇）

の「徳川時代に於ける村の人格」で、村がドイツの Genossenschaft に類似する法人であり、入会村持地は村の総有 Gesammteigentum であるという見通しを描き、「裁許留」が震災で失われたので、明治初年を素材として、昭和二年に「明治初年に於ける村の人格」で村を実在的総合人たる団体であると説明、翌年には「明治初年の入会権」を纏めるなど、斬新な論文を『国家学会雑誌』に次々と公表している。これ以降も中田は東京控訴院などから時折鑑定を依頼されており、実際問題を契機に研究課題を得ることもあったのである。

七月、明治天皇崩御、大正時代となる。十月三十一日、法学協会付属法理研究会で中田は「仏国に於ける自由法説に就て」と題して、留学先での成果を発表している。制定された実定法の解釈に専念してきた概念法学を相対化し、時間のなかの動的な法創造の位相に注目する自由法論は、その後の中田の法制史研究の一つの土台となる。

第五　法学部「若手グループ」の活躍と大学の自治

一　澤柳事件（京大事件）――その前史と経緯――

澤柳事件

留学前の戸水事件は脇役としての体験だったが、大正二年（一九一三）に京都帝国大学で勃発した澤柳事件（京大事件）への関与を契機に、中田薫は「大学の自治」「学問の自由」のための奔走というもう一つの人生を歩み始め、大学行政に深く関わっていくことになる。

岡田良平事件

澤柳事件は、大学の自治の確立、総長公選制度の導入（それまでは官選だった）の大きな契機となったが、その前史にもいくつかの事件がある（松尾尊兊『滝川事件』、伊藤孝夫『瀧川幸辰』、『京都法学会雑誌』九巻一号）。最初の火花は岡田良平事件で、文部省総務長官を務めた岡田が、明治四十年（一九〇七）に天下り的に第二代京大総長となったことに法科教授が反対、一年に満たず退任に追い込んだ一件である。

岡田は就任早々、人格修養の理念を掲げ、学内の清掃励行を命じた（『教育時論』八一二、『評議会議事録』十一月十一日）。法科の学術講演会の挨拶では「問題の討究をあくまでも学術的範囲にとどめ、その実行などは学者の職分ではないことを知るべきである。また当局施政の障害となるような区々たる時事問題に立ち入ることは避けるべきであり、まして隠密を貴ぶ外交問題は、局外者が絶対に論ずべきことではない」と戸水事件を意識した説教節で、教授たちの反感を買う（『京都法学会雑誌』二巻十号「会報」）。

講義まで巡視したので、法科の岡村司から「ここは俗吏の来るところではない」と面詰され、医科の某教授からは「だれだ、そこへはいって来たのは？ 出ていけッ」と怒鳴られる（『瀧川教授事件——京大自治闘争史——』日出新聞社、一九三三年、『大学の自治』末川博発言）。祇園中村楼での卒業謝恩会で「日本の学生は在学中はよく勉強し読書をするが、卒業後は書物から離れてしまう。欧米では卒業後にむしろ読書や研究に励む。諸君も精進せよ」と言葉を贈ると、刑法の勝本勘三郎が「吾輩も卒業式で同様の忠告を受けて努力したばっかりに、今こうして俗吏の風下に立つ運命になった」と野次る（『大学の自治』末川発言、瀧川幸辰「回想の法学者」）。岡田は人事でも暴走し、勝手に天津にいる吉野作造に京大行政法助教授への就任を依頼、吉野から相談を受けた穂積陳重は「教授会にも諮らず行政官が教官の進退を論ずるなど許すべからざる暴挙だ、返事をするに及ばず」と激怒した（吉野作造「穂積老先生の思ひ出」）。

不満が募るなか、明治四十一年七月に岡田は第二次桂内閣の文部次官に任じられたが、なお総長兼任を続けたので、排斥運動は最高潮に達した。大学側は文相に面会して解任を要求するが成果なく、理工科の田辺朔郎と法科の千賀鶴太郎が七月三十一日朝に元老山県有朋のもとを訪れて高配を仰いだのでようやく事態は急展開、九月二日に休職となる。しかし文部省は京大提案の久原躬弦（くはらみつる）は拒否して、菊池大麓を新総長に据えた。

岡村司問題

しかし収まったのも束の間、明治四十四年六月には、京大の民法教授の岡村司が岐阜県教育会総会で「親族と家族」と題して講演し、「自分は社会主義の研究をしているので、警察からは要注意人物と見られているらしいが、……、秩序ある社会の改良を目的とするものもある。……、平田東助とか小松原英太郎とかいった馬鹿者が内相や文相をしていることから来る誤りである。……。内相は最近「門閥を重んぜよ、祖先を重んぜよ」などという訓示をしているが、愚かなことだ。……。日本の民法は「家」というものを認めているが西洋にはこんなものはない。「家」といえば人間が雨宿りする場所のことで、こんなものを法律で認める必要はなく、西洋のような個人主義で結構である。要するに日本の民法は根底から間違っている」と家族制度と現行民法を口汚く揶揄した（『大阪朝日新聞』六月六日）。教育会や知事は憤り、内閣でも問題にされた。

菊池総長が文相に謝罪、紆余曲折のすえ七月十七日に譴責処分で収まるも（小松原書簡「桂太郎関係文書」、向坂逸郎『嵐のなかの百年』）、十九日に法科某教授（勝本勘三郎カ）の「岡村君は大笑いしているにちがいない。近来の政府の言論圧迫ぶりには、その不当を鳴らすというよりも、むしろ憫笑に付したい」という発言が『大阪毎日新聞』に報じられ、さらに一悶着。菊池総長が辞表を提出、慰留されて事なきを得た。岡村の天下国家を揶揄する過激な発言は普段の講義でもみられたと受講生末川博は回想する（末川「思い出の人とあゆみ」）。

こうした状況に抜本的な対処が必要だと文部省も感じていたが、さらに大正初年には大学教授老朽若朽問題が直近の課題となる。特に創立時に急いで集めた京大教官は玉石混交（奥田談話『日出新聞』七月十六日）、定年制もなく弊害が目に余るようになっていた。西田幾多郎（哲学）・三浦周行（国史学）といった東大選科出身の型にはまらぬ独創的な教授の存在と、表裏一体の功罪である。東大文学部から京大法学部に転学した近衛文麿は「当地大学の先生は、痛快なる人が多く、危険思想養成所と云はるるもつともなる次第にて、穂積（穂積八束）の憲法など、めちゃくちゃにけなされ候」と風見謙次郎宛書簡（大正元年十月二十六日付、近衛文麿関係文書、国立国会図書館憲政史料室蔵）に記す。ここに大正二年の澤柳事件が勃発する。

澤柳事件勃発

濱尾新の退任後しばらく東大総長の後任が決まらずにいたが、大正二年二月に山本権兵衛内閣が成立し、奥田義人が文部大臣に就任すると、五月には九大総長の山川健次郎が東大に戻され、東北大総長の澤柳政太郎が京大に移動、四帝大総長が一斉に更迭される。総長公選論が取り沙汰されるなか、東大は異論が出にくい山川復職で丸く収め、問題を孕む京大には辣腕家の澤柳が送り込まれたわけである。

澤柳は斬新な教育観で知られ、教科書国定化にも関わり、東北大総長時代に初めて女性の正規入学を認めた人物である。十九世紀末のヨーロッパ自由教育運動（新教育運動）の波を受け、画一的教育から子どもの生活や学習を軸にした教育へと転換させるべく私立学校を推奨、成城小学校を設立して実際的教育学の実験校とした。

最初の学内出身総長の久原躬弦が一方的に廃され、改革派の澤柳が天下り的に送り込まれたことで、京大では不満が鬱屈していた。五月二十日の式典でも、法科の仁保亀松・雉本朗造・勝本勘三郎らが新総長の挨拶に批判的な質問を投げ付け、火花が散っていた。

「老朽若朽」教授の処分

こうした緊迫した雰囲気のなか、七月十一日、澤柳は予て選定していた「老朽若朽」教授・助教授を総長室に呼んで、辞表提出か免職かの選択を迫ったのである。翌十二日には、勧告を受けた医科大学の天谷千松、理工科大学の三輪恒一郎・村岡範為馳・横堀治三郎・吉田彦六郎・吉川亀次郎、文科大学の谷本富（三上参次と同窓）の七名が辞表を提出している。澤柳が十四日に牧野伸顕に送った手紙には「学界の為のみならず国家の為に一大急務と存、今回多少の決心と且幾多の苦心とを以、大学七教授に対し高踏勇退を懇談候処、何れも小子の苦慮を諒とし呉、潔く退職することに相成候」「小子は此一時独り京都大学に止まらず、他に対しても一服の刺激剤一服の清涼剤とたらんことを窃（ひそか）に祈居候」とその覚悟を記している（「牧野伸顕関係文書」国立国会図書館憲政資料室）。

法科での退任勧告

従来、法科では対象者が一人もいなかった、それにもかかわらず学問の独立や大学の自治を守るために起って総長の暴挙と戦ったといわれてきた。しかし、早く松尾尊兊が疑問を呈したように、七名は勇退した人数にすぎない（『滝川事件』）。十一日の段階では法科においても、中田の回想によれば「四、五名」、すなわち田島錦治・市村光恵、そして千賀鶴太郎・井上密が勧告を受けていたと思われる（『懐旧夜話』、「大阪毎日新聞」七月二十二日、「京都日出新聞」八月二日、「西山伸「〈資料紹介〉京都帝国大学創立五十周年 懐古談話会記録」、坂口昂「鉄史斎日記」七月十二日）。彼らは教官の進退は教授会決議をふまえるのが慣例だと諾否を暫時留保し、法科に報告した。澤柳の方も法科学長の仁保亀松や経済の神戸正雄を召喚して職権で免職することも辞さないとの覚悟を伝え、意見を聴取した。二人が強く抗議・説得したことでいったんペンディングになったにすぎない。田中耕太郎が中田の教示に基づき作成した「田中メモ」にも「七教授を退職せしめ、続いて法科の大学に及び某教授の免官を企画せり」とみえる。

いつ免職が断行されるやしれず、法科は十三日に協議会を開いて教授任免は教授会の同意を要することを確認、口頭で澤柳に抗議したが、澤柳は現行制度では同意は要しないと反論した。二十三日には評議会に六項からなる意見書が付議されたが、「学者の能力と人物とは一に其学識の優劣と其研究心の厚薄とに見て之を判定せざるべからず。是れ同僚たる学者を待て始めて為すことを得るものとす。（第三項）」「従来教授を任命するには教授会に於て査覈詮考して之を推薦するを例とし、既に一箇の不文法たるの観あり。（第五項）」と澤柳を痛烈に非難する内容で、文科・医科は「是認す」、理工科は「容認されんことを文相に要望す」と消極的容認、文科でも積極的に賛成したのは坂口昂と内田銀蔵のみで、大多数は「文意強硬に失す」と修正を求めた（『大学の自治』）。

法科教授の動き

結局、この意見書も澤柳から無視され続けたので、交渉はいよいよ暗礁に乗り上げる。十二月十日には、仁保学長・中島玉吉・小川郷太郎三名が奥田文相に上申書を提出するも、奥田と澤柳が一体となって進めた改革ゆえに効果なし。こうして一月十四日、法科の教授十七名と助教授二名が連袂辞表を提出するに至った。しかし、当時の報道は京大に批判的で、『東京朝日新聞』は「手前勝手」と評し、『東京日日新聞』は京大法科廃止論まで謳う状況だった。

世論と京大法科廃止論

二　澤柳事件への東大法科の応援――中田の暗躍劇――

東大法科の関与

澤柳事件は東大法科の協力があって勝利に結びついたことは従来指摘されているが、中田が最も深く関わっていたことはあまり知られていない（以下、『懐旧夜話』、『大学の自治』）。大正三年（一九一四）一月十六日、山上御殿で昼食後寛いでいると、小野塚喜平次と高野岩三郎の熱い議論が聞こえてくる。そのうち二人は中田を呼び付け、今朝の新聞を見たか（大々的に報道された「東京日日新聞」などの記事）と尋ね、京大事件は我々が常に主張している大学の自治に反する出来事である、京大の諸氏を応援すべきだと思うが、中田君はどう考えるかと問うてきた。小野塚らには戸水事件の時に京大から応援を受けた恩義も念頭にあったのだろう。中田がしばらく考えていると、二人は「まあこのままにするかね」と呟いたが、中田の「やろうじゃないか」という声にそれならと決断した。教授会の名で応援を出すことには反対もあろうから、まずは有志を集めようと一決。小野塚・高野は同世代の美濃部達吉らを勧誘し、中田は同期の松岡均平・松本烝治・野村淳治や親しい後輩上杉愼吉・三潴信三、自称「若手グループ」を纏めることになった。この「若手グループ」とは、晩年まで共に呑み、共に旅をし、互いに支え合って法科を過激にリードした中田の同志である。

ところが彼らを食堂に集めて説明すると、意外にも全員反対であった。松本は「いや、澤柳はよくやったと思う。田島錦治というのは研究も何もしていない一番不適当な男だ。澤柳総長はよくぞ首を切ったと思って、自分は喜んでいるのである。そんな奴のために我々が応援を出すなんて馬鹿なことができるものか」と怒り出した。上杉・野村も「総長が職権で切ったのだから、それを自治の何のといって騒ぐようなことができるものか」という。すでにこの時点で京大法科免職予定者の情報が東大若手にまで伝わっており、中田自身も三高以来の同期神戸らから内部事情を聞いていたようだ。「実にずぼらな教授」だと中田も思ってはいたが、予想外の反応には困り果てた。それをみて松岡が、こうなっては中田の立場というものはなくなるよ、中田を助けるつもりで賛成してやろうよといったので、二人は渋々賛成した。その後、小野塚に会うと、美濃部も断ったとのこと。中田は今さら若手も本当は反対だったともいえない。自分たちは協力するつもりだとごまかした。東大の澤柳事件への関与は、中田の一人芝居から始まったのである。

中田の一人芝居

まず京大関係者と会談の場を持つことになり、一月十七日に文部省を訪れるため上京した仁保亀松学長や仁井田益太郎らを新橋駅で出迎え、学士会館で事情を聴いて中田がメモを取った。松本楼で共に昼食をとり、午後は小野塚・高野と三人で山川健次郎総長のもとを訪れて、大学の自治を守るため決起すべきだと主張した。山川は困った顔をして過激な運動は控えてくれという。中田は熱くなって「私の眼中にあるのは大学の自由を守ることのみ。奥田如きは眼中にないです」「事ならずんば、われわれは責任を負って辞職する覚悟です」と啖呵を切った。一月十八日には法科協議会を開いて、中田が起草した奥田義人文相への抗議三ヵ条の原案を決議した。

抗議原案

一、大学自治の精神を以て現行制度を改正すること。

一、現行制度の下に於ても前項の精神に従ひこれを運用すること。

一、京都法科大学事件も亦前記の趣旨に依り解決すること。

法科大学の教授・助教授二十四名が署名、署名しなかったのは土方寧・宮崎道三郎・金井延・岡野敬次郎・松崎蔵之助・美濃部・加藤正治の七名であった。

明治二十二年帝国大学組織案二十七ヶ条

末川博はこの運動を「「二十七ヶ条」（穂積八束・小金井良精・藤沢利喜太郎ら三十九名が榎本武揚文相に提出した意見書）の具体化のようだ」と回顧するが（『大学の自治』）、実際に中田は大学の自治について独自に調査し、淵源たる明治二十二年（一八八九）五月の「帝国大学組織案二十七ヶ条」の写しを理科大学の藤沢当人から借り受け、謄写版印刷をして覚書とともに参考資料として配布していた（田中耕太郎『教育と権威』）。

一月二十一日には、小野塚・高野・中田・新渡戸稲造・山田三良の五名で九段の西洋料理屋富士見軒で夕食を取りながら作戦を練り、奥田文相私邸を訪れて覚書を叩きつけた。中田は知らなかったようだが、奥田は明治十四年の大学予備門暴動事件（三上参次も参加した飛鳥山事件）のリーダーだった元荒くれだから、怯むはずもなく、「やあ、久しぶり。今夜は愉快に話そうじゃないか」と漂々と対応。中田が覚書を差し出しても「みんな親友だから、ざっくばらんに話しをしてみようじゃないか」といって押し返す（『懐旧夜話』）。

文相裁定

このように東大までが騒ぎ出したことで、政府も無視できなくなった。翌日二十二日、上京した京大法科一同十七名は、まず東大長老の穂積陳重・富井政章と会談、彼らの調停案を聞かされ、京大法科廃止・東大合併案は東大法科教授会で否決して文部省から提案できないようにしておいたと告げられた。同日午後六時からは奥田文相と会談、「両者の意見に径庭（へだたり）なきこと」が確認される。二十三日午後には最終協議、ここで文相は著名な「教授ノ任免ニ付キ、総長ガ職権ノ運用上、教授会ト協定スルハ差支ナク、且ツ妥当ナリ」との裁定を行った。二十四日の午後六時からは、大臣官邸で奥田文相・穂積・富井・京大法科連に澤柳総長を加えた懇談の場が設けられ、ようやく両者は妥協点に達した。ここに「今度首を切るという予定の者は必ず留任させるという約束」（『懐旧夜話』）を得て、一同辞表を取り下げたのだった。

二十五日夕刻、京大法科一同は、穂積・富井を主賓として東大法科関係者を招き、祝杯をあげた。当事者の田島錦治が酔っぱらって、詩吟がうまいのだと上機嫌で剣舞の真似事をして踊る姿を見て、中田は溜息が出るのをこらえつつ、大学の自治の凱歌によって先送りされた教授の新陳代謝の必要性をあらためて痛感した（『懐旧夜話』）。

事件の終息

四月に第二次大隈重信内閣が成立、新文相に東大法科教授の一木喜徳郎が就任した。四月二十八日に澤柳総長は依願免官となり、医科大学長の荒木寅三郎が総長事務取扱となった。京大では総長の選挙手続きについて議論が進められたが、八月に一木文相は各分科大学長を召集して、京大新総長は東大総長の山川健次郎が兼任すると内示し、八月十九日に発令された。大正四年に文部省は京大総長候補を二名推薦したが、京大側はこれを拒絶、山川総長が荒木を候補として文相に推薦して、就任の運びとなった。これは厳密な意味での公選とはいえないが、最初の公選である東大の山川留任選挙、古在由直新任選挙の前史として評価される。

残された定年制という課題

なお、澤柳事件で辞職した七教授の復職はみられなかった。中田の溜息ではないが、老朽若朽問題対応の必要性は大学側でも共有されていたからである。こうした大学内にくすぶる意識、そして澤柳事件で京大に積極的支援を送った中田自身の心中の引っ掛かりが、のちに中田らが定年制導入に奔走する原動力となっていく。

三　宮崎先生在職二十五周年事業、母ワカの死

宮崎先生在職二十五周年

大正二年（一九一三）、恩師の宮崎道三郎が在職二十五周年を迎える。当時の慣例で弟子の中田が世話人として祝賀寄付金を集めることになった。穂積陳重の時は一、二万円も集まったが、今回は締め切りを迎えても三千数百円しか集まらず、募集期間を延長しつつ途方に暮れていた。そんな中田をみて上杉愼吉が財界の重鎮渋沢栄一に頼んでくれた。渋沢が「宮崎ってそんな教授がいるのか」と尋ねたので、上杉は「ええ、それは非常に徳の高い人で」と説明、五百円の寄付を得た。

上杉と渋沢栄一

岡野敬次郎からの嫌悪

長老教授の岡野敬次郎も今回は中田の苦境を心配し、娘の仲人などで世話になっている懇意の服部時計店（和光）から寄付五千円を集めてくれた。中田も深く感謝した。岡野は松本烝治や柳田國男、田中耕太郎ら多くの教え子の就職を斡旋するなど面倒見のいい親分肌の人物だが、中田だけは助教授就任以来ずっと毛嫌いされていた。友人の松本が何度か間に入ってくれたが全く受け付けない。ある夜、日本橋の小料理屋で上杉が「先生は中田が生まれた時（助教授になった時）から嫌いなんだ」というと、美濃部達吉も「僕はよーく知っているが、中田が死んでからでなければ話せぬ」と続ける。中田自身は、長脇差と呼ば

逗子に引き籠もった母ワカと弟四郎・妹キミ・瑞彦

れる江戸っ子気質で好き嫌いのはっきりした岡野ゆえ、就任挨拶のとき玄関で書生に名刺を渡して帰った非礼や、同期のライバルで犬猿の仲の戸水から寵愛を受けていたことが原因だろうと憶測するが（『懐旧夜話』）、それだけだとは思えない。真相は不明である。

大正二年十月二十九日、宮崎博士在職二十五年祝賀式を小石川植物園で開催し、『宮崎先生在職二十五周年記念論文集』（大正三年刊）を献呈することができた。中田は論文「徳川時代ノ文学ニ見エタル私法」を寄稿した。研究一途の先生にふさわしいお祝いとして、寄付金で書斎を謹呈することになった。清貧と称すべき粗末な借家に住んでいた宮崎に、千駄ヶ谷の徳川家地所を借り、三潴信三が親しい大工に低額で立派な家を建ててもらって献じることができた。宮崎は亡くなるまでここに隠棲して研究に励んだ。

母の死

公務は忙しくなる一方だが、そうしたなか大正三年九月二十三日、新学期開始早々、母ワカを喪う。行年五十七、まだ元気でもおかしくない年齢である。戸籍によると亡くなったのは「文京区本富士町」すなわち東大構内で、東大病院に入院し、そこで他界したと思われる。次女のトミが、夫で当時東大医学部助教授の三田定則に頼んで入院の紹介をしてもらったようだ（三田義幸氏談）。このときの思いについて中田自身が書き記したものは残っていないが、榮と結婚して以来、母とは冷えきった関係となり、四郎と遠方の逗子に引きこもった母のもとを訪れることはほとんどなかった。しかし、のちに中田が母の思い出について孫や甥に懐かしそうに語っているのをみると、肩肘を張っていたのは母ワカの方だったようで、しばし病床の母と再び心を通わせたと思われる。

四　大学制度改革と「若手グループ」

大学制度改革の沿革と修業年限問題

大正時代は大学制度改革が立て続けに進められた時期である（『東大百年史』、『東京大学法学部百年史稿』）。明治三十二年（一八九九）の私立学校令や、三十六年の専門学校令を受けて種々の学校が誕生、三十年代後半にはそれらの大学昇格運動が起こり、早稲田専門学校のように高等予科を持つことで大学を名乗る学校も現れた。一ツ橋の東京高等商業学校の昇格運動は特に活発だった。こうした状況を受けて、政府も高等教育の制度改革の検討を始め、大正二年（一九一三）六月に文部省に教育調査会を設置した。奥田義人文相の肝煎りで、帝大総長や文部官僚からなる従来の高等教育会議に代えて、実業家・政党人・貴族院議員をもって構成された（久保田譲「学制改革の発端」、『学制問題ニ関スル議事経過』、海後宗臣『臨時教育会議の研究』、舘昭「帝国大学制度調査会に関する一考察」）。

奥田・一木喜徳郎文相の学制改革では、なお帝国大学と他の大学が並列関係にあることが前提とされていた。しかし大正四年頃からは、従来の高等学校を学芸大学とし、帝国大学の下にも学芸大学部を設置するという菊池大麓の学芸大学案（アメリカのリベラルアーツ・カレッジ）が提起され、さらに中学校・高等女学校卒業を入学資格とする四年制大学を認めようという高田早苗文相の自由教育案をふまえた「大学令案」が教育調査会に諮問されるなど、より根本的な改革が議論され始めていた。

東大では、教育調査会の答申がそのまま政府案として公表されることを危惧し、大正四年九月二十八日の評議会で「東京帝国大学ハ勿論、一般高等教育ニ関スル重要ナル事項ヲ含ムモノト存セラレ候」として、自治権という意味でも要綱を事前に大学に諮詢するよう求めることにした。高田文相は当初これを拒否したが、文部省を訪れた山川健次郎総長の強い要請によってようやく要求は認められ、「大学令要綱」が帝大にも諮詢された（『東京帝国大学八十年史』下巻）。内容は、①帝国大学と他大学の同一法令支配、②大学修業年限短縮、③高等学校廃止、④学位令改革の四点からなっていた。十月二日以降十二月末にかけて、評議会や教授会で議論が重ねられた。

高田文相の大学令案と三学年制学科課程調査委員会

実は、この高田文相の提示した「大学令要綱」に明記された修業年限短縮という部分は、これを遡る奥田文相下の大正二年十一月十八日に山川総長が評議会に諮問した事項にも「一、法科大学ノ修業年限ヲ三ヶ年ニ短縮スルコト」とみえ、大正三年二月十日に諮詢した帝国大学令改正案でも、医科大学を除く分科大学の修業年限は一律「三箇年」とするとみえるもので、長らくの懸案だった。遡れば四年制は、民法・商法公布による学習内容の急増を受けて梅謙次郎や岡野敬次郎が発案した制度で、中田の卒業翌年から施行されたものだが、最後の一年は修業試験と卒業試験に追われ、落第は半数以上、三十歳まで在籍する学生も現れて社会問題となっていた。

東大の法科教授会では、早く大正三年二月の段階で三学年制学科課程調査委員を設けて再検討を委嘱したこともあった。中田は山田三良・小野塚喜平次・美濃部達吉・高野岩三郎・山崎覚次郎・松岡均平・渡辺銕蔵と共にその委員会メンバーとなっている。学生を試験攻めにして効果の少ない制度だと感じていた中田らは、三学年制の再導入と選択科目制度の改革という前向きな原案を答申した。しかし同年七月二日の教授会では自分の科目が随意科目にならないか心配する者が多く、否定的意見が多数を占めた。最も強硬だったのは山田で一歩も譲らない。短気な松本烝治は「学生の修業の自由や負担軽減を目的とする改革案に、自己の利害本位で協力しないような諸君とは議論する必要はない」と怒鳴って退室した。驚いた山田は「松本君、ちょっと待ちたまえ」と追いかけ、教授会室隣の食堂で引っ張り合いとなる。昼時で料理人や給仕も驚き眺めて「先生方でも喧嘩するのですね」と呆れている。松岡均平が「おい、上杉、中田、三潴！　おれらも退席しよう」と叫び、上杉愼吉はいち早く賛同、中田も退席した。その後、服部時計店裏の博多水炊き「末弘」で鍋を突いていたが、そこにふらっと松本が現われる。「若手グループ」は山田の動揺ぶりと教授会を罵倒しながら気焔をあげた（『懐旧夜話』）。

松本烝治の激怒

この時の法科修業年限短縮案は六月評議会で決定されたが、実行はされなかった。今回の高田文相改革案はこれより具体的な内容で、評議会でもあらためて議論が重ねられたが、やはり慎重意見が大勢を占め、大隈内閣総辞職とともに廃案となる。

臨時教育会議

大正六年九月、寺内正毅内閣の文相岡田良平の諮問機関として教育調査会に代えて臨時教育会議が設置されると、学内でも大正七年三月総長諮問機関として帝国大学制度調査委員会が発足する。五月に「大学教育及専門教育ニ関スル件」が諮問され、修業年限を含む改革の答申が纏められ、それをふまえて一二月六日に大学令が勅令で公布される。ここに帝大以外の公立・私立の単科大学が公式に認められ、分科大学は学部と改称、その上に研究科が置かれて大学院と称することになった。修業年限についても大学令第十条で「学部ニ三年以上在学シ一定ノ試験ヲ受ケ之ニ合格シタル者ハ学士ト称スルコトヲ得。前項ノ在学年限ハ医学ヲ修ムル者ニ在リテハ四年以上トス」と明確に規定された。そして大正八年の改正帝国大学令の法学部学科課程第二条では「法学部ニ於ケル修学期間ハ之ヲ三学年トス」とされ、必修科目・選択科目・随意科目が列記されたのであった。

大学令と改正帝国大学令

従来、帝大全体が修業年限短縮の原案に反対であったように語られるが、このように早くから多様な意見が内部で渦巻いており、結果的には中田ら「若手グループ」の主張が通ったことになる。中田は自分の講義を率先して選択科目にした。法学の基本は高等文官試験にもかかわる現行法で、それ以外の科目は学者になる人間や司法官になる人間が主体的に学べばいいと考えた。また、ドイツ法・フランス法を比較法学と位置づけ、複数担当者を設定する現在のリレー式講義にあたるスタイルも、中田は提起していた。

学年暦改正

なお、学年暦をめぐっては、帝国大学と高等学校大学予科のみが九月学年始で、他の諸学校との不連続が問題視されていた。大正二年十一月の評議会で四月開始が可決されるも、法科の段階的導入案と医科・理科の一斉導入案のすり合わせで難航する。教育調査会や臨時教育会議での決議を受けて、八年十一月からあらためて評議会で議論され、九年二月三日に可決、新たな学部通則がさらに五月に改正され、十年から実施された。

当時の法科教授会の雰囲気

当時の法科教授会は甲論乙駁の激しい理論闘争から始まり、交互に立ちあがって相手に反撃を加え、十分に議論を尽くした頃に討論終結の動議が起こって採決に至る。これが公の会議だけではなく個々人の身体にまで染みついて、プライベートでもその癖が出るほどの「習性」となっていたと中田は語る。

商業学科独立のころ

もう一つの風景を中田も関わった経済学部設立前史からみてみよう。法科大学では明治四十一年に経済学科が分設されたが、第二次桂太郎内閣の文部大臣小松原英太郎は東京高等商業学校の大学昇格運動に水を差すべく、さらに商業学科新設を企画した。翌年六月に総長濱尾新の臨席のもと法科臨時教授会が催された。四時からの会議では文部省の策に乗せられる必要はないという意見と、経済・商学分野を充実させるべきという中田らの意見との間で激しい論争が交わされ、気づくと夜八時。今度は休憩して夕食を取るかで論争が始まる。空腹でピリピリしていると纏まらないとの意見が出ると、落ち着くと長引くとの反論。「夕食採決」の結果、夕食を取らずに審議する意見が多数を占め、増設論が可十三、非三で可決された時には午後十一時になっていた。納得するまで議論を交わす法科教授会であった。中田は松岡均平といかがわしい夜の本郷を避けて日本橋

梅見

に出て、白木屋裏、鳴板で下水を覆った「美味いもの横丁」（「甘辛新道」）の牛鍋屋でさらに議論を続けつつ夜食を掻き込むのだった（以上、『懐旧夜話』）。

商業学科設置を受けて高商専攻部は廃止、憤った学生は騒動を起こした（申酉事件）。大正二年からは奥田文相と山川総長との間で経済学科と併せて「商科大学」として分立する案が検討され、大正四年には「経済科大学」案が評議会で提起、大正五年一月の法科教授会で実行案が可決された。立案を委嘱されたのは増設に積極的な金井延・小野塚・高野・山崎・河津暹、そして中田だった。二月二十九日、経済科大学分立に関する勅令改正案も評議会を通過したが、大学令や改正帝国大学令など学制改革が進展し、最終的に大正八年四月に経済学部として出発することになった。

「論争」と「採決」という体質は、ヤンチャな「若手グループ」の日常にも浸透していた。大正三年二月末、蒲田に梅見に行こうと盛り上がる。松岡均平・上杉慎吉・三潴信三と中田の四人は時間通りに新橋駅に集合したが、言い出した松本烝治が姿を現わさない。本数の少ない汽車が出てしまった頃に、ノコノコと社会学科の文学士樋口秀雄という男を連れて現われた。二高の中田以外は一高出身で昔からの友人、たまたま出くわして連れてきたという。次の汽車を待つうちに、酒豪の上杉が梅見などやめて一杯やろうと言い出す。中田は向こうにも料理屋はあると反論、例によって喧々諤々の理論闘争が始まった。人通りの多い駅前で若手教授たちが熱い議論を戦わせている滑稽な奇観、最後は例によって「採決」、上杉案が「可決」された。

学生時代から講義より実地見学という道楽者の樋口が「北の方」へ歩き始めた。「北へ行く」とは吉原に行くこと。当時、本郷から天神下辺りには胡散臭い人力車がたくさん止まっていて「旦那、北へどうですかい。お安く参りますぜ」と声をかけられたもの。古い都々逸に「きのう北の風、きょう南の風、明日は浮き名の辰巳風」とあるが、吉原・洲崎・深川のことである。一時間ほど歩いた先は吉原ではなく柳橋だった。樋口はかの柳光亭の少し北にある稲垣という待合に入って行く。隅田川を欄干から見下ろす二階へ通され、午前中から芸者や舞子が三味線を引いて踊りだす。あきれていると、ご馳走が次々出てくる。中田と松岡は酒が飲めないのでタラフク食べたが、他の連中は「酒と北風」で鼻の下がゆるんでいる。酒癖の悪い松本と上杉は、維新の志士のように芸者の膝枕。中田は持参していた趣味のライカで二、三枚写真に収めた。上機嫌で夕方まで呑み続けたのだった（『懐旧夜話』）。

五　中田の多彩な趣味と小野塚喜平次との交流

中田の趣味

中田の趣味は多彩で、文楽や歌舞伎には一ヵ月に二、三回は出かけている。キネマ（映画）好きで、またカメラを趣味とするモダニストでもあった。歌舞伎は「別に深い理解はないが」「それが却て面白い」。「只聞いてゐるのがい、」。「旧劇が好きだ。歴史に興味を持っているから」。「人形芝居は僕から他の教授たちに紹介した位だ」。音楽は「日本ものがい丶ね」。「四五年前東京に文楽が来た時見に行ったところ、学生が来ていて、翌日訪ねて来て「先生、あの人形はどうして動かすのですか」と質問されたが、「法制史はわかるが、いくら先生でもあれはわからないよ」。「キネマも時々散歩に行ったときに入るよ。トーキー（talking picture 有声映画）が来た最初の頃に邦楽座に出かけた」。「西洋物では大抵アメリカ物だが、ドイツ物ではファウストを見た」と語る（中田「趣味と思い出」）。

相撲

角力（相撲）も恒例の楽しみで、「若手グループ」で枡（ます）席を有し、疲れるので「十日間続けてはとてもいけない」が、上杉・松本・松岡らと一緒に国技館によく見に行った（中田「趣味と思い出」）。この頃の法科教授たちは同世代ごとに枡を持ち、大の相撲好きの美濃部達吉は季節になると公法政治研究会の途中でもソワソワ、退席して円タクに飛び乗ったと岡義武は回想する（『岡義武談話筆記』）。例の梅見の年の春場所、意外にも真面目な小野塚喜平次が、中田に「君は枡を持っているそうだが、連れていってくれぬか。国技館と本場所というものの概念をちょっと得れば充分だから」と頼んできた。大学の帰りに招待すると、向こうから二人の芸者が歩いてきて「先日はありがとうございました。ご贔屓を願います」とお辞儀する。例の稲垣の芸者だった。「目を真ん丸にして」「あれは何だ！　あれは何だ！」と大声をあげる小野塚に、実地見学で芸者の概念を授けるわけにもいかず、相撲茶屋の女給だとごまかした中田、「道をもってすれば君子も欺きやすし」と回想する。こうした中田と先輩小野塚との世代を超えた日常的な交友の積み重ねが、後の大学行政における二人の相棒関係の基礎となっていく（『懐旧夜話』）。

研究室での日常

もちろん遊んでばかりではない。大正六年（一九一七）、四十歳頃の夏休みの日常が『朝日新聞』（八月十二日）の訪問記事に残る。「最後に法科の研究室に上つて行つて見ると中田薫博士が「法制史西洋法制史研究室」といふ札の下つた室の奥の方に、此処の主だといふ風に落着き払つて、雑然と堆積した和漢洋書の書物の間から夏痩した皮肉な顔を出して居る。曰く「なァに、自宅よりは此処の方が涼しいから来るのさ。世の中の事など何も知らん。是れも好きでやつて居るからで、別に大儀なこともない。僕等のことを書く？　其んな事を書いて何の為めになる！　尤も大学の教授等が貧乏で避暑も出来ずに居るといふ風に書けば、大に同情が集まつて吾々の為になるかね、ハヽヽ」。此の博士許りは却々(なかなか)皮肉だ。何にしても、夏も休暇を外にして、此熱心な学者の研究には尊敬を払はざるを得ない。贅(ぜい)を極める成金共、少したしなめ」(「毎日コツコツ研究室の生活――中田薫博士の皮肉の一言――」)。

第六　中田の教育理念と学問の自由

一　ヘボン講座設置問題と学術研究所構想

寄付講座

中田薫の大学教育の理念は、親友上杉愼吉との関係において最も具体的に浮かび上がる。思想的な立ち位置に関わる事案においては信念に従って対立し、純学術的改革においては誠実に助け合った。大正六年（一九一七）十二月、ニューヨークの銀行家ヘボンの申し出を受け、東大法学部では米国の政治と外交をテーマとする寄付講座設置が議論された。上杉は国体に反する講座を勅令で設置するのは矛盾だと憤り、懇意の寺内正毅首相に疑問を進言し、教授会でも野村淳治とともに強硬に反対した。中田の方は小野塚喜平次と共に前向きな意見である。保守派の筧克彦が「何もおべっかを使ってアメリカの提灯を持って、金を頂戴するような必要などないじゃないか」と揶揄したので、小野塚は「今すぐその言を撤回せよ。さもなくば自分は退席して再び教授会には出ない！永久に出ない！」と激昂した。あわてた筧はそんなことをいった覚えはないとごまかしたので、

上杉愼吉の反対

小野塚側の中田は「言ったよ！ 言ったよ！」とヤジを飛ばす。筧は中田を睨み付け「仮に誤解を受けるような言葉があったなら取り消します」と答えたが、「仮にとはなんだ！」と小野塚の怒りは収まらない。土方寧学長が間に入って何とか事なきを得た（『懐旧夜話』）。中田は学問が政治的な価値判断に左右される際には、小野塚と共に「学問の自由」を守る立場に立った。「若手グループ」も常に一体だったわけではない。

米国憲法・歴史及外交講座の新設

なお、この件については内閣でもひと悶着あったが、米国を素材とした政治史研究との名分で、大正七年「米国憲法・歴史及外交」講座設置が決定、新渡戸稲造の推薦で高木八尺に委嘱された。随意科目で、当時は米国に対する関心も薄く、受講生は十人程度だったと岡義武は回顧する（『岡義武談話筆記』）。

中田と上杉の共同

このように中田と上杉愼吉は対立することもあったが、大学制度改革の動きでは二人は協力し合って独自の大学改革案を生み出している。「若手グループ」の間では大正二年の教育調査会設置以前から改革議論が高まっていた。教育調査会の諮詢を大学側で検討するために大正四年十一月に各分科大学から委員三名が選出された際、中田は頑なに辞退している。独自の改革案を固めつつあったからである。

京大の非協力

まず中田と上杉二人で原案（要綱）を作成して「若手グループ」に相談、実現を目指して広く大学全体に賛同を求めてまわった。経済からは新渡戸稲造、工科からは大河内正敏、文科からは滝精一、理科からは松原行一が賛同してくれたが、医科の方は長與又郎に検討を依頼するも、医科教育の特殊性に鑑み参加しないとのことだった。さらにこの運動を全国に広げるべく、大正六年暮に中田は京都に出張する。十二月二十五日付『官報』には「学術上取調ノ為京都府下へ出張ヲ命ズ（十二月十一日東京帝国大学）」と見えるが、さすがに個人的な大学改革案を京大に持っていくことは伏せて、京大法経研究室視察の名分で教授会の許可を得たのである。上京していた京大の雉本朗造と小川郷太郎に改革案をあらかじめ内示して、他の教授連の意見集約を依頼しておいた。しかし当初の墨書原稿に記されていた改革予定大学名を抹消して配ったため、京大が外されているのではとの懐疑を掻き立て、教授たちは代わる代わる透かし見ていたという。京都に出向いた時には賛同者はほとんどいなかった。会談は実りなく、円山公園の山見ホテル（現「左阿弥」）で昼食をご馳走になっただけで帰京することになった（以上、『懐旧夜話』）。

中田・上杉の大学制度改革案

大正七年二月日付の改革案草稿などの関係史料は、現在も東京大学法学部法制史資料室の「上杉愼吉関係文書」のなかに残っている。なお、中野実「史料解説・新渡戸稲造他「大学制度改正私見」」「同（二）」（『東京大学史紀要』二・七号、一九七九・八九年）は早稲田大学図書館などに残るものを紹介・検討しているが、作成の経緯については十分には解明できていなかった。

大学制度改革案

国家ノ須要ニ応ズル専門ノ学術技芸ヲ教授シ、及其薀蓄ヲ攻究スルノ目的ヲ以テ、大学並ニ学術研究所ヲ置ク。

第一　大学

一、大学ハ国家ノ須要ニ応ズル専門ノ学術技芸ヲ教授スルヲ以テ目的トス。

一、現在ノ帝国大学各分科大学専門学校（私立大学ヲ含ム）ヲ適宜改造シテ大学トナス。

（中略）

第二　学術研究所

一、学術研究所ハ学術ノ薀蓄ヲ攻究スルヲ以テ目的トス。

一、学術研究所ニハ大学卒業生中優秀ナル者ヲ入学セシム。

（中略）

一、学術研究所ニ入リテ定規ノ年限以上研究ニ従事シタル者ハ、別ニ定ムル所ノ学位試験ヲ受クルコトヲ得シム。

説明書

一、大学ハ国家ノ須要ニ応ズル専門ノ学術技芸ヲ教授スト云フハ、現行帝国大学令ニテハ学術技芸ノ理論及応用ヲ教授スルノ意味ヲナスモ、本案ニテハ国家社会ニ須要ナル専門的知識ノ大要ト実務的教育トヲ授クルノ意味ト解スベシ。従テ現在ノ帝国大学分科大学ニテ教授スル学科ニハ多少変更ヲ加ヘ、其一部ハ之ヲ学術研究所ニ移スノ要アルベシ。

（中略）

一、学術研究所ニハ大学卒業ノ後更ニ或期間学術ノ蘊奥ヲ攻究スルノ希望ト能力トヲ有スルモノヲ入学セシムルヲ原則トス。……然レドモ学力優秀ナル以上ハ出身大学ノ官公私立ノ如何ヲ問フヲ要セズ、……。或ハ又大学出身者ニアラズト雖モ検定試験ヲ施シテ入学セシムルモ可ナラン。

（中略）

一、学術研究所教授ハ各々専門学術ノ研究ニ従事スルノ傍、講義演習実験等ノ方法ニ依テ学生ノ研究ヲ指導スルノ任務ヲ有スルモノトス。但此等ノ方法ハ各分科ヲシテ適宜制定施行セシムルヲ可トス。

一、学術研究所ニ入学スルモノハ各々特殊ノ学科若クハ問題ニ付テ教授ノ指導ヲ受ケ之ガ研究ニ従事スルモノトス。而シテ其研究方法タルヤ極メテ自由ヲ貴ビ、敢テ在学年限ヲ定メ卒業試験ヲ課スル等ノ拘束ヲ加フルコトナキヲ可トス。従テ或ハ一生此処ニ留テ研究ニ従事スルコトヲ得ベク、或ハ自修一両年ノ後退学スルコトヲ得ベシ。但国家ガ学術奨励ノ為ニ定メタル学位試験ヲ受ケント欲スル者ノ為ニハ、在学年限其他ノ条件ヲ設繰ルヲ可トス。

附言　本案ハ全ク前記十数人ノ私案ノミ。我同僚中本案ニ対シテ已ニ賛意ヲ表セラレタル者、尚ホ数名アリト雖モ、之ヲ以テ大学教授全部ノ意見ヲ代表スルモノト誤解セザランコトヲ切望ス。

中田と上杉は大正七年二月に「大学制度改正私見」と題して五百部を印刷、三月には全国の私立大学・教育関係学会・官庁に配って世論に訴えた。

世論の反応

高野岩三郎は、三月五日午後三時半ころに中田研究室を訪れ、大筋は賛同するが「大学と研究所とを分離することには反対」だと七時半まで懇談している（「高野岩三郎日記」）。『東京日日新聞』三月十六日の報道を皮切りに紙上を騒がせ、『東京朝日新聞』四月十六日には中田自身のインタビューも掲載、近年の「高田案（高田早苗案）とか菊池案（菊池大麓案）とかの改正意見とは又異な」り、大学令における学術技芸の教授とその蘊奥の考究という目的の混在を改め、「電話架設中と同じくコケ脅しの看板」たる有名無実の大学院を廃し、学術研究所には出身を問わず優秀な人材を迎えて最先端の講義で指導し、規定年限を経て学位試験受験と博士論文提出を目指させると説明している。

『教育時論』一一八六号は「近来稀有の快事」、『日本及日本人』七二七号・七三〇号は

「大学教授自身が研究して改善しようと云うその意志は大に尊重すべく喜ぶべきもの」と評したが、同期で京大教授の神戸正雄は大学院改造で済むと否定的（同七三一号）である。澤柳政太郎も、教授してこそ研究の暗示を受けるのであり、研究室に閉じ籠っていては問題を見出すことは難しくなる、そもそも大学における教授とは自ら研究し得る素養・方法・精神を作ることだと批判する（『大学及び大学生』七号）。結局、幅広い賛同は得られなかった。しかし、いまあらためて見ると、近年の大学院大学に類似するもので、博士課程の単位制導入、学位取得の前提化も最近実現した。ある意味で中田らに先見の明があったといえよう。

中田の教育観の先駆性

二　中田の教育観――講義と学生指導――

中田・上杉らの作成した学制改革案は、決して大学の権威化や研究所との混同ではない。当時の大学昇格運動の動向をふまえつつ、従来の官僚養成を目的とする知識獲得の組織から、学生が主体的に研究する純粋な学術機関へと転換させ、政治的な目的から自由な「学問の殿堂」を生み出すことを意図したものであった。

理想の講義

講義のあり方について、中田は次のように語る。「学生もただ大要の講義より、（自分の研究）そう究結果を吐露する講義）いうものを聞くと、非常な興味を持って、講義で聞いた法制史とはまるで違う、詳細な研究をやるとなかなかおもしろいものだという（関心を引くような）ふうなことがあったのです。影響を与えますからね。そして趣味をもって、そんなものも〔自分も〕一つやってみようか、なんということになるんですよ。ただ講演があっても、講演を聞きにいく暇もないし、雑誌でいつか暇なときに読むといっても、つい読まぬのが普通ですが、直接聞くと耳から入る。それから、私が思うのは、大学の講義は単に自分の講義案を読んでいるような講義ではだめです。その講義を通じて自分の満身、法制史なら法制史の講義になってしまう。そうしてその力をもってやれば、おのずから講義というものは妙なものですよ、言葉以外に……何か発するものですよ。演説でもそうでしょう。単におざなりの演説をしているのではなく、満身精神込めてやり出すと、何か……が出て、聴衆に対する感動というものが非常に強い。私はそう思って、始終大学の普通の講義でも、自分が満身その講義になって、自分の満身の力、精力を以て学生を感化したいと思ったのです。学生もそういう講義は自分を忘れて聞きますよ」（『懐旧夜話』）。

　教育への自負が窺われるとともに、知識ならぬ研究の魅力が学生の心を捉えることを訴えているのである。現在残る中田の講義録は体系的なものだが、実際の講義ではかなり脱線して最新の研究成果を生々しく語ったようで、定年前の文学部での講義では近世民事訴訟法の論文を書くべく、そこに焦点をあてた講義をしたという（石井良助「法制史学八十八年」）。

なお、近年日本でも欧米の大学に合わせてセメスター制（二学期制）やクォーター制（四学期制）が導入されたが、実はこれにも前史がある。

学年暦制度の変遷

①大正十四年度まで：セメスター完結講義（第一学期～第六学期）
週3コマ（二時間2コマ＋一時間1コマ、または二時間3コマ）
法制史（法・政）…第五学期（SS）に週3コマ六時間
西洋法制史（法）…第六学期（WS）に週3コマ五時間（計、通年で週3コマ負担）

②大正十五年度～昭和四年度：通年講義（週三時間一年完結）
大正十三年度まで　SS五月一日～十月三十一日、WS十一月一日～三月三十一日
週2コマ（二時間1コマ＋一時間1コマ）
法制史（法・政）…第三学年
西洋法制史（法）…第二学年（計、通年週4コマ負担）
大正十四年度から　前期四月一日～十月十五日、後期十月十六日～三月三十一日

③昭和五年度以降：通年講義（1コマ二時間に統一。不規則な1コマ一時間講義を廃止）
甲期（前期）週2コマ＋乙期（後期）週1コマ、または甲期週1コマ＋乙期週2コマ

法制史（法・政）…第三学年甲期週1コマ＋乙期週2コマ

西洋法制史（法）…第二学年甲期週2コマ、乙期週1コマ　（計、通年週3コマ負担）

中田は法制史（法・政）と西洋法制史（法）の講義を二・三講時（一〇：〇〇～一二：〇〇、一三：〇〇～一五：〇〇）に設定することが多かった（『東京帝国大学法学部便覧』から復元）。

中田の講義のスタイル

中田の講義は、最新の研究成果を盛り込んだ重厚な内容だが、大変わかりやすくウィットのきいた語りで多くの学生を魅了した。弟子で西洋法制史家の久保正幡は、中田の講義振りを次のように回想する。「自分の時は仏蘭西法制史であった。三年になって日本法制史（公法史）を受けた。学生の時に聴かなかったものはすべて助手になってから聞いた。先生の講義は法学部の大教室、階段教室で行われた。教科書も概説書もなかったから、すべてノートをとらねばならなかった。先生はノートをとりやすいようにゆっくりと話をされた。そして、切りがよいところまでノートさせたところで、コメントする必要があれば、普通の調子で述べられる。西洋法制史にしても日本法制史にしても、テクニカルタームはノートがとれるように黒板に書いて下さった。ノートする分は要を得た文章で、コメントの方はユーモアに満ちた内容であり、名講義であった。」「先生の講義案は、まず原稿用紙に書いて、その原稿用紙に紙バサミを使って年々訂正加筆され、ある時は付箋を付け、貼紙を付して、論文に書いたことを補っておられた。だからその講義案にはかなりの訂正があったり付箋があったりして、相当厚みが加わっていた。」

中田の試験

「中田先生の試験は可のみならず、不可までつけるという評判であった。殊に文信社のプリント（赤門前で試験対策用に販売）で勉強して試験を受けるとなぜか「可」しかとれない、「不可」が付くともいわれていたが、なぜそれを使ったことが先生にわかるのかと学生の間では専らの評判であった」。事実、「文信社のプリントは秘密出版であってけしからん。誤りがある。そんなもので勉強して何になると先生は言っておられた。」「少なくとも毎年一本は論文を書かれ、それを講義に反映させておられたから、付箋のついている最新の箇所から出題すると、プリントを使って一夜漬けで勉強した者は、たちどころに見分けがつくのである」と回顧する（以上、久保「中田薫先生の思い出」）。

講義の評判

官僚や弁護士などを目指す法学部学生にとって中田の法制史講義などは退屈だったように思われるが、実は多くの学生を魅惑した人気講義であった。報知新聞社編集局編『大学教授評判記』（河出書房、一九三五年）は、対談形式で次のように評している。

洒落混り講義　中田博士

C「前々法学部長で、法制史の中田薫博士は、穂積博士（穂積陳重）や、先年停年でやめたローマ法の春木一郎博士などゝ、団体割引で行かうといふほどの芝居ファンだ。殊に文学が好きで、サバけた粋人といつた感じだね。

教壇に立つ中田（『緑会雑誌』２号）と田中耕太郎がノートに描いた似顔絵
（東京大学大学院法学研究科附属近代日本法政史料センター原資料部蔵）

E「講義にはよく洒落が入るが、理論の透徹した講義だ。」

また、『法律春秋』第五巻五号（一九三〇年）に連載された「東大法学部の人々」では、さらに生々しく評されている。煩を厭わず引用しておこう。

中田薫教授

赤門畑に恐らく古今独歩、異色ある法制史（日本並に諸外国の）研究、その蘊蓄を極めた学者と云へば中田博士の一人を挙げざるを得ない。赤門畑には欠かされない学宝である。気の強くして容易に譲らない末弘博士（末弘厳太郎）にしても、親愛なる穂積（穂積陳重）にしても、中田博士に対しては絶大な尊敬を払ってゐるのである。……。

博士は芸術に対しても異常なる趣味がある。殊にその日本法制史研鑽の必要上、徳川文学については本職の国文学者達を後方に瞠若たらしめる観がある。法学協会雑誌に現はれる論文がそれをよく示してゐる。穂積博士が親族相続の研究には中田博士の法制史の研究が偉大な影の貢献者であつた。尤も中田博士にも有力な研究上の後援者が居た。外ならぬ廃姓外骨（宮武外骨）先生である。江戸時代の文学慣習風俗についてその貴重なる材料の蒐集家外骨氏は、中田博士と肝膽相照し常に博士の研究を助けて来たのである。……。

さうした文学に理解ある一寸おつな法制史の研究者といへば、一寸芸術家の風貌を想像するが、現実の博士は全く想像出来ぬ風采である。天神ひげ、いがぐり頭（もう五十を超ゆること二つであるから相当白い）、着た洋服と云へば筧博士（筧克彦）に負けず劣らぬ御粗末なもの、一見中学の先生といつた所である。而も篤学家にふさはしく頗る頑固で意気張りが強い。博士の父は秋田の士族であつた。由来赤門畑には武士出が多い。さうして皆相当強烈な自信をもち従つて気の強さを持ち、激しい敵愾心をもつているのが常だ。尤も学問や学説の上にだけである。私交上には常に親友である所やはり往昔の武士の血が流れてゐるのかも知れない。少くとも中田博士についてだけはさういはれる。

次には講義の綺麗にしてスピードの早いことも有名である。小野塚博士（小野塚喜平次）の政治学史や野村博士（野村淳治）のプリント主義では一冊の大学ノートを終へるに何年かゝると云はれる程だが、中田博士の講義には一ヶ月に少くとも四五冊のノートを用意せねばならぬと云ふから容易なものではない。聞いて居ては頗る面白い。通常なら乾燥無味な法律の条文解釈とは別に川柳が出たり、江戸文学の顕著な傑作や貴い珍奇な文献が読み上げられたりするので、その時は無性に面白い。それでいよ〳〵試験となると最もつらい一科目である。由来法制史ではいい点がとれぬといふのもそんなことも原因かも知れない。

中田のスピーチの魅力

法学部の親睦会緑会の機関紙『緑会雑誌』には、入学歓迎会や特別講演会などの行事の彙報が載るが、中田会長のスピーチは次のようにコメントされるのが常であった。

○軽快な緑会々歌が音楽部有志の手で演奏され終ると、満場の拍手に迎へられて中田会長先づ演壇に立たれ「本日の大会は余興等盛沢山で又記念手拭を配る等全く新しい試みであり、食物もおでんの如く暖みのある……」といった工合であつさり学生を笑わせ、……。

○中田会長の挨拶は例によりて例のごとく、笑声裡に緑会を紹介し、会の精神を説明せらるゝと共に、会長としての希望を述べらる。

○「名会長」中田先生が例の如くユーモアまじりで、緊縮の時節柄今日の余興は「和」の手段であることを声明せられ、……。

三　帝国学士院恩賜賞の辞退と宮武外骨との出会い

――中田の頑固さ――

粟野先生の言葉

大正八年（一九一九）、二高の後輩吉野作造が所用で仙台に帰り、久しぶりに高校時代の恩師粟野健次郎のもとを訪れた。思い出話に花を咲かせていると、先生は懐かしそうに「中田君は今でも不相変（あいかわらず）頑固ですか」と質問した。「多分そうだらうと思ひます」と珍奇な答をしておいたと吉野から聞かされた中田は大笑しつつも、自分のことを覚えていてくれたことに感謝した（中田「粟野先生の書翰壹通」）。恩師の脳裏に焼き付いた中田の頑固な性格、学問的生活を第一に考え、一度決めたら周りがどう感じようが絶対にブレない生き様が、以後の困難な大学行政で重要な役割を果していくことになる。

帝国学士院恩賜賞に選抜

頑固といえば、中田には興味深い逸話がある。翌年、大正九年の帝国学士院恩賜賞の辞退騒動である。三月の帝国学士院の例会で、院長穂積陳重以下二十八名の出席のもと詮擬され、恩賜賞は第一部（文系）が中田、第二部（理系）は辻本満丸、学士院賞は第一

恩賜賞辞退

部が三浦周行と大村西崖、第二部は藤原咲平（もう一名は詮擬中）と内定した。四月の総会では、第一部恩賜賞は「法制史に関する研究」により中田、「著書『法制史之研究』」により三浦の二人、学士院賞は大村、第二部の恩賜賞は辻本、学士院賞は藤原と決定する。三浦が恩賜賞へ変更され、異例の二人受賞となったのは年長の三浦への配慮であろう。

ところが受賞式目前の五月二十三日、中田は突如これを辞退した。新聞紙上でも大きく騒がれ、様々な憶測が飛び交った。第一部会員の某博士は『読売新聞』『萬朝報』のインタビューに次のようにコメントした。「中田博士は吾が邦に於ける法制史学の権威で、あの広範な研究は実に嘆賞に価する。法制史研究の受賞者を二人迄出すといふ事は一寸妙に感ぜられるので世間ではそれと結び付けて種々取り沙汰してゐるやうであるが、然し博士の辞退は全く謙譲な学者的態度から出たもので、猶一層研究を続けて法制史の大成を期する迄保留して貰い度いといふ希望なので、博士の意を諒とし或る時期迄待つ事に決定したのである」。たしかに当時四十三歳での受賞は異例で、三浦の学士院賞が恩賜賞に変更されたくらいだから、デリケートな問題もあったのかもしれないが、中田はただ学問に専念したいという素朴な気持ちから辞退したのだろう。長男瑞彦によれば「おれの研究はおれが開拓した前人未到のもので、おれ以外に評価が下せる学者がいるわけがない。そんな曖昧な賞をもらうわけにはいかん」と語っていたという。

中田の学部長辞退

もう一つ頑固な例をあげると、大正十年六月に仁井田益太郎が学部長を退任し、美濃部達吉とともに評議員だった中田が次期学部長に選出された。しかし中田は頑なに拒否し、評議員から選ばれる慣例を崩して山田三良が就任する。

頑固者とスネモノ

大正十一年春に吉野作造が中田を宮武外骨に紹介した際の言葉が「中田博士は帝大の法学部長に推された際にも、そんなウルサイ学長なんかの役は御免だ、オレは此研究室の図書に埋つて居る方がよいのだといつて応じなかった程の超俗家である。それで古法制の事ばかりでなく、古文学も好きでキミの著書などをも読んで居る人である。一度逢て見たまへ」であった（宮武外骨「跋」『徳川時代の文学と私法』）。吉野の予想通り、頑固者の中田は稀代のスネモノ外骨と響き合い、生涯にわたる交友が始まった。

このとき吉野が外骨に手渡した論文が、「徳川時代ノ文学ニ見エタル私法」であった。外骨は「多大の驚異と無限の快感に打たれ」、「博覧考証で、徳川時代の重要な私法を説明し尽くした事は、真に畏敬すべき絶世の好著述」だと思った。「あれをあのままにしてお置きになるのは勿体ない事です。ワタシが多くの挿画を付けますから、和装本として出版させて下さいませんか」というと、中田は「暫く首を傾けて居られたが、やがて「それは面白からう。キミが例の丹精で絵を入れて二人の合著とするならば、其後発見した材料を追加したり、尚二三の項目をも増す事にして原稿に取りかかりませう」と快諾した。法政大学講師の友人に話すと「中田博士は非常にヤカマシイお方で、大概の者は面会も拒絶されて遭へない位、市内の有力な本屋などは、種々のツテで先生の原稿御願に罷出ても、いずれも体よくハネラレて居るのであるに、アナタが無造作に其原稿をシカモ無料でお貰ひになつたのは破天荒の大手柄ですよ」といわれた（外骨「跋」前掲）。

古書から写した挿絵を添えて和装本で出版するという外骨の申し出に、中田は「此機会を逸しては悔を後日に貽す」と思い、原稿料・印税なしで承知した。大正十二年七月に話が纏まり、八月に「人質」「元服」「後見」三項目を書き足し、引用書目を二十六点増補した原稿を手渡している。外骨も挿絵二十四点を選んだが、座敷牢の絵が見つからず苦労した。関東大震災直後の大正十二年十月二十日に『徳川時代の文学と私法』と題して刊行されたが、すぐに品切れ、大正十四年に明治堂書店から洋装本で『徳川時代の文学に見えたる私法』と改題して再版される。「頑固者とスネモノ」の共同作業が生んだ輝かしい結晶である。

宮武外骨との交流

二人の出会いを通して外骨が中田から受けた大きな影響は、『明治奇聞』（昭和四年）の法制史的視点に現われている。「自宅禁錮の珍問題」などの長文、さらに中田に「法文註解」を付してもらった「過渡期の珍裁判」の連載もある。他方、中田も外骨のことを高く評価し、『死刑類纂』（大正十一年）を次のように絶賛している。「法律家が法律の事を書くと、兎角素人には乾燥無味な文字となってしまふが、流石は老巧な文士丈あつて、外骨老の近著死刑類纂に至ては、大分血腥さい記事が多いにもかかはらず、我々に迄津々たる興味をそそること大なるものがある。茲に感ずる所あつて、二十有余年来所持の法制史のお株を、断然外骨老にお譲り申さんかとまで考へて居た矢先に、死刑類纂の追補を何か一筆書て呉れろとの御懇望もだし難く、成丈七六ヶ敷い理屈はぬきにして、先頃死刑類纂を読みながら頭の裡に思浮んだ彼是を、一ダース程呈上任ることに致した」。続編「死刑類纂追捕——おもひうかび——」には、中田自身も「石子詰」「民衆死刑」などを世界史的視野から論じて寄稿している（外骨『此中にあり』一、大正十二年）。

四　中田と上杉との関係変化
——上杉の山県有朋への接近、森戸事件——

独立した経済学部は、大正八年（一九一九）十二月に『経済学研究』を創刊した。これまで固有の雑誌を有していなかったのである。そこに無政府主義を紹介する森戸辰男の論文「クロポトキンの社会思想の研究」が掲載されて大きな波紋を生んだ。上杉愼吉の策動もあって興国同志会は厳しい攻撃を加えた。上杉は寺内正毅内閣や枢密顧問官にも警告を発し、その結果森戸と編集発行人の大内兵衛は休職処分となり、翌年一月十四日には新聞紙法違反で起訴された。十月には大審院で有罪が確定し、森戸は大学を追われ禁錮刑に服し、大内もいったん退官を余儀なくされた。森戸事件である。

中田と上杉の交友

上杉の些細な問題を論って他人を陥れる性癖を嫌悪して、同僚のなかには「紙くず拾い」と揶揄する者もいた。一事でもモノになりそうなことがあると拾って取っておき、いろいろ尾ひれをつけて、大きくなった頃に教授会や政府に持ち込んで大事件にしたからである（『懐旧夜話』）。しかし中田は、留学以来深い絆で結ばれた上杉のことを思想的立場を超えて大切に思い続けた。帰朝後数年間は、月に数度吉野作造らを交えて会食し、年二、三度は市村座・明治座・新富座・歌舞伎座・帝国劇場で観劇する間柄だった。鎌倉や逗子に一日清遊し、箱根湯本の小川楼では松岡均平・松本烝治・野村淳治らも加わって、「若手グループ」で痛飲・歌舞して一夜を明かした。南原繁は「吉野先生は牧野（牧野英一）先生とともに進歩的であられたのに、その吉野先生に好意をもっておられたのは、私の見るところでは、上杉、中田の両先生であった。これは珍しい現象だった」「吉野先生に一つの部屋をやろうと言い出されたのは、上杉、中田の両先生だった」と回想する（『南原繁回顧録』、穂積重遠「諸先生の肖像額を仰いで」）。

上杉と山県有朋の接近

しかし、三人の交友も大正九年頃から次第に疎遠になる。上杉が政治に深入りして多忙な身となったのも一因だった。これを遡る大正二年のある日、深刻な顔をした上杉が中田宅に現われ、「大学の教壇から社会を指導する方がよいか、有力なる政治家と提携して自己の理想を政治の上に実現させる方がよいか、今後の生き方を迷っている。後者を選ぶとすれば、今まさに絶好の機会が提供されているのだ。一身の重大事だから自分だけで決しかねて、君らの意見を聞いてみたいと思った」と呟いた（中田「上杉君を想ひて」）。一木喜徳郎の紹介で山県有朋と結びつくことらしい（「上杉愼吉文書」）。中田も同席を求められた友人も上杉の将来を思い、できるならば「教壇の人」に終始した方がよいと勧めた。人生の分岐点で迷う上杉の相談する相手は、やはり中田だった。

のちに「権門の走狗」「曲学の腐儒」と悪罵を浴びせられることになる上杉だが、中田は最後まで、学を曲げて元老に阿（おもね）ったのではない、自己の信念を天下国家に実現したいという熱意によるものと信じていた。上杉は山県のもとでも学者のプライドは失わなかったし、山県もまた権勢に阿ねる学者を嫌っていた、権謀術数を弄する策士と評価されがちだが、情熱に燃える天才肌の機智に富んだ国士型の学者だったと評価する。

中田は上杉と政治問題で行動を共にしたことはないが、三年制改正では協力し合い、大学制度改革私案作成の肝煎役もこの二人だった。しかし中田が推進した総長公選制、定年制、ヘボン講座問題では上杉の猛烈な反対を受けた。にもかかわらず、中田は上杉の行動が一貫した主義から出たものと認識し、上杉も中田の思いを理解していた。それゆえ正面から対立することはなく、互いに尊重し合うことができたと回想している。

二人の間に冷たい風が吹き始めた大正九年、上杉は十余年ぶりに敗戦後のドイツを訪れ、ハイデルベルクに立ち寄った。七月八日付の中田宛絵葉書には、行きつけのLuxhofは今はなく、日本人好きの夫婦も隠居していた、昨晩訪問したら中田のことをよく覚えていて思い出に花が咲いたよ、と書かれていた。絵葉書を見つめながら、中田は共に夜を明かした若い頃の風景を思い、時の推移を噛みしめた（以上、中田「上杉君を想ひて」）。

第七　大学行政での活躍と講義準備・学生指導の日々

一　総長公選制度の確立——古在由直総長の選出事情——

山川総長の辞任

澤柳事件を受けて、岡田良平文相時代には東大内部で総長公選について検討が重ねられ、大正八年（一九一九）七月八日には、従来の選出方法を改正した総長公選内規（総長候補者選挙内規）が評議会で決議、中橋徳五郎文相に上申されていた。大正九年に山川健次郎総長が軽い肺結核で辞任、これを受けた選挙が総長公選内規にもとづく最初の本格的選挙となった。各学部から選挙準備のため協議員二名が選ばれ、その間で候補者五名を選出する。これを受けて全学教授による本選挙が行われる。法学部からは学部長の仁井田益太郎と評議員の中田が協議員に選ばれた。

総長公選制度の運用

協議員が他学部の有能な人物をどれだけ周知しているか怪しく、いきなり委員間で選挙しても衆望ある候補者五人を絞り込むのは難しい。最初のことだけに下準備が必要と中田は考え、第一順位に医学部長の佐藤三吉、第二に法学部長の仁井田、第三に農学部長の古在由直を協議員の間で申し合わせておくという提案を、経済学部の矢作栄作と山崎覚次郎に持ち掛けて賛同を得た。理学部長の藤沢利喜太郎は事前運動が先例になっても困ると強く反対したが、結果的には中田の腹案通りに決まった。

小野塚喜平次の激昂

こうして全学選挙となったが、中田は予想外の苦労をする。本選挙の少し前の朝、小野塚喜平次が研究室に靴音高く飛び込んで来て、「自分は去年にフランスを中心にヨーロッパに外遊した時、将来総長になると思って諸大学の制度を調査して帰っている。このことは仁井田にも話しており、自分の希望を熟知しているはずなのだ。それなのに僕を裏切って総長を狙い、接近することまで避けている」と捲し立てた。中田はとんだ喜劇が持ち上がったと眺めていたが、落ち着いたのを見計らって、体が弱い君の健康を気遣って推薦を見合わせたのだと真意を説明した（『懐旧夜話』）。

小野塚の健康管理

岡義武は回想する。昭和三年（一九二八）、総長になる少し前、神経質なほど健康に気を使う小野塚は、震災後のバラック教室の教壇につくと、鼻をひくひくさせて「禁煙と掲示してある。もし君たちが煙草を喫みたければ、学生課へ行って教室内の禁煙禁止は理由がない旨を述べて学生課を説得し、この掲示を取り外して貰い給え」「イギリス人などに比べると、日本人にはどうもそういう点が違う。悪法もまた法です」と不機嫌な面持ちで言い放ったという（「岡義武談話筆記」）。また、総長に選出された際には、すぐに身体検査に行っている。中田の言葉が効いたからである（『懐旧夜話』）。

理学部長の藤沢利喜太郎との確執

本選挙前日の朝、今度は理学部長の藤沢が中田宅を訪問し、仁井田・古在は総長の器ではないと佐藤三吉支持を依頼してきた。古在は容貌魁異、蓬頭乱髪、訥弁で時に粗暴な言を吐き、突然豪傑笑いをする人物だが、一種の風格を具えていると中田は信頼していた。自分の評価する人物を貶し、法学部推薦の仁井田を侮辱する藤沢を不快に思い、「古在さんか仁井田さんか二人のうちから選ぶことにします」「温厚篤実な佐藤氏を担ぎ上げ、操って実権を握ろうという魂謄なのでしょう、他の教授連も話していましたよ」と逆襲した。結局、古在が選出された。以来、話しかけても無視する藤沢に、中田も例によって反抗心が沸き起こり、一切交際しないと心に決めたという（『懐旧夜話』）。

二　文化財保存への思い

――弁慶橋保存問題と黒板勝美との接点――

文化財保存と典籍保存

大正九年（一九二〇）六月、皇居外堀の弁慶橋（ホテルニューオータニの南）をめぐる「文化財保存問題」で、多くの帝大教授とともに中田も批判の声を上げげた。古書についても現代の価値観や関心に左右されることなく「総てを保存せよ」（『典籍』三号）と主張していた中田だが、文化財について語った事例として興味深い。東京府知事の安倍浩が弁慶橋一帯の宅地化計画を東京市に諮ったところ、「東京市始まつて以来無能の第一人者たる田尻稲次郎（第六代東京市長）老は直ちに賛意を表した」。ここに激しい反対世論が巻き起こる。「東京市土木課長の岡田某なる俗吏」が「社会政策として住宅地を作るために美観や歴史などに構って居られぬ」と刺激し、市会も反対決議を叩き付けた（「名勝破却の危険」）。

六月四日の昼食時に山上御殿食堂でこのことが話題に上り、憤慨する文学部の姉崎正治を中心に声明を出そうという動きが起こった。署名者は、文学部からは高楠順次郎・黒板勝美・姉崎正治・吉田熊次・村上専精・瀧精一の六名、法学部から筧克彦・森荘三郎・吉野作造・中田薫、医学部からは林春雄・入澤達吉・三浦謹之助・佐藤三吉・横手千代之助、理学部からは飯島魁・脇水鐵五郎・藤井健次郎・平山信・渡瀬庄三郎である。『読売新聞』は「二十博士が起つ」と報道、翌月の『中央美術』六巻七号では特集「名勝破却の危険」が組まれ、黒板・有島武郎・小杉未醒・姉崎・高橋米峰・中田・生方敏郎・伊東忠太・大場柯公・内田魯庵が寄稿したのである。

中田の文化財保存についての考え

最も説得力のあるのが中田の辛辣な文章である。ドイツ共和国憲法の第四章教育及び学校一五〇条の「美術、歴史及び自然に記念物並びに名勝風景は官の保護を享く」という規定や文化財外国流出の監督規定を引き、過激な革命後のドイツですらこのような法制があると指摘し、東京市の都市政策の無定見を批判する。都市問題に限らず、共同生活という観念が欠如した国民性は、平気で公園の花や街樹の枝を折り、電車などでもマナーがない、よく文明国とか五大国とか威張って居られるものだ、こうした欠如が今回の弁慶橋問題の基礎にある。当局者は西洋へ行って各国都市をみて、文明の空気に洗練されてくるべきだ。目先の利害にとらわれず公園に整備して、ボートを浮かべて夏の夕暮れには爽快な雰囲気を生み出せばいいと提案、「そんなことは空想で迚も実現はしないと云ふ人があるかも知れないが、私はさうは思わない」と記す。その後に実現したことは私たちが目にする通りである。あわせて注目されるのは、ここに文化財問題に生涯を傾けた黒板との接点が生まれたことで、のちに文学部出講を依頼されることになる。

三　法制史講義の担当開始と弟子の育成

日本法制史講義の担当

大正十年（一九二一）、中田は四十四歳で初めて日本法制史を講じた。新学年暦は四月スタート、三年配当の選択科目である。中田はこれまで西洋法制史講座の担任で、法制史講座は宮崎道三郎が担っていたが、事情は不明ながらこの年の講義を中田に委ねたのである。秋になって翌年三月の定年制施行が決定し、宮崎が退官することになった結果、中田が継続担当することになったのである。退官の前倒しで引き継いだわけではない。その後は隔年で公法史と私法史を講じることになる。

瀧川政次郎の大学院進学断念

教室には翌年卒業予定の瀧川政次郎が座っていた。中田から破門されたといわれる法制史家である。卒業目前のある日、大学院進学志望の瀧川は中田研究室の扉を叩いた。しかし、君の成績は思わしくない、大学院に行っても、たとえ助手になっても食っていけるものではないと暗に拒否されたという。瀧川にとって必要単位に集中すれば優をとるぐらい造作もなかったが、二年かけて取るべき科目を一年時に無理して履修したから優が三分の一しかないだけで、その後は文学部の黒板勝美のもと調査研究に専念していたのだとの自負はあったが、進学を諦める結果となった（瀧川「法制史研究に献身」）。

当時の大学院進学の条件

このやり取りは久保正幡が相談した時と共通しており、優秀な成績と生活の見通しが大学院進学の条件だった。一方的拒絶ではないことは、瀧川より優が少なかった金田平一郎が大学院に進んでいることから明らかである。とはいえ、政治学の岡義武が小野塚喜平次先生に相談するよう南原繁先生に勧められて軽井沢別荘に訪ねた時も「助手採用については とにかく成績が重視されるから、卒業の時の、つまり三年最後の試験の成績もよくするように」と諭されている。助手になるには優が三分の二は必要と囁かれていた。

中田と岡義武

なお、この岡も助手採用後、中田から日常的に歴史研究について貴重な示唆を受けている。『国家学会雑誌』に掲載された岡の「明治十三年における筑前共愛会の憲法試案」は、友人の金田が発見した九州自由民権団体の憲法試案の史料紹介である。中田に勧められて明治新聞雑誌文庫で関連史料を渉猟、史料収集の基礎を学んだ。留学前には、「君、外国へ行ったらね、強く印象づけられることがあるだろう。それは、日本と違ってプブリクム Pubulikum（公共性）（先生はドイツ語をつかっていわれたのです）というものが、実によく訓練されているということだ」といわれたという（『岡義武談話筆記』）。

横田正俊への期待

瀧川に対する素っ気ない対応には、あまり知られていない事情があった。そのころの中田の期待は、二年生でフランス法制史を受講し、別学年用のドイツ法制史講義にまで潜っていた優秀な横田正俊（大正十二年卒、第四代最高裁判所長官）に向けられ、後継者にと願っていた。横田が三年になる大正十一年の春先、「卒業したら研究室に残って法制史の勉強をしてくれないか」と強く勧めた。横田は「自分は法制史に興味を持っております。二年は西洋法制史を受け、三年は日本法制史を受けるつもりです。ところで、自分は、父（横田秀雄、大審院長）を継いで裁判官になりたいと思っています。ですから、折角の話ですが」と断った。横田は晩年まで中田の受講ノートを大切に保存し、「各国の法制には、その国固有なものがあるが、共通したものが非常に多く、ことに封建時代のそれや、それが近代的なものに移り変わって行く過程などには、古今東西に通ずるものがあるなど、勉強すればするほど興味の尽きないものがあった」と回想している（横田正俊『法の心』）。

弟子の輩出

金田平一郎

このころ、中田法制史学の後継者となる人物が続々と法学部に入学している。大正十年四月、のちに九州帝国大学法制史講座を担う金田平一郎が、二高から法律学科（独逸法選修）に入学。体調がすぐれず、最初の二年は休学状態で単位を修得できていない。復帰三年目に受講した大正十四年度の中田の講義では「優」を取るが、他の成績は振るわない。独逸法選修だが日本法制史に目覚めて院に進学奮闘、「近世民事責任法の研究」で学位を取得する。茨城県行方郡玉造町の生まれで、同郷の栗田寛を先師と仰いでいた。

高柳眞三

翌大正十一年には、東北帝国大学法制史講座を担う高柳眞三が、四高から法律学科（独逸法選修）に入学、金沢生まれ。一年配当の羅馬法講義が春木一郎の外遊で偶然中田の代講となり、そこで二人は出会った。彼もまた中田に魅せられ、独法から日本法制史に移った。大正十四年卒業、大学院に進んだが、早くも十月には東北大助手に採用される。

原田慶吉

さらに大正十二年四月には、ローマ法研究の基礎を築く原田慶吉が、神戸一中、六高を経て法律学科（英吉利法選修）に入学する。神戸市生まれ（本籍高知県）。一年の春木の講義に魅せられ、ローマ法研究に専心。二年で「帝国学士院子爵夫人末松生子羅馬法奨励奨学品」、三年で「帝国学士院藤田男爵奨学費羅馬法学奨学費」を受ける。大正十五年に卒業、中田を指導教授として大学院に進学し、早くも四月十四日に助手に採用された。

原田自身は春木と中田の二人を師と仰ぐが、春木の早期退官と原田の羅馬法担任への抜擢には、当時学部長だった中田の強い意向が働いていた。矢部貞治は、中田学部長による原田の特別扱いを日記のなかで揶揄している（「矢部貞治日記」昭和四年九月十九日）。

仁井田陞

　一年空けて大正十四年には、松本高校を卒業した菅野陞が法律学科に入学してくる。大審院検事を務めた菅野善三郎の三男で、卒業後は中田の同僚である仁井田益太郎の養子となる。すなわち、東洋法制史の礎を築いた仁井田陞である。

石井良助

　ここで、これ以降の弟子についてもまとめておくと、さらにその二年後、昭和二年（一九二七）には石井良助が一高から法律学科に入学。東京市麻布区の生まれで、卒業するとただちに助手に採用された。やはり中田が学部長を務めている時期で、昭和七年四月には日本法制史助教授となる。日本法制史二枠となる中田の推薦はかなり強引だったようで、「矢部貞治日記」は「午後は教授会で、……中田さんの石井良助君を助教授へ推薦するの辞は色々のことを考えさせる」と皮肉たっぷりに記している（三月二十四日）。

久保正幡

　そして昭和六年四月、西洋法制史を引き継ぐ久保正幡が、武蔵高等学校を卒業して法律学科に入学してくる。一年時に原田助教授の講義の熱意に圧倒されて、ローマ法を専攻しようと心に決めた。翌七年六月には帝国学士院から羅馬法学奨学金を受けて、原田の指導の下で「ローマ「家」制の崩壊」を作成、八年秋に帝国学士院に提出している。

六人の若き弟子たち
（上段左から金田平一郎・高柳眞三・原田慶吉，下段左から仁井田陞・石井良助・久保正幡）

原田の最初の弟子でもある。卒業後はただちに助手に採用され、中田のもとで西洋法制史を専攻する。先輩たちは中田の威厳の前に背筋を伸ばして指導を乞うたが、末弟子の久保だけは息子のように懐いていた（久保信子氏談）。

弟子の指導方針

久保は三年の夏休み直前、師の原田から卒業後も西洋法制史を研究するなら中田先生に相談するよう勧められ、恐れながら三階の隅に位置する研究室を訪れた。「学識の高い坊さんのような先生」から「法制史の学問はしっかりとした志があるならいいが、生半可な志なら続けることは難しい。実定法の勉強をすれば、その甲斐あって東大以外にも十分の大学があってポストも得られる。実定法の先生は著書を出すことも多く、読者もあるから暮らしの足しにもなる。法制史というものは全く違う。これまで西洋法制史をやりたいといった者はいなかったが、とにかく勉強することが大事で、生活は清貧に甘んじなければ続けられない。本人一人その気でも君の家族はどうなのか、せめて両親兄弟が了解しているか確かめなければいけない。よく考えろ。その上でのことだ」といわれた。夏休み明けに中田宅を訪れ、親兄弟（父仗幡も中田の教え子）も承知しましたというと、「君の二年までの成績を見ると、一年の時はよくて二年の時は論文専念であったからか、まあまあだな、三年の勉強をちゃんとして、卒業試験をしっかりやって成績を良くすれば、あるいは助手に採用されることもありうる。大学院生より助手の方が良いと思うので、よく勉強するように」と励まされたという。

「作文」を勉強したことがあるのか

昭和九年、卒業と同時に助手になった久保は、ゲルマン部族法の研究を盛り込んだ中田の講義を聴き、家族共同体（家産共同体）の構成が重要課題だと認識し、これで助手論文を書きたいと思った（「フランク時代における家族共同体と自由分権の発展」に結実）。一年目の冬休みが終った頃、中間報告として「勅令」から引き出せることを書いて提出した。二日くらいかけて丁寧に見てくれたが、恐る恐る訪れると「君は、一体「作文」を勉強したことがあるのか」と評され、へこたれたという（久保「中田薫先生の思い出」）。

石井良助と高柳眞三による『御触書集成』校訂

このころ、春先の試験休みには、高柳が仙台から上京して石井と共に『御触書集成』の校訂作業を進めるのが恒例だった。中田はもともとこの出版計画には消極的な意見だった。昭和七年に助教授となった石井が、かねて注目していた帝国図書館蔵本を学術振興会の援助で公刊する計画を高柳に持ち掛けたが、中田は「若輩」研究者が補助金をもらった出版事業に時間を割くべきではないと諭し、いったんは断念させた（和仁かや・梶嶋政司ほか「金田平一郎旧蔵書」）。

中田の反対

やや強引に助教授に推薦した事情もあり（「矢部貞治日記」）、賞や外部資金に潔癖な中田だけに、石井にはしばらくは目立つことはせず自分の研究に専念してほしかったのだろう。動き出して以降も「大規模の事業」とせぬよう繰り返し忠告した。

愛情のこもった丁寧な指導

高柳は金田宛書簡で「日本の法制史学が中田先生のやうな立派な業績をもつてゐながら、経済史などに比して景気が悪いのは、といつて悪ければ勢力が微々としてゐるのは、資料の利用に不便が多いことに重大な原因がある」、「（先生には）殆んど同情していただくことができず、形式上あの集成の出版はあれだけのこととして終ることになつてゐます」と不満を漏らすが（和仁ほか同前）、中田の方は時流に乗る危険性を喚起し、研究を粛々と重ねることの大切さを訴えたかったのだろう。大学教官となった石井に「絶えず競争しているようなものである。油断をすればすぐ追い越される。命懸けの競争である」という言葉を贈っている（石井「法制史学八十八年」）。

とはいえ、いったん動き出した事業に、中田は愛情をもって接している。金田宛書簡では、石井が出版に際して払った犠牲を詳細に伝え、その「隠れた特別の功労」を自分の言葉ではなく側聞として紹介文に記してあげてくれと依頼している（和仁ほか同前）。

当時助手だった久保は回想する。――序文の校正を提出すると、しばらくして中田先生が部屋に来られ「高柳君、石井を呼べ」といって、研究室の大きなテーブルに座られた。僕は聞き耳をたてた。先生は「気がついたところをいう。よく心得よ」と語り出す。「ここは直せ。ここはおかしい」と実に厳しい。僕は本当に救われた気持ちになった。兄貴弟子にもあれほど鮮烈にいわれるなら、自分にいわれたことはさほど深刻に受け取らなくてもいいのではないかと気持ちを取り直したという。さらに久保は、中田先生の「徳川時代の民事裁判実録」を読んでいると、全く幕府の裁判を法廷で傍聴しているような筆力があったとも語る。

根拠は一、二点でよい、簡潔を旨とせよ

翌年、久保は中田から助手論文を『国家学会雑誌』か『法学協会雑誌』に毎号三十～三十五頁程度、全百二十頁で掲載せよといわれた。「先生は簡潔を旨とされた。根拠となる史料はいくつもあるかもしれないが、これが「決め手」というものがあれば一点でもよい。その他は史料番号だけ書いておけばよい。それだけでは異論が生じる場合にはもう一つあげてもよい。そうでなければ百頁で収めることはできないといわれた。文章そのものについてもいわば「作文」をやらされる。中田先生の論集をよく読んでいただきたい。他の人の論文と違って読んでいて気持ちがすっきりする。先生は私たち弟子にこれを鍛えたくて仕方がなかったようである」（以上、久保「中田薫先生の思い出」）。

石井も、「論文の面では内容の上でも表現の上でも大変叱られたものです。先生は表現はできるだけ簡潔にということを常にいっておられ」、「わたくしの論文が先生の所をフリーパスするようになったのは、先生の御定年の二年前ぐらいのこと」と回想する（石井「法制史学八十八年」）。当時は珍しいことだが、弟子の論文を逐一添削指導する中田の愛情と、その一貫した指導方針――論文は無駄のない簡潔な文章で書く、研究の世界に隠遁して華やかさや時流に左右されない――とが垣間見られる逸話である。

四　牧健二との論争

弟子が育ち始めたということは、若い世代から既存の権威と位置づけられ、後学からの批判対象になったことを意味する。日本法制史講義を始めて間もない大正十一年（一九二二）といえば、京都帝国大学を卒業した新進気鋭の牧健二との論争が繰り広げられた年でもある。学術論争の模範とも呼ばれる激烈なものである。卒業してすぐといってもすでに二十九歳。大正七年に京大文科大学史学科を卒業したあと、あらためて大正十年に法学部を卒業したからである。大正十二年には助教授となり、欧州留学に発つ。

牧は「文治守護職の補任」という長大な論文を『法学論叢』に公表し、中田の若いころの基礎研究を正面から批判した。これに対して中田は「牧学士の『文治守護職の補任』を読みて」を同誌に投じて反論、牧はうれしかったのか早々に反駁「日本総守護及び総地頭――中田博士の教へを乞ふ――」を書く。中田はさらに痛烈な語気をもった「再び牧学士の文治守護職補任論に就て」で答えた。議論は歴史の復元や解釈のみならず、史料の扱い方など研究法に及ぶ。この後も牧は「中田博士の教へに接して――古代法の研究と文治守護論――」を書き、翌年には「文治守護地頭に就いて平泉学士の教へを乞ふ」を発表する。当時の中世史研究の最先端である中田と平泉澄に体当たりしていく牧の若々しい勇気は、学問的営為に沈潜する瀧川事件以降の後半生とは雰囲気を異にする。

牧の学問基盤

当時、京大の文学部には内田銀蔵・三浦周行・原勝郎・内藤湖南といった錚々たる研究者がそろい、そこで学んだ歴史学の素養、中田を常に意識していた三浦からの助言、原勝郎の世界史的視野からの刺激もあったのだろう。牧が中田の法学的分析に違和感をもち、これを仮想敵として研究をスタートさせたのも自然な流れであった。中田から徹底的な反論を受けたことには悔しさを抱いただろうが、同時に法制史の大家が自分のような若造に真剣に向き合ってくれたことはうれしかったようだ。二人の交流は中田の最晩年まで続き、上京する時はいつも中田宅へ挨拶に訪れた（牧英正氏・美枝氏談）。毎年秋になると欠かさず松茸や丹波栗を贈っており、中田の方も

論争の頃の若き牧健二

お礼に虎屋の羊羹を送った。中田の孫のみどり氏の幼少期の思い出だが、松茸ばかりだったのが、物価の高騰で次第に松茸が少なく栗がまざるようになり、最後は栗ばかりで悲しかったという。

五　定年制の創始をめぐる中田の奔走
――澤柳事件の反省と恩師宮崎の退官――

司法官定年制と大学教官の定年制

大正十年（一九二一）五月の司法官定年制ならびに恩給増加を受けて、大学教官の定年制についても本格的な検討が始まった。すでに大正初年から老朽若朽教授罷免が文部省で課題とされ始め、その最初のラディカルな改革が先述の澤柳事件だった。

瀧川事件への反省

大正六年の暮に京大研究室の施設視察に赴いた中田は、法学部長で三高時代以来の友人の神戸正雄からこの問題についても尋ねられ、京大では満六十歳を定年として全員辞表を提出、委員会で審査して優秀者に限って辞表を返却するという案を練っていることを聞かされた。中田は名案だと感服、かつて大学の自治という名分で澤柳事件に援軍を送ったことにより、老朽若朽問題が先送りされたことには責任を感じていた。

定年制導入の模索過程

帰京後、新研究室建設計画の件で山川健次郎総長を訪ねた際、京大構想を紹介して意見を問うた。山川は中田の熱意に打たれ、内密のことと断りつつ、自分も問題を感じていたので全国総長会議（大正三年カ）で協議し、毎年の会議で罷免者を提案して文部省に具申し、免官手続きをとるという案を決議したことがある、君の煽動した澤柳事件のように横やりが入らないためにね、とほほ笑んだ。しかし、この案を仄聞した大御所の濱尾新が、教授罷免は各総長の責任で行うべきもので、他大学と協議するなど無責任の至りだと憤慨、暗礁に乗り上げたままになっているとのことであった（『懐旧夜話』）。

また、小松原英太郎文相からも、大正三年十二月四日付で大学教授六十五歳退職案が教育調査会に諮詢されていた。しかし具体的に動き出すのは、大正七年の政府の臨時教育会議設置を受けて、山川総長のもとに設けられた帝国大学制度調査委員会にこの問題があらためて付議された時である。他の諮問事項とともに可決、五月十四日には評議会で決議された。ここに満六十歳停年勧告の形式で解決の曙光をみたが、退職俸の難題は未解決のまま、山川総長退任と寺内正毅内閣更迭で実行は先送りとなった。

原首相との秘密裏の交渉

大正十年、古在由直総長は定年制賛成の立場ではなかったが、誠実に大学世論に向き合い、五月の司法官定年制と恩給加増のタイミングを捉えて原敬首相と交渉を始めた。二十日の午後、ブレインの中田は、法学部長を務めた山田三良・小野塚喜平次とともに総長から大学教官定年法案の相談を受けたので、その起草を美濃部達吉に依頼した。総長は中橋徳五郎文相と対談、七月から九月初頭まで原敬首相と秘密会談を重ねる。この夏休み中の交渉を支えて戦略を提案したのも中田だった（「小野塚喜平次」、中田「古在総長の想出」）。しかし、首相は他の行政官に及ぶ大問題で、法律に基づく国庫支出も財政的に困難だと慎重で、最終的に大学の内規と経費による実行という条件でようやく了承した。そこで、財源は理・工・農三学部拡張その他の理由で人件費増額を要求し、浮いた予算を退職俸にまわすことで秘密裡に確保した。九月二十二日、総長は各学部長に定年制実行を発表、非難や反対の声も少なくなかったが、大正十一年三月より導入となり、中田・小野塚・山田の協力のもと大正十一年三月実施予定の内規が完成した。

宮崎道三郎の勇退

法学部で六十歳を越えていたのは、土方寧と宮崎道三郎の二人だった。中田が恩師の宮崎に話すと、いつでも辞表は出すが一人先駆けしていいものだろうかと呟いた。「先生の人格高潔を表わす所以（ゆえん）であり、教授としての有終の美をなす所以でもありますから」と答えると、宮崎は三月に真っ先に辞表を提出、勅旨をもって名誉教授に任ぜられた。

土方寧の拒絶と濱尾新への直訴

土方の方は頑なに拒絶した。あと一、二年の在職で勲一等瑞宝章が受けられるということもあった。中田は、制度が最初から守られないのは問題だと憤り、山田と連れ立って歴代総長も恐れる濱尾の金富町の私邸に進言に向かった。全国総長会議の決議を握りつぶした反対派の領袖で、古在総長に圧力をかけているとの噂も仄聞していた。中田は道すがら「今日は思い切ってやってやる。濱尾さんにわざと過激な言葉を使って議論を吹っかけるから、君は黙って聞いていてくれ」という勢い、到着するやいきなり食って掛かった。「先生は自分のもとに出入りする老教授の声を大学の声と考えておられるが誤りです。老教授は大学の発展を停頓させている。若手教授こそ大学の現在および将来を背負って立っているのです。若手代表者としてその声を忌憚なくお耳に入れようと参ったのです。土方教授は幾年もの間何らの研究をしたこともないし、毎年同じ講義を繰り返している。学問研究をよそに勲一等瑞宝章を受けるまでは退職しないと頑張っておられる。大学を「勲章ぶら下げ所」と考えていることは言語道断ではないですか。勧告していただきたい」などと畳みかけた。懇談は午後一時過ぎから三時間にわたった。帰り際に大人（たいじん）の濱尾は「きょうはまことに愉快だったよ。中田君、今後もたびたびやってきてくれたまえ」とほほ笑んだので、中田も恐れ入ったという。

翌日、濱尾は土方を呼んで「山田と中田が来て、君は何の研究をせず大学を勲章ぶら下げ所と心得ていると話していたよ」と隠さず伝え、勲章は自分が尽力してやるからと辞表を提出させた（以上、『懐旧夜話』）。英法継承予定の高柳賢三が公務で英米に渡ったことで、結果的に土方の退官は延期されたが、定年制が動き出した背景には中田の奮闘があったのである。のち、中田の退官数年前に定年延長論が提起されたこともあったが、漏れ聞いた中田は延長されても自分は満六十歳で退くと毅然と語ったという（石井良助「法制史学八十八年」）。

六　中田の一年限りの羅馬法講義

中田にとって大正十一年度は、羅馬法の講義を講じた唯一の年度である。前年の公法に続いて行った最初の日本私法法制史の準備だけでも大変だが、大正十一年（一九二二）五月一日に春木一郎の外遊を受けて、一年弱のあいだ羅馬法講座まで分担することになったのである。何とか対応できたのは、留学中にローマ法講義ノートを作成していたからである。講義をやり遂げたとき、大学を去った戸水寛人を遠く仰いだことだろう。

東大法学部には、その筆記ノートの一部がマイクロフィルムで伝わる。本郷の棚澤書店の店長が大切に保持していたものを撮影した画質の悪いマイクロフィルムだが、実物は世代交代とともに行方不明である。しかし、幸いなことに高柳眞三が大学に入学した年で、この時のノートを大切に保存していた。二〇一八年の著者の調査で、東北大学図書館貴重書室に寄贈されている高柳文庫のなかに現存することが明らかになった。一字一句漏らさぬ丁寧な筆録で貴重なものである。この羅馬法講義での出会いがなければ、高柳が随意科目の日本法制史を受けることもなかっただろう。穂積陳重の外遊による代講がきっかけで中田が戸水と出会ったことからの連鎖、不思議な縁である。

弟三郎の早逝

この年六月、中田が高く評価していた弟三郎が肺結核で他界した。享年三十二。東京帝国大学工科大学電気工学科を優秀な成績で卒業して、名古屋の明電社に勤務していた。

第八　関東大震災後の大学復興と研究の進展

一　震災前の法学部研究室整備——中田の奔走——

法経研究室棟の新築

公務の方でも大正十一年（一九二二）は評議員に再選され、十一月に研究室主任となるなど、忙しい年であったが、中田薫が深く関わってきた法経研究室棟の新築計画が本格的に動き出した年でもある。その成果は中田が法学部に残した功績の一つである。

法科研究室と法科図書館の沿革

法科研究室の必要性を最初に主張したのは穂積陳重だが、具体化したのは明治三十五年（一九〇二）のことである。文部省からの入学定員および教室・研究室体制の照会を契機として、一月の教授会で法科大学長の穂積八束から十年計画の原案が提示され、山田三良から法科図書館設置案が提起された。研究室は四百坪、うち列品室に百坪、事務室に五十坪、小使室に二十坪をあて、書庫は百坪三階建と決した。明治三十七年二月に穂積兄弟と岡野敬次郎が文相を訪ねて、研究室の不備や図書の不足への対応を陳情した。

しかし資金のあてもなく、間借りの仮研究室が散在する状態が続く。法文系本館二階半分は経済統計研究室に占められ、玄関上の小部屋が刑法研究室に宛てられたが、公法研究室や私法研究室は木造ペンキ塗りの外国人教師館跡の再利用で、隣の仮本部と廊下でつながっていた。その後、医科大学の申請が通って多くの赤煉瓦建物が新築され、赤門の右角に建てられた衛生学教室の階下に法制史研究室を設けることができた。内閣文庫など諸機関の史料を写字生に命じて謄写・収集させるのが、中田の任務だった。北隣は二階に法医学研究室、階下に法理学研究室が、その北に国際法研究室が置かれた。

明治四十二年、理科大学の動物植物学研究室が新館へ移動することになり、その建物を引き継いで、公法・政治・私法・国際法・刑法・法制史などの共同研究室、書庫・列品室・事務室を集約することができた。しかし共同研究室に教授・助教授・助手の机が並び、部屋付雑用係が控えるといった状態で、恵まれた環境とは言い難かった。

他方、明治三十九年には梅謙次郎提案の法科図書調査整理委員の設置が教授会で了承され、中田・美濃部達吉・立作太郎・山崎覚次郎ほか数名が委嘱された。留学から帰ってからも、大正三年六月に中田は高野岩三郎・三潴信三と共に法科の商品陳列室・列品室・書庫の設計委員となり、大正五年六月からは図書館商議員を三期連続で務めている。

京大の研究室・図書室の視察

このように中田は図書・資料環境の充実に継続的に関与してきたので、大正六年十二月の暮には教授会の許可を得て、京大の新しい研究室・図書室の視察に出かけることになったのである（『懐旧夜話』、「官報」十二月二十五日）。高等中学校以来の同窓中島玉吉・神戸正雄や佐々木惣一、研究室主任の岡松参太郎らが丁寧に案内してくれた。

独自の配架システム

　京大の図書館は二階建て鉄筋コンクリートの雅やかな建物で、玄関前左右の池は防火の役割を担っていた。殊に迅速な図書購入・配架のシステムには目を開かれた。年に数回各教授が購入希望のリストを提出、研究室主任が分野のバランスと予算とを勘案して購入目録を作成、各国の出版目録を揃えておき、小売りを通さず直接外国の書店へ発注する。到着したものは新着図書として別置して閲覧に供し、その後は研究室印を押して配架、図書館には図書カードだけをまわす。専門書の充実は東大をはるかに超えていた。当時の東大では、中央図書館の司書官が全分科大学の図書を集めて目録を作っていたので、閲覧まで半年から一年もかかったのである。

　中田は研究室整備への熱い思いを胸に帰京し、教授会でその知見を報告、具体的な整備案を提示した。しかし山川総長から、一つの建物にこれだけの予算を請求した例はない、三年建設計画×数回に区切って小分けに建てていくはどうかと一蹴された。大正八年六月には、小野塚喜平次学部長が研究室新築計画に関して原敬内閣の文相中橋徳五郎に面会しているが、頓挫せざるを得なかった（『法学部百年史稿』、『懐旧夜話』）。

　このように長らく燻っていた研究室新築計画が本格的に動き出すのがこの大正十一年、

図書館改良案立案委員

古在由直総長の時である。法学部図書館についても、牧野英一・穂積重遠・末弘厳太郎ら図書館改良案立案委員の答申を受け、五月に法学部図書館の中央図書館からの独立とそれに帰属する専門委員四名の設置が認められた。中田の京大情報をふまえたものだといえる。十一月には法学部の山田三良学部長・中田評議員・小野塚、経済学部の山崎・矢作栄蔵・上野道輔が研究室新築準備委員に任命された。

研究室新築準備委員

最初の課題は敷地問題で、旧図書館北側の旧法文系本館前くらいしか候補がない。現在の法学部三号館や図書館前広場の辺りだが、当時は桜の木が連なる芝生の庭園で、学生が寝転がって雑談したり読書したりする場所だったから反発も強かった。末弘は親しい学生らを取り纏めて教授会に陳述書を提出させたが、中田は自分にとっても学生時代からの懐かしい場所だが致し方ないではないかと末弘を説得、山田も言葉巧みに桜や松は移植し、屋上庭園でも造って富士山を眺める休憩所とする予定だと学生を慰撫した。

研究室棟の設計

続いて中田と上野は設計原案を練った。突き合せると上野の案では敷地が少なくて済む。不思議に思ってよく見ると研究室を区切っただけ。中田が「君、廊下がないじゃないか」というと、上野は「あっ、しまった」と頭を掻いた。こうして東西二十二間と南北四十間の設計案が作られ、旧庭園の桜などを移し植えるための中庭を矩形に設け、費用は百二十万円から百三十万円と見積られた。図面と予算を教授会に提出すると、野村淳治は「夢にも等しい計画だ、そんな予算が通るものか」と笑い出す。予算の方は、山田が懇意の大蔵大臣市来乙彦と折衝してくれたが、七十七万円を四年間が限度とのこと、予定額の半分で遂行せざるをえない。中田は山田・小野塚と共に営繕課長の内田祥三のもとを訪れ、予算内で原案に近いものをと設計を依頼した（以上、『懐旧夜話』）。内田祥三は、中田と山田の図面をもとに、当初鉄筋コンクリートでなく鉄骨四階建てを提案したが、高齢教授への配慮、エレベーターに費用がかかることから三階建て地下一階となった（「内田祥三談話速記録」。以下、「内田談話」）。予算も無事議会を通過した。

安田講堂建設をめぐる理学部との確執と中田提案

大正十二年、いよいよ新研究室棟が安田講堂とともに着工。二月には研究室配置について経済学部との間で抽選、法学部は北方半分に位置することに決定。五月には正門内道路南側に建設するとの建築委員会の決定が評議会に報告され、基礎工事が開始した。

中田は安田講堂の建設にも関与している。内田の設計案では、崖下を利用して背後を半円形としていた。しかし、崖下は理学部物理学教室の建設予定地で、敷地が食われるだけでなく、酷い日陰になることが当初から問題となっていた（「内田談話」）。憤慨した物理学教室助教授で理学部建築委員の藤教篤は、講堂と物理学の何れが大切なのだ、講堂建設を中止すべしと、法学部建築委員で総長ブレインの中田のところに怒鳴り込んできた。理学部きっての硬骨漢、目的を達するまでは一歩も引かない猛者。即答を避けていると、翌日には理学部長の中村清一とともに総長のところへ直談判に向かった。困り果てた総長は中田を呼び出した。設計図をしばらく眺めていた中田は、理学部の建物を二階建てでなく三階か四階建てにすれば、敷地面積が少し狭くなっても面積は維持できる、陰になる地下と一・二階は倉庫とし、三階以上に研究室を設ければいいと提案した。中村は「双方の主張を調和させる案を考えてくれたのは君が初めてだ、考え直す余地はある」と藤と共に納得した。すると、今度は総長が建設費増大は困ると言い出す。中田は「先生は遣り繰りに巧妙な方だから」と言い放って退出した（『懐旧夜話』）。

震災と工事の頓挫

安田講堂が博物館構想のように諸学部の反対で挫折・変更に追い込まれることなく建てることができたのは、中田の提案による敷地確保と理学部合意のおかげなのである。しかし関東大震災が勃発。基礎工事に被害はなかったが、理学部を除く法学部・文学部・経済学部の建物は灰燼に帰し、図書館も焼けた。ここに当初の全体構想は頓挫する。

二　関東大震災と史料の焼亡

関東大震災勃発

大正十二年（一九二三）九月一日土曜日、関東大震災が起こった。昼の十二時少し前、中田が研究室棟一階廊下を歩いていると、二階から上杉愼吉が下りてくる。吉野と二人で食堂に行くのだが、中田君もどうだと声をかけられた。吉野作造は研究室で学生の鈴木東民（のち読売新聞編集局長）に紹介状を書いたあと、「小使」の部屋で所用を頼んでいるとのこと。降りてきた吉野と三人で山上御殿に向かった。二十七・二十八番教室の横手に差し掛かった頃、大きな震動を感じた。屋根瓦は揺さぶり落とされ、三人は必死で避難した（「吉野作造日記」）。上杉が昼食に誘わなかったら、中田は研究室で本の下敷きになっていたかもしれない。

火災による甚大な被害

吉野は神明町の自宅が心配で正門を出た。工学部の奥に火の手が見えたが、まあ大したことはあるまいと帰宅。家族の無事を確認し、昼食を済まして仕事の続きをしようと呑気に大学に戻ると、図書館や研究室に火が燃え移っている。驚きながら建物外に投げ出された書籍をかき集めていると先の鈴木がやってきて、研究室に駆け上がって大切そうなものを守衛詰所に託してくれたという。見てみると洋書が中心、幕末明治期の古書は含まれていないので「何だ、洋書ばかり集めて」と正直に呟いてしまったので、鈴木は悲しそうな顔をした（鎌田慧『反骨』）。吉野は火を避けつつ研究室の書籍や著書原稿など重要書類を救出、市電が止まっていたので徒歩で自宅に持ち帰った。午後三時から四時頃のことである（小松清「義父と蒼い空」）。あらためて五時過ぎに大学に戻った時には、図書館や研究室は猛火に包まれ、八角講堂にまで火は広がっていた。ある貴重な資料を救出しようと炎に覆われた図書館に突入を試みたが手遅れ、恨めしそうに立ち尽くす吉野の頬には数条の涙が光っていたという（住谷悦治『鶏肋の籠』）。

図書・資料の喪失

大学に甚大な被害を与えたのは、震災に伴う火災だった。地震の直後、木造二階建ての工学部応用化学実験室、煉瓦造二階建ての医学部薬学教室、煉瓦造二階建ての医学部医化学教室などから出火、いずれも薬品棚倒壊が原因であった。赤門近くの医学部医化学教室の火は、南の生理学教室と北の薬物学教室に燃え広がり、この炎が激しい南風によって北側の建物に延焼を重ね、図書館を焼き尽くし、さらに法文経教室、法学部研究室、法学部講堂（八角講堂）、法経教室、理学部数学教室、法学部列品館、本部事務室などに燃え広がり、翌日までに灰燼に帰した。本郷の建物全面積の三分の一に及ぶ。

書籍・史料の被害は致命的で、内外の古写本・古版本・稿本・手択本を含む七十五万冊の書籍が失われた。各学部の被害も甚大で、法学部では四万五千冊・標本四千点が焼失した。片目を失った元博徒で江戸っ子の経済学部職員永峰巳之助（ながみねみのすけ）の活躍は有名で、燃える建物に何度も入って、アダム・スミス文庫のすべてとエンゲル文庫と田尻文庫の一部を搬出した。総長室や事務局のあった山上御殿も炎上したが、重要な学内文書は職員の尽力で弥生門脇の旧学生集会所に搬出された。赤門内南側にあった赤門庁舎（時計台と呼ばれた旧東京医学校本館、小石川植物園に移転）には史料編纂掛が置かれ、その脇に赤門倉庫と呼ばれる鉄筋煉瓦造三階建の耐火書庫（菊池大麓が「貴重な史料を保管しているのに木造とは濱尾さんらしからぬ」と難じて敷設されたもの）が建てられていたが、幸い南風で事なきを得たのは不幸中の幸いであった（三上参次『明治時代の歴史学界』）。

中田の中世史研究頓挫

この火災で中田も個人蔵・研究室蔵の史資料、長年の研究蓄積を失った。また京大の比較法制史集中講義の準備のために持ち込んでいた史料まで焼失した。中田研究室は建物南隅にあり、最初に類焼の直撃を受けて救い出せなかったのである。九月三日、焼け跡の構内を歩いていた吉野は、焼け落ちた研究室前で項垂れる中田の姿を目にした。中田が中世史研究を放棄したのもこのためである（石井良助「法制史学八十八年」）。

中田の憤り

中田の憤りは『帝国大学新聞』（十一月八日）の「苦心廿年の研究を灰にして涙に暮れる中田教授」という記事から窺われる。

> 今度の大震火災で最も手ひどき損害を蒙つた人の一人は法学部の中田教授であらう。同教授の研究室は文科の建物に一番近い俗称 角屋敷と呼ばれる室であつた為めか、火は真先に燃え移つた。……同教授は法制史の担任のこと丶て研究室には主として再び得る能はざる写本類が多かつた。殊に江戸時代の評定所の民事刑事の判例等は過去二十年の研究の結果で日本に二つとない貴い資料であつたのだが、それもすつかり灰となつてしまつた。一日麻布なる教授の私邸を訪れると何となく意気消沈し

て教授は興奮しながら語る。全く話にも何にもならない。私はこんなことがあるかもしれないと思つてかねて研究室の裏に安全はしごを付けるやうに注意したのだが、とう〳〵採用されない中にこんなことになつてしまつた。一体日本人は万一の時のことを考へない。英国の地下電車など運転手で万一運転中予測した時の用意に手をハンドルから離すと自然止まるやうな仕掛けになつている。もし今度だつて裏に安全はしごがあつたら表口はやけても裏口から多少持ち出せたらう。図書館の係員も怠慢さ。防火扉を下してないんだからな。責任を問ひたいと思つてゐる云々。

震災後の仮研究室

研究室で勉強する習性の中田には、研究環境の喪失も痛手だった。震災後しばらくは、安田講堂前を左へ降りたところに建てられていた新しい工学部二号館二階の製図室を借り受け、法経研究室が仮設された。大きな部屋で窓に添ってコの字型に机と椅子が配置され、教授・助教授・助手が並んで勉強する。中央に書架が設けられ、焼け残った書籍に通し番号を付けたものが運び込まれた。当時の助手は、国際私法の江川英文、法哲学の岡松成太郎、法制史の西崎正、政治学の矢部貞治、ローマ法の原田慶吉、商法の伊沢孝平、そして政治史の岡義武で、助手の机は端の方に据えられた（『岡義武談話筆記』）。込み合った空間ではあったが音が響かぬよう靴にスリッパを付すことが義務付けられ、互いに気を使って大変静かであったと横田喜三郎は回想する（横田『私の一生』）。

三　国立への大学移転案

震災後の授業再開

地震から二週間足らずの九月十二日、十時からの教授会で中田は、牧野英一・吉野作造・高柳賢三・平野義太郎（のち蠟山政道・高木八尺）とともに図書復旧委員に任命される。講義は十月に再開、焼け跡に建てた木造バラック教室と焼け残った工学部階段教室、雨の日はトタン屋根に雨音が響いて声が聞こえず、途中で中止されることが多かった。

学園都市論

十月一日の評議会を受け、四日の教授会では復興の全体構想を検討する全学委員会（敷地に関する調査委員会）の委員に、法学部から小野塚喜平次・中田・末弘厳太郎・美濃部達吉・穂積重遠が選出された。壊滅的被害を蒙ったことで移転も議論され、郊外に大学町を造る「学園都市論」が浮上した（「小野塚喜平次」、「内田談話」）。オックスフォードやケンブリッジ、ハイデルベルクのような大学都市のイメージ、欧米留学で青春三年間を過ごした世代の考えそうなことである。移転先は営繕課の調査をふまえ、第一は郊外移転案（国立（くにたち））、第二は近郊移転案（代々木練兵場）、第三は現状維持案（本郷）となった。全学教授総会で活発な議論が交わされたが、郊外移転論の中心は、総合大学の一部に位置づけられることが宿願で、これまでも駒場からの移転を希望してきた農学部だった。法学部では末弘が郊外案を積極的に主張し、田中耕太郎ら若手がこれに賛同した。

他方、反対派のなかには私立大学への出講が難しくなると実利的なことを考える教授もいたが、決定的だったのは医学部の強硬な反対であった。患者の利便にも差し支えるということで、現状維持派の中心をなしていた。

中田の意見

中田は全学委員会委員だったので、推進派の末弘の影響を受けた学生が移転推進を訴えに来たこともあった。現状維持が穏当と感じていた中田は「東京に深い因縁がある人も多いし、殊に児童の教育など難しいから、移住する人はほんの少数になるだろう。家庭向けの商店も少なく生活に不便ではないか」と答えつつ、鹿児島の官舎で暮らした子供の頃を思い起こしていた。母ワカが近所の奥さんたちから、あの家の今日のおかずはなんだとか、亭主が酔っぱらって遅く帰って来たとか、毎日のように聞かされて、閉鎖的世界での噂話や人間関係で心身を疲弊させたことを目の当たりにしており、東京の生活に慣れた人間が狭い共同体で暮らしていくのは困難だと思ったのである。

また、医学部の主張ももっともで、遠方から大学病院に通う人は上野駅周辺の専門宿に泊まる。移転で患者も宿屋も損害を受ける。解剖の人体は巣鴨監獄の死刑囚から提供されていたので都心を離れるわけにいかない。理学部の施設移転も簡単ではない。さらに加賀前田家の庭園跡である本郷校地、天皇臨幸の庭や赤門や三四郎池などは歴史を背負った文化遺産でもある。総合的にみて郊外移転は理想論にすぎないと感じていた。現在の大学の都心回帰の現象をみても、当時はなおさら容易なことではなかったであろう。

政治的駆け引き

十月七・八日の委員会での投票では、代々木移転案が三十二票中二十票の多数を占めた。この段階では本郷案はわずか四票である。そして九日の評議会で総長から経過説明があり、全学教授・助教授による投票が提案される。開票は十六日の評議会で行われ、代々木案が三百八十五票中百五十一票だった。これを受けて文部省との交渉が開始されるが、陸軍の拒否により早々に頓挫し、結果的に第二位（百三十一票）の本郷案で収まった。『東京大学百年史』は移転先への配慮を欠く一方的提案だったからと説明するが、中田の回想によれば戦略的駆け引きだったようである。反対派は郊外移転を頓挫させるべく、陸軍にただちに拒否されるとわかっていながら代々木案を前面に打ち出し、移転賛成派を流し込んで分断、最終的に本郷案に回帰させたという（以上、『懐旧夜話』）。

四　震災後の大学復興と法学部
——安田講堂、法文一・二号館——

大学復興計画と新研究室棟建設の危機

古在由直総長は営繕課長の内田祥三に、校地全体の復興整備計画をたてさせた。数回の変更を経て全体像が決定したが、法学部にとって二つの問題が勃発した。

第一は、新研究室棟の建設計画が危ぶまれる状況になったことである。基礎工事が終った建物についでは震災後も原案尊重の方針だったが、大正十二年（一九二三）九月に文相に就任した岡野敬次郎が復興を任され、法学部研究室建設予算を全体復興予算に集約するとの内示を出した。こちらは十二月二十七日の摂政裕仁殿下狙撃事件（虎ノ門事件）による山本権兵衛内閣の総辞職、岡野退任で回避された。

第二は、旧来の法学部敷地が没収の危機に瀕したことである。法学部は理学部の動物植物学研究室の建物を借りていたが、新研究室棟を別に建てるにせよ、そちらも法学部に帰すと考えていた。ところが翌大正十三年から具体化する復興計画では、正門から安田講堂に向かう銀杏並木のメインストリート左右に大学共通の大学博物館（法学部旧敷地）と図書館を配置、八角講堂跡には博物館附属の大ホールを計画、教室などは周辺部に位置づけられていた。

法学部からは強い反対意見が出されたが、全学建設委員会では内田案が満場一致で承認された。中田は委員を退任しており、後任の小野清一郎も所用で欠席、学部長の美濃部達吉だけが出席していた。美濃部は内田から個人的に説得を受けて「それじゃあ、しょうがないから君の説に賛成しよう。しかし結果はどうなるかわからないぞ」と答えていた(「内田談話」)。決定を教授会に報告すると、案の定「あそこはもともと法学部の敷地なのに争わずに渡すなど賛成できない。列品室と法学部とどちらが重いか。再審査を願って取り消してもらおう」と小野が提案し、他の教授もこれに賛同した。美濃部は、法学部長として承認した事案を取り消してくれなどいえるはずがない、辞職すると憤慨した。結局、夏休みに善後策を考えようということになった。

京大集中講義

夏休み明けの九月早々に教授会が開かれたが、中田は京大の集中講義で出張中だった。法理学教授仁保亀松が兼担してきた比較法制史の講師を、大正十二年から三年間委嘱されていたのである。三高を引き継いだ校舎と周辺の町並みは、高等中学校の日々を想起させる懐かしい風景だった。もう少しで講義を終えようという頃、立作太郎から速達が届く。敷地問題が決裂して美濃部が辞表を提出、後任学部長の選出となったので切り上げて帰京せよとのこと。

美濃部学部長の辞表提出

数日後、法事で奈良の大和郡山に帰省中の山田三良から手紙が届き、京都駅近辺で落ち合いたいという。二人で薄暗い喫茶店に入ると、山田はコーヒーをすすりながら、芝居でも見て来たかのように話し出した。夏休み明け教授会でも膠着状態で、短気な野村淳治が「自分の意に満たないことになれば辞職辞職というが、いったいいつ辞職するんだ」と迫り、美濃部は憤然と席を蹴って「ただいま辞職します」と吐き捨て退室、総長に辞表を提出したという。論争好きの「若手グループ」のなかでも野村の激しさは際立っており、以前にも「君たちは生意気だよ。寄って集って我々の案を潰すなんて」と怒鳴る小野塚喜平次に「生意気とは何です」と殴りかからん勢いで迫り、中田らみんなで押さえつけて退席させたこともあった（以上、『懐旧夜話』）。

古在総長の人柄

結局、講義を続けて夜行で帰京、午後には小野塚・立・山田とともに総長室に赴き、博物館の敷地修正を内田に求めてほしいと依頼した。古在総長は困り果てた顔をして、内田は深川木場の生まれ、生粋の江戸っ子、いったん総長の認めた案を引っ込めるわけがない、それこそ辞表を提出するだろうと答えた。実際、内田はいつも強引な中田の顔を不快に思い浮かべながら、古在に「それじゃあ僕の方が辞めればいいでしょう」と言い放っていた（「内田談話」）。中田は、美濃部が理論派にみえて意外に情にもろい人間であることを思い、古在に「私宅に出向かれ、私の不徳の致すところだから自分に免じて辞表を撤回してくれ、苦境に立っていると膝を屈して懇願してもらえませんか」と厚かましくも願った。古在は体面に拘泥せず大学のためなら何でもするという精神の持ち主で、「やりましょう」と答えた。頭を下げた総長に美濃部は恐縮して、自分こそ短気を起こしてご迷惑をおかけいたしましたと辞表を取り下げた（『懐旧夜話』）。

実は、中田の知らないところでも、古在は内田に懇願を続けていた。中田らの訪問以前から、昼食の帰りに毎日営繕課に立ち寄って所用を伝え、帰り際に「いいね、あの話はいいね」と懇願、悪い足を引きずって梯子段を降りていく古在の後ろ姿をみることが十日以上も続き、さすがに内田もその誠意に負けて譲歩したという（「内田談話」、『懐旧夜話』）。内田君にそんなことはいえないと中田らに答えることで、内田の面子を立てつつ内田に頭を下げ、他方で美濃部にも膝を屈する古在の誠実な人格を示す逸話である。

大学復興構想と各学部の利己的主張の対立

ひと段落して、美濃部は柳橋の料理屋で内田を慰労し「理論的に筋が通っていると思うから賛成したんだ、なぜ君は譲ったのだ」と呟いた。敷地問題では本当に苦労したと内田は回想する。先人の蒐集資料や知的財産の継承を理念としてミュージアムを基幹に据えようとしたが、工学部陳列館しか実現できなかった。法学部以外でも、理学部が学際的環境を説いて生物学と医学の近接を要求、三四郎池から不忍池への地下水脈がある危険な敷地など返上すると言い出す。強固な地盤が確認できるとの説明も受け付けない。結局、内田所属の工学部が移ってくれた。現在の工学部三号館である（「内田談話」）。

研究室棟の完成

法学部研究室棟は昭和二年（一九二七）三月に完成した。移転で数日間総動員、束ねた本を大八車に積んで運ぶ。助手や事務官がリレー式に書庫に入れ、研究室主任の田中耕太郎の監督のもと番号が付された。研究室棟の基本構想も中田が主導している。教官の個人研究室は原則として専門ごとに各階に配置、公法・政治は一階、入りきらない分は二階、そして二階が私法、三階には法制史その他の基礎法学が配された。文献利用の便宜に鑑み、六階からなる書庫は一階に寄贈文庫など纏まったものを配架し、二・三階を公法と政治、四・五階を私法、六階を法制史、という配置とした。しかし、一階は薄暗く湿気がある、三階は直射日光で暑いなど不満が燻っていた。のちに南原繁が研究室主任の時、退官で空いた部屋が出たら希望者を募り、先任順で移動するという提案が教授会に提出された。中田は反対したが、研究室に在籍する時間の方が長いのだ、快適に過ごす方が大事だと南原は反論したので、定年間近の中田はそれ以上反駁しなかった。

なお、東大正門前にはいち早く信号が設置されたが、これは法学部の立作太郎が電車通り（本郷通）を考え事をしながら横断して自動車にはねられたのがきっかけだと、第一研究室の窓から目撃した岡義武は回想する（以上、『岡義武談話筆記』）。

五　宮武外骨の法学部招聘
――明治新聞雑誌文庫創設の前史――

『徳川時代の文学と私法』刊行

大正十二年（一九二三）十月、半狂堂から中田薫著・宮武外骨編『徳川時代の文学と私法』が刊行された。絵の部分も綺麗な刷りである。奇遇なことに外骨は関東大震災の九月一日、桜木町の半狂堂の一室でこの本の挿画について印刷屋と打ち合わせをしていた。刷り直しを要求していたところ、棚が倒れて本が落下、外骨は庭の木立の間に避難したが、隣の円珠院の屋根瓦が落下して危うく怪我をするところだった。

中田と外骨との交友は、震災を挟んでさらに深まっていく。外骨は震災後の社会状況に憤りを感じ、焼け跡で野宿して朝鮮人迫害など極限状態に置かれた人間の醜さを風刺する『震災画報』を出版した。中田もまた、近代の史料すらも存亡の危機に陥ることを強く実感した。二人の認識は互いに響き合い、近代史研究に不可欠な明治新聞雑誌文庫の創設に共に尽力することになる。

新聞研究所設立計画

明治新聞雑誌文庫の淵源は、朝日新聞社が法学部に基金を寄付して「新聞研究所」を設立したいと吉野作造に提案した大正十二年初頭に遡る。他方、震災の少し前、吉野と穂積重遠が貧窮していた外骨にコレクションの売却寄付を提案、外骨は不忍池畔の笑福亭において、自分のファンで新聞雑誌の広告取次と通信を扱う広告代理店「博報堂」の瀬木博尚に協力を求めた。

瀬木博尚の尽力

女子医専（のちの東京女子医科大学）に病院を寄付するなど奇特な人物である。瀬木には外骨を助けたいという思いと、新聞雑誌の普及は明治天皇の威徳によるとの感謝の思いがあり、帝大の新聞雑誌の収集事業は魅力的提案であった。正式に吉野・穂積から依頼を受けた瀬木は、コレクションの買取・寄付の交換条件として、外骨を法科の講師にしてほしいと願った（木本至『評伝宮武外骨』所引瀬木博政談話）。しかし、関東大震災で東京朝日が全焼、旗振り役の吉野も翌年二月に後述のような事情で大学を去ったので（一七五頁）、当初の計画はいったん立ち消えとなった。

宮武外骨を法学部嘱託に

中田もまた、震災前から外骨の知識とコレクションに注目して法学部招聘を提案しており、震災翌年の大正十三年二月の教授会で、異論を強引に押し切って法学部嘱託として任用することを認めさせた。辞令に「法制史料取調ヲ嘱託シ手当一箇月金六拾五円ヲ給ス」とある通り、江戸時代の制度・風俗・言語の史的調査、史料蒐集が職務である。一月に震災で失われた法制史料の再収集を提案して、まずは帝国図書館等の所蔵資料の謄写を進めるべく、年間予算三六〇〇円の計上と職員十名ほどの雇用が了承されており、外骨に彼らの統括と専門的主導とを求めたのであろう。長男瑞彦は「外骨さんを東大に入れるには異論があったが、おれが押し切った」という話を父から聞いており、外骨さんも感謝していたようだと語る。最初は助教授としての招聘が試みられたともいわれるが、さすがに保守的な教授会が認めるはずもなかった。

古文書読解指導の委託

出勤日は月・火曜日だが、調査や史料収集のためなら毎日来ても構わないということで、外骨は隔日ペースで大学に現われた。あわせて週二回の古文書解読指導も依頼されている。法制史を研究するには史料の読解力が不可欠だが、法学部ではトレーニングの場が皆無であった。この時期には初期の弟子の高柳眞三や金田平一郎が在学していた。中田と外骨との協力関係が、若い法制史研究者の養成にも大きな役割を果したようだ。

外骨招聘に対する世間の評価

『読売新聞』は、「帝大の嘱託になつた外骨半狂堂主人――科目は江戸時代の研究、振つた一行半の履歴書――」（三月三日）と報じ、火鉢の脇に神妙な表情で控える外骨の写真が添えられている。「その外骨氏がこの三月から東京帝国大学法学部の嘱託で、江戸時代の制度、風俗、言語の取調に従事することになつた。何でも昨年の震災前から帝大の中田博士がしきりに外骨氏を帝大に引張らうと掛つたのが因で、それが穂積、吉野両博士等法学部二十数人の教授の大賛成となり、話はとんとん拍子に進んでどうでもこうでも江戸時代研究の嘱託を仰せつかったのだといふ。振るつてるのは同氏が帝大入りの形式で、学校の方では官学だけに姓名はともかく履歴書まで形式を踏んで出して貰ひ度いといふのだが、姓は勿論履歴書まで同氏にとつては気に喰はぬ事ばかり「一體学校が私に頼むのですか、それとも私が学校に頼むのですか」ときめつけたが、学校の方もさるもの、予め姓名は勿論履歴書までちゃんと造つて来て外骨氏の印を求めるばかりにして来た。これにはさすがの氏もべそを掻き乍ら印をついたといふが、その履歴書といふのが素晴らしいもの、曰く「明治十九年以来江戸時代の文芸、歴史の著述に従事し目下もなほ継続す」といふ一行半の文で、これには双方とも腹を抱へて笑つたといふ」。

医学者で外骨の旧友長尾藻城も「罰を言論に得て四年有余の獄窓生活をなした人が、所もあらうに大学法学部入りしたことは、……近来の痛快事である。外骨は外骨として、外骨を推薦した人が猶ほ豪いと思ふ。それは東京大学法学部教授中田博士である。中田が酢でも蒟蒻でも喰へる男でないのである。この人なればこそ外骨の手腕力量を認め得たのだと云へもしやう。覚醒せる当代に於て学問の独立を尊重する上に、将た野の遺賢を挙ぐる上に、外骨の推薦は大なる意義がある」（長尾「生前墳墓窟より娑婆へ」）と評し、「外骨も自分の真骨頂を見抜いて呉れた人の為には、畢世の努力を学問の為めに盡して、其推薦者の名を辱めないやう心掛くであらう」「中田博士の英断で学問を尊重する上に大学の門戸開放を敢てしたことを賞讃せざるを得ない」「警視庁あたりの凡倉（ボンクラ）小役人バラとは眼力が違ふ」（長尾「廃姓外骨の東大法学部入り」）と中田を絶賛した。

外骨自身も四月一日、『変態知識』第四号に「赤門へ蛙飛び込む珍しさ——外骨の帝国大学入——」を掲載、「生来初めての突飛な事で、自分も意外に思つて居る位であるから、多年の愛顧家諸氏は、驚くか呆れるか、イイ所で苦笑されるかもしれぬ」と先の長尾の記事を嬉しげに引用し、「今後の著書に光彩を放つ所があれば、それは中田先生のお蔭、帝大入りの余得であると察したまへ」と外骨らしからぬ謙虚な謝辞を捧げている。

六　吉野作造の苦境と朝日新聞社での日々

吉野作造の経済的困窮

吉野作造が大学を去った背景には、次のような事情があった、吉野はこれまで黎明会会員で銀行頭取でもある左右田喜一郎に、中国・朝鮮人留学生の学費援助を依頼してきたが、これが関東大震災で途切れて自ら維持せねばならなくなった（松尾尊兊「吉野作造の朝鮮論」、米田實「吉野博士のことども」、「吉野作造日記」）。また、門下生の事業のため、その父なる人物から頼まれて横浜の中国人留学生寄宿舎の名義上の管理人となって借金の保証人まで引き受けたが、大正十年（一九二一）頃にその人物が寄付金を着服して行方を眩ましたので、借金と使い込んだ寄付金の塡補を背負い込むことになった。

朝日新聞社からの招聘

そこに朝日新聞社から破格の報酬での招聘が舞い込んだのである。依頼は震災後の大正十二年十月から本格化し、翌年二月五日に大学を辞職、七日に編集局顧問兼論説委員として大阪に初出社する。同日「社告」に法科先輩の柳田國男と名を連ねている。

柳田國男との交流

二月末から三月には大阪・京都・神戸の「時局問題講演会」をこなし、その後も関東・東北の講演旅行で多忙を極めた。四月の東北講演でも柳田と親しく交流し、山形の旅館では枝垂桜を観ながら仙台のものだなどと語り合った。後日、故郷から仙台の枝垂桜の苗を贈っているのは吉野らしい心遣いである。故郷古川市を訪れた際には、柳田は吉野の友人内ヶ崎作三郎の選挙応援を引き受けたが、壮士が野次を飛ばすのに辟易として選挙演説などもうやらんと決心した（柳田「地方公演の二、三」）。

筆禍と退職

吉野の文才からみれば適材適所だったが図に乗り過ぎた。二月二十五日の神戸の講演会で、勤王は忠義に反することで金と兵力に困り、「窮余の悲鳴」として「我立憲政治の大方針」たる五箇条の御誓文を発布したと語り（飯田泰三「吉野作造随筆解題」）、右翼団体の国粋会から不敬と弾劾される。また、三月二十八日から四月三日まで掲載された「枢府と内閣」には枢密院不要論と解される一節があり、天皇大権に及ぶ発言と非難された。政府や司法省は吉野の退社を要求、新聞条例で共に不敬罪で起訴すると朝日新聞社を脅した。結局、六月末に退社に追いやられる。検事局に出頭した際、教え子である東京地方裁判所の黒川渉検事から「取調の結果、不起訴になりました。これからあと注意してください」と対応された（「吉野作造日記」）。長谷川如是閑は、大正七年に寺内正毅内閣批判記事で朝日を追われた白虹事件の経験から、「氏が「大阪朝日」へ行つて氏一流のあの朗かな調子でやつたら頗る危険だといふことを予感」して「注意しやうと思つたのだが」「最早手遅れとなつ」たと後悔している（長谷川「吉野博士と私」）。

中田の吉野救済

東京へ舞い戻った吉野の項垂れた姿を見た中田は、何とか彼を救おうと心に決めて、

「新聞研究所」設立準備の名目で講師の肩書を与え、新築の研究室の一番奥の部屋を利用できるようにした（「南原繁回顧録」、中田「古在総長の想出」、小野秀雄『新聞研究五十年』）。行き場のない吉野は毎日夜遅くまで、日曜日も研究室で仕事をした。吉野か宮澤俊義かが電源を切って退室するのが常であった。切ろうとすると、奥から「切らないで！」と吉野の声が響くこともしばしばだったという（『岡義武談話筆記』）。

七　明治新聞雑誌文庫の設立と中田の尽力

明治新聞雑誌文庫創設

帰京した吉野作造は、大正十三年（一九二四）十一月に明治文化研究会を創設、宮武外骨も尾佐竹猛らと共に誘われている。こうした交流のなか、立ち消えになっていた明治新聞雑誌の保存事業も息を吹き返し、瀬木博尚の献身的援助のもとに再び動き出す。

大正十五年九月二十三日、瀬木は古在由直総長のもとを訪れ、「明治新聞雑誌保存館」設立基金の寄付を申し入れた（『東京朝日新聞』九月二十六日）。大学評議会で議論が重ねられたが、図書館長の姉崎正治はロックフェラー財団寄付金に比して金額が少ないと不満を呈し、そもそも新聞雑誌など研究対象としてふさわしくないと拒否した。史料編纂掛やそれと密接な関係を有する文学部も、前向きではなかった。そこで同年十月二十一日、中田は穂積重遠と共に法学部に附置することを教授会で認めさせた。

昭和二年（一九二七）二月には「明治新聞雑誌文庫」という名称で設置し、史料編纂掛の地下二百坪を充てることが正式に決定した。管理担任に穂積、事務取扱に法学部研究室嘱託の外骨が任ぜられた。昭和三年二月の職員は、管理が中田、主任に穂積、補助が吉野、専務に外骨となっている。三月から、外骨の蒐集資料が農学部の仮施設に持ち込まれる。五月には、下総矢作冨山家から明治五年（一八七二）以来の新聞雑誌二百五十貫の寄付を、大阪住吉の宇田川文海からも多くの新聞の寄付を受けている。六月には、大阪浜寺の大阪毎日新聞社社長の本山彦一が、外骨の明治元年から二十二年までのコレクションを買い取って寄付し、瀬木が吉野作造のコレクションを買い取って寄付している。

安田講堂での図書展覧会

昭和二年六月に中田が学部長に就任（後述）、さらに法学部の協力を得やすくなった。六月十八日には法学部主催「明治初期新聞雑誌図書展覧会」が新築の安田講堂で開催され、千三百人の来観者を得た。展示品は一千点以上、特設コーナー「おゝ懐しい、故郷の新聞」を設けるなど工夫も凝らされた。九月には法学部研究室の階上大広間で「珍品展覧会」を開いて収集の成果を報告、昭和五年には総目録『東天紅』が頒布された。

珍品展覧会と『東天紅』

外骨は山高帽に着物姿、東京帝国大学と書いた自家製リュックサックを背負って、ステッキを突きながら史料収集に東奔西走した。中田自身も収集保存に奔走し、大正十三

青洲文庫

年七月には甲斐の渡邊青洲文庫の和漢書コレクションを帝大図書館に収めた。大阪古書肆に流れて散逸が危ぶまれていたが、中田の尽力で大学に収められたと外骨は語る（『帝国大学新聞』大正十三年七月四日）。また、瑞彦の回想によれば「父の研究は古文書が相手で、駿河台下の「明治堂」（三橋彦次郎）という古本屋（著者註、明治大学リバティタワーの向かい斜め右にあった）が研究の助手みたいになって全国を歩き、旧家の蔵に埋もれていた古証文類を大風呂敷で背負って担ぎこんできた。父は一枚一枚丁寧に虫干しして誰にも触らせなかった」という。この頃の「吉野作造日記」をみても「明治堂から古本の荷が着いたとの報に接し中田外骨両君と共にかけつく。二三の掘出しものあり。いったん学校に帰り、……」（大正十三年九月十五日）、「午後は中田君から古文書を借りて明治初年の佐倉藩の改革文書を写して尾佐竹君に送る」（同年十一月八日）などとみえる。

中田と外骨との交友

中田と外骨との交友は晩年まで続いた。外骨は夕方になると中田宅にふらっと現われる。長男瑞彦は回想する。「父は東大を出た人間しか認めないようなところがあり、私大に入って吉田健一などと仲良くしていた私は、その点で苦労した。名誉欲・権勢欲のある人間は嫌いだったが、宮武外骨については「おれの家には二人の奇人が来る」と自慢にしていた。もう一人はいつも支那服をまとっていた後藤朝太郎（「支那通」として知られた言語学者）だった。」「小太りの宮武外骨はラッコの衿巻にトンビを着て、高利貸みたいな姿だったが、丁寧な人で、僕を見ると「坊ちゃん、先生はおいでになりますか」と言った。手土産を忘れない人だった。女中が取り次ぐと、父は「宮武か、二階へ上げておけ」と命じて、ひどく嬉しげだった。二人で夜中まで話し込んでいたこともある。ある時、父の留守に来て、名刺を置いて帰ったことがある。東京帝国大学のなんとかかんとかと肩書のついたやつだ。こんなことを書いた名刺を配って、外骨のやつ喜んでるぜ、と父はおかしがっていた。」「一度、父は宮武外骨の出入りを禁じた。理由はわからないが、食卓で、宮武のやつ、けしからん、絶交したからお前も心得ておけ、と母に言った。父が大学にいた時だ。瀧川政次郎を破門して許さなかったように、父は厳格だったが、外骨さんは、その後にまた家に来るようになったところをみると、誤解がとけたのかもしれん」（木本至『評伝宮武外骨』所引中田瑞彦談話）。

丸山眞男の思い

なお、史料喪失の悲壮な体験を経た中田・外骨らが文庫に込めた思いは、次世代に確かに引き継がれていく。東大紛争のなか危機管理の不十分さに憤りを感じた丸山眞男は、加藤一郎総長代行に「この文庫の一部でも、毀損されますならば、故吉野作造先生、中田薫先生以来の苦心の蒐集にたいして、文庫主任としての私は、重大な責任を負うことになります。……私は、こうした事情が続くかぎり、同文庫内に泊まり込みをつづけます」という書簡を送っている（一九六九年一月十五日書簡『丸山眞男話文集』続4）。

八　『法制史論集』第一巻刊行

――瀧川政次郎破門伝説の真相――

帝国学士院会員

大正十四年（一九二五）六月二十七日、中田は帝国学士院会員に選ばれた。五年前の恩賜賞辞退が懐かしく思い出される。翌年三月には、三年務めた京大の比較法制史の講師も辞し、ようやく自分の時間ができた。

『法制史論集』の刊行

三月には最初の論文集『法制史論集』第一巻（親族法・相続法）を岩波書店から刊行する。岩波と中田をつないだのは、思想的立場は違うが中田の「王朝時代の庄園に関する研究」を嘆賞していた東京高商（のちの一橋大学）教授で経済学者の福田徳三だった。彼は常に有能な研究者に目を配って、岩波茂雄に斡旋していた。大正八年の黎明会で宮武外骨を吉野作造に紹介したのも福田であった。

瀧川による書評

この書の書評を巡っては、著名な「伝説」がある。最初期の教え子瀧川政次郎が『国家学会雑誌』から依頼を受けて厳しい書評を執筆したが、「烈火のごとく憤っ」た中田が「手を回し」て原稿を「没書処分に付し」、「破門状を送」りつけたという（瀧川「学術文庫『日本法制史』序」）。瀧川が折にふれて公言したため、中田が心の狭い強圧的人物であったかのようなイメージが流布している。しかし破門された原因は書評ではない。「破

瀧川政次郎破門の真相

門状」が残っていないので詳細は不明だが、ここにその事情を明らかにしておく。

そもそも「日の目を見せずに葬ってしまった越権の沙汰」が事実ではない。『国家学会雑誌』四十巻八号（一九二六年）に四ページにわたって掲載されている。大正十五年三月出版→書評依頼→読了→執筆→投稿→同年八月印刷発行という過程を考えると、むしろ早く掲載に至ったほうである。前年着任した九大法文学部にいよいよ赴任する直前の慌ただしい頃のこと、書評ゆえに執筆者校正もなく、瀧川が掲載を見落としたのだろう。その後、中田から理由が明記されていない「破門状」が送り付けられたので、書評に中田が憤ったためと思い込んだ可能性が高い。大学院進学を相談した頃から二人の関係はギクシャクしてはいたが、いま読んでも礼節をわきまえた二十代の瀧川の書評、装幀がギールケの『ゲノッセンシャフト』に似ているといった敬意すら感じられる書評を目にして、中田が「没書」・破門処分にするとは考え難い。

破門は書評とは全く別の理由によるものである。昭和二年（一九二七）の九州帝国大学法文学部内訌事件（一九五頁で詳述）の前後のことで、美濃部達吉の推薦で九大に就職した教え子の瀧川が、着任早々に学内派閥抗争に積極的に関与しているのに憤って、「破門状」を送り付けたものと思われる。他方、掲載された書評をうっかり見落とし、没書にされたと晩年まで思い込んでいた瀧川のこと、一年ほどの間ひとりで不満を鬱屈させており、執筆の翌年に届いた「破門状」を書評への憤りによるものと思い込んだのであろう。若き瀧川からすれば、自分の関与する九大内訌事件対処の中心に中田がいたとは想像すらしなかったし、中田の方も立場上「破門状」のなかで事件に触れて瀧川を叱責するわけにいかなかった。こうして二人の関係は終焉したのであった。

中田は何人かに「破門」や「絶交」を言い渡したといわれる。一人目の外骨は、先述のように人懐っこく自宅に上がり込んでいつの間にか許され、さらに交友関係を深めている。二人目の内藤吉之助の破門は、あえて彼の人生を考えて突き放したものだった。昭和三年（一九二八）に京城帝国大学教授となって法制史講座を担任する人物で、エンゲルス『家族・私有財産及び国家の起源』初訳で著名である。大正八年に卒業し助手に採用されるも、ほどなく破門されたとされる。のち久保正幡が京城を訪れた際に内藤本人に尋ねると、破門といえば破門だが、夜型の内藤が助手になっても朝早く起床できず、「長く勤めることができないなら、やめるしかない」といわれ、大学院生になったということだった。久保が中田に話すと「自分は内藤を破門したつもりはない。内藤はあれでいいんだ」と語ったという。むしろ内藤のことを思いやり、友人で京城大総長兼任の山田三良を介してポストを与えたのも中田のようだ（久保「中田薫先生の思い出」）。このような中田だから、瀧川もそっぽをむかなければ、また違った子弟関係が続いたかもしれない。

中田は学問上の非礼にはむしろ寛容だったようだ。京大卒業間もない若き牧健二が執筆した、中田の守護地頭研究への罵倒ともいえる批判論文に対しても、後学への指導のような丁寧な反論を与え、再反論には皮肉たっぷりに弄っている。

中田による穂積書評の鮮烈さ

他方、中田自身、法学界の大御所穂積陳重が渾身増訂した『隠居論』第二版に対し、史料の取捨選択も論理の組み立ても恣意的だと完膚なきまでの書評を突きつけている。穂積も懐が広く、「実際、自分が誤っておった。だから、さっそく絶版を命ずることにした」と長い手紙で返したので、その誠実さに心打たれたという。穂積がローマの学会で発表した"Japanese Ancestor Worship and Japanese Law"における祖先崇拝の説明についても、日本の相続は祭祀相続ではなく祖名相続だと講義において名指しで罵倒する。さらに穂積が自分の独創とした「母法」「子法」の用語が既に一八六九年にドイツで使用されていることを指摘、改訂三版の跋文で謝意を受けている。ただ、こうした中田の態度は思わぬ敵を作った。『隠居論』第二版序文に岡野敬次郎が「学界不朽の名作」と絶賛の辞を付していたから、痛烈な岡野批判にもなる。助教授就任以来、中田を毛嫌いしていた岡野はとうとう怒り心頭に達した（『懐旧夜話』）。三十八歳になっても長老の大先生に食って掛かる中田、弟子が同様のことを仮にしたとしても許さないわけがない。

五十歳の中田の日常

気づくと中田も五十歳。この頃の中田の日常が、『朝日新聞』昭和二年一月三日朝刊に「〈学界余談〉面白い、面白くない　法学博士中田薫」と題して次のように掲載されている。――東大法学部の研究室である。台湾文庫と書いてある書だなのかげに法制史の中田さんは矯正式の眼鏡越しにぢつと相手を見すゑる。「先生近頃の御研究で何にか、面白いことをお話下さい。」そこで先生は答える。「私は皆なが、面白がるやうなことは何も知らない、私はどうも皆なが、面白くないやうな事が面白いやうです。私は自分の研究以外、それもこちらの学校の雑誌以外には何も、書いたことはありません。だがずつと後になつてたれか私の書いたものを面白いと読んでくれる人があればい丶とは思ひますね。」博士は全く学問の人である。社交はそのもつとも苦手とするところで博士のお宅に電話をかけて不在なら大学の研究室か、電車の途中だと思へばまちがひつこはない。でも博士の考証によれば「二十年以上もその通りやつてゐるが生きて行くには別段不便もない」さうである。

九　中田の学問の深化と展開――大正から昭和初期――

ここで、留学以降の大正から昭和初期における中田の研究の深化と新たな展開を纏めておこう。留学先で流行していた自由法論やギールケら最先端の歴史法学から大きな影響を受けた中田は、これまでの自分の研究を再解釈しつつ、新たな研究を進めていく。同時に梅の早逝に接したことで、帰国後は家族法研究にも本格的に取り組み始める。

家族法研究の展開

中田の家族法研究の根幹は祖名相続論、家長権・家督相続の伝統不在論にある。「名」の継承という議論を打ち出すのは、明治四十五年（一九一二）の「古法制三題考」においてだが、留学前の戸令応分条の研究でも、大宝継嗣令の注釈「古記」に相続の対象を祭祀ならぬ父祖の「蔭」（位階）とする説が確認され、養老令制でようやく庶民の相続にまで法規定が敷衍されたことに注目していた。

この視角を土台とし、歴史法学を触媒として、近世にまで視野を広げて日本の家の特質を初めて通史的に見通したのが、大正三年（一九一四）の「徳川時代の文学に見えたる私法」（宮崎記念論集に掲載、抜刷を配布）であった。家長は家族に対して保護義務という道徳的関係を有したにすぎず、これを権利に転化させたのは明治民法だと主張する。「羅馬の家長権は権力（Potestas）にして、日耳曼族の家長権は保護権（Mundium）なり。……今日の民法は……戸主権と名づけ、……家督相続と云ふ、前古無類の新制度と云ふべし」「封建時代に於ける家禄家封の相続原則を、家禄家封の停廃された今日に適用せんとす、歴史を無視したるの立法と云ふべし」という説明は、梅の主張、遡ればボアソナード旧民法の家族観そのもので、これを歴史的に実証することが中田にとって敬愛する梅への追悼なのであった。

その際に仮想敵としたのが、同じく歴史的視角を有する穂積陳重の法律進化論で、家制度の淵源に祭祀相続という慣習を措定する進化論的理解を批判した。なお、堅田剛や内田貴は、中田が穂積と師弟関係にあったとするが（堅田『独逸法学の受容過程』、内田『法学の誕生』）、受講したこともなく、師ではないから遠慮なく胸を借りることができたと本人が語っている（『懐旧夜話』）。

物権法研究の深化

また、留学時に学んだフーバーやギールケら最新の歴史法学（中田の荘園制論文以前の刊行だが、出会ったのは留学中）をふまえて土地私有制の系譜を描き出し、これまでの荘園制論文の見直しを行っている。帰国後しばらくは比較法制史（西洋法制史）の講義準備に追われていたが、大正五年には「徳川時代の寺社境内の私法的性質」で所有権を公法上の地頭権（領主権）と明確に区別する視角を打ち出し、三年後の「徳川時代の土地私有権」では、永代売買の禁止や用益の制限がある近世の「所持」を、預り地・拝借地とは全く異なる「制限的所有権」であると説明してみせた。さらに、明治十九年の旧華族世襲財産法で処分権が制限される財産が、身分法的封建的な特殊財産とはいえないことや、近代所有権の淵源たるローマ法の所有権すらも実は無制限なものではなかったことを例にあげながら、不可譲な所有権 unveräußerliches Eigentum の存在を主張した。そして、ギールケのGewere概念をふまえつつ、所有権もまた歴史的範疇だと宣言した。

こうした構想のもとに日本私法史の全体像を描いたのが、大正十一年度日本私法法制史講義である。日本律令国家の土地公有制にまで再検討を加えて、口分田は私田であるとして年季付売買（賃租）を行う公民の私有意識を捉え、昭和三年（一九二八）には「律令時代の土地私有権」に纏めた。『法制史論集』第一巻では「「土地公有主義」は当に「制限的土地私有制」に改むべし」と付記する。私法史を公法史から峻別することで、従来みえなかった歴史の一面を描き出したのだが、両者を単純に峻別できると考えていたわけではないことは、講義でも繰り返し述べ、また牧健二との論争でも強調されている。

なお、代表作「王朝時代の庄園に関する研究」の「第四章　知行（占有）及び所領の観念」の修正は特に興味深い。当初は、ローマ法のpossessioについてのanimus dominantisに基づく土地の事実的支配、所有者と法的占有者の未分離というホイスラーを参照した説明、ひいてはローマ法とゲルマン法の共通の土台を丁寧に追及する魅力的叙述がなされていたが、論集再録時には削除され、ゲルマン法の占有観念を当てはめた単純な説明となり、自然法的所有観念を前提に書いた第五章との齟齬が露見する結果となっている。ゲルマンの占有Gewereは、ローマ法のpossesioのように権利と分離独立した事実的支配ではなく、「用益権能を包含する不動産物権の行使」であるとし、

「義務の物権化」という視点

不動産物権の外形としての占有（表現形式）と不動産物権そのもの（本権）との不即不離の関係を強調する。そして、旧稿の「自己の為にする意思に基づく（土地の事実的支配、土地の用益）」という文章を「自己が其土地の上に法律上物権を有すとの主張（Behauptung）に基づく（土地の事実的支配・土地の用益）」と書き換えている。

もう一つ注目したいのは、留学前の荘園制研究で打ち出していた「義務の物権化」という論点を、さらに展開したことである。中田は早くから、有体土地や無体土地に付着した納付義務（所当）が「職（しき）」と称され、恩給された「職」を「知行」することで「義務に伴う職務的用益権（得分権）」を獲得するという、特有の不動産物権のあり方に着目していた。西洋のReallasten（対物負荷）と類似し、進止権を付与する点では同じだが、そちらは物に付着した負荷（徴税）の「権利」を分与するものであって、両者の違いは重要である。というのも、「職」は義務の物権化であるがゆえに、個々の領主如何にかかわらず、先験的に土地と不可分な支配意志の存在が想定されているからである。

土地に張り付いたこの国家的な奉仕義務（所当）を前提としつつ、恩給や契約による領土の多元的な分有、さらには領土高権の多元化が発生・進展するのが中世であり、それを補完するのが惣領制であった。中田が大正期に進めた中世相続法研究の基幹に据えた視点である。また自由法論にも関心を持ち、私法史に光を当ててその系譜を描くことを

権利意識の脆弱性

試みたが、最終的には昭和二十六年の「古法雑観」のなかで、日本の法観念における権利意識の脆弱性を強調し、当事者間の個別の訴訟の場においてしか権利意識が発現しないという限界を強調するに至る。すなわち、日本の私法の公法からの未分離、突き詰めれば義務の法化という全体主義的傾向を直視し、ゲルマン法における権利意識の展開とは対照的で、むしろ古代ギリシャの法意識と類似するという結論に至ったことは、早くから中田が見抜いていた「義務の物権化」という現象がすでに暗示するところであった。

十　文学部への出講の史学史的意義
——坂本太郎と石母田正への影響——

文学部への出講の影響

黒板勝美と三上参次

昭和二年度から文学部でも日本法制史を講じてほしいとの要請を受ける。戦後の日本古代史の基礎を築く坂本太郎が大学院に進学した年で、国史学科の黒板勝美が、大化改新と律令国家成立史を大学院の課題として与えた愛弟子を、弁慶橋保存問題以来知友を得た中田に鍛えてもらいたいと考えたのだろう。また、昭和二年（一九二七）三月に退官を迎える三上参次が、中田に国史学科の教育の補助を願ったという事情もあっただろう。中田も若いころ、史料編纂掛事務主任の三上に史料閲覧で一方ならぬ便宜を図ってもらったこともあり、恩義を感じていた。

文化史学とドイツ歴史法学

依頼を引き受けたあと、中田は学部長に選出される。激務を負いながらの土曜日の出講で少し後悔した。しかしこの出講は黒板が予想した以上に、日本の歴史学に大きな影響を与えた。明治期までは清朝考証学の上に国学・水戸学の考証とランケ史学の実証を加味した歴史叙述がアカデミズム史学の主流だったことは、三上の『江戸時代史』講義、田中義成の『南北朝時代史』講義から窺われる。そこに新たに大正期に受容されたドイツ西南学派の文化史学の潮流は、京大の内田銀蔵・西田直二郎のみならず、黒板勝美やのちに皇国史観に流れる平泉澄の研究にも少なからぬ影響を与えた。これがさらにドイツ歴史法学の影響を受けた中田の研究と合流するのである。歴史認識の問題にとどまらず、研究手法においても法学部で培われたものが移植される。受講した学生には坂本太郎や石母田正がおり、その学問の延長線上に戦後の優れた古代中世史家が輩出する。

坂本太郎と日唐律令比較研究

坂本は「大学院生のとき中田薫教授の文学部学生のための日本法制史の講義に出席して、教授から『令集解』の古記の文から大宝令を復元する方法を直接教えられ」、大宝令と養老令の差異すら認識せずに最初の著書を執筆したことを恥じた。「その頃まで国史学界は、法科出身者の日本法制史のすばらしい業績に無知であった嫌いがある。養老律令が制定後三十九年間も放置されて施行されなかったという中田薫博士の有名な論文は、奈良時代の理解に欠くことのできない知識を提供したものであるが、国史の先生からは、それについて一言も教えられる所がなかった」。これに刺激を受けて、昭和十一年に「養老律令の施行に就いて」を『史学雑誌』四十七編八号に公表している。

中田の講義に魅せられた坂本は、博士論文作成段階でも相談に行く。「古代の官制についてはプリンシプルのようなものが西洋にあるのではないかと、中田薫博士の講義のさい恐る恐る伺いを立てたが、それは国々によってみんな違う。そんなプリンシプルなんかないと一蹴されて、引きさがった」と回顧する（坂本『古代史の道』）。のちに坂本は、古代史の基本は「国史と律令」だと語るようになり、中田から学んだ日唐律令比較研究の場として開講した『令集解』演習は、今日まで東大で引き継がれている。

石母田正と中世法制史研究の潮流

戦後の中世史研究を主導した石母田正も、中田から決定的な影響を受けた一人である。石母田は子弟関係を好まなかったが、人生で出会った三人の研究者は先生と思っていると語り、筆頭に中田をあげている（石母田「三先生のこと」）。権威が嫌いな石母田だが、酒席で楽しそうに後輩の佐藤進一や笠松宏至らに「佐藤君とは違って、僕は中田さんの講義を聴いたからねえ」と自慢したという。笠松は「文学部の学生たる氏が法学部の中田氏の授業を聴いたということだけのことであるらしい。たったそれだけの〝経験〟をあの石母田氏が自慢にされるほど、〝中田さんという人はそれほど偉い先生だったのだろうか〃、不遜にもそんな感想がひらめいた」と回顧する（笠松「中田薫に帰る」）。

石母田は「もっと詳しい講義を聴くために法学部の授業に出席することを許してもらえないかと、先生の研究室におねがいにいった」「中田先生の研究室で個人的な雑談のなかでうかがったつぎの話は、史学史的にも意味のあること」だと、中田の英訳本『法の精神』との出会いの話を伝える（同前）。むしろ史学史的に興味深いのは「研究室で個人的な雑談のなかでうかがった」という表現が、中田研究室の扉を何度か叩いていたことを暗示することである。石母田自身がいうように「現在においても我々日本史の研究者がつねに立かえらねばならぬほどの業績を生み得たということは、史学史上まれな事例に属する」（『法制史論集』出版案内・予約申込パンフレット）。

戦後の封建制研究、荘園制研究、訴訟制度研究など中世史研究の主流は、中田の学問からの刺激と、石井良助を介した中田の影響のうえに展開した。中田の文学部出講は、人文科学系の中世史研究の歩みに、少なからぬ影響を与えたのである。

第九　法学部長として

――左翼運動と学生処分――

一　法学部長就任と九州帝国大学内訌事件への関与

法学部長選出

昭和二年（一九二七）、中田薫は美濃部達吉の任期満了を受けて法学部長に選出された（六月九日就任）。しばらく諾否を保留していたが、大正十年（一九二一）にも一度強硬に辞退した経緯もあり、母校愛が人一倍強い中田は、難しい時局のなかで勤めるべき任務と今回は覚悟した。『帝国大学新聞』の取材に「固辞した理由つて？　何にも煩はされずに専心研究に従事したかつたのです。それに僕は事務的才能がないのだから」と答えているが、謙遜の辞であることは、古在由直総長のブレインを務め、小野塚喜平次総長を支えて、大学の自治をめぐる政治問題に手腕を発揮したことから明らかである。

左翼運動の絶頂期

当時、学内では左翼運動が絶頂を極め、昼休みには安田講堂前でスクラムを組んだ学生が革命歌を歌って行進する風景が日々見られた。「共産主義を守れ」「学生よ、決起せよ」というビラが屋上から撒かれるのを見て、中田は留学時代にパリで目にしたクリスマスのコンフェッチを思い出していた。時に乱闘も起き、現在の濱尾新銅像前の傾斜あたりで転がり落ちて食堂倉庫の沢庵で殴り合いが始まる始末。

学外の共産主義名士の講演も催されていた。学部長になった中田はこっそり大山郁夫の講演会に行ってみたが、傍聴随意とあるのに幹部学生から退席を命ぜられた。ムッとして席を立つと、別の学生が飛んできて「いや先生、いいんです。傍聴されてもかまいませんから」と席に戻した。私服警察と誤解されたらしい。その日の夕方、伝通院脇の偕楽園での学部長歓送迎会でこのことを皆に話すと、美濃部が「中田君を探偵とみるとは適評だ」と皮肉ったので、みな大笑いした（以上、『懐旧夜話』）。

九大内訌事件への対応

学内問題以外で深く関与することになったのが、昭和二年の九州帝国大学法文学部内訌事件である。大正十五年に法理学講座教授として赴任した東大法学部出身の木村亀二は、着任当初から先輩教授への挑発的言動や暴力を含む過激な行動を繰り返していたので、昭和二年三月に不満が爆発、東季彦ら六名が提出した木村評議員不信任案が法文学部教授会で可決された。しかし木村の言動に変化は見られず、美濃部が九大法文学部長事務取扱を退いた翌日十月九日、東・藤沢親雄・佐々弘雄・瀧川政次郎・松濤泰巌・片山正雄ら六名が、新学部長の四宮兼之に木村の進退を議することを要求。教授会で拒否されると、東・藤沢・佐々・瀧川に風早八十二を加えた五人は、木村と彼とつながりの深い山之内一郎・杉之原舜一の三人を糾弾する建白書を新総長の大工原銀太郎に提出した。これに対し、木村は大沢章・西山重和を加えた五人の連名で意見書を公表し、全面対決の様相を呈した（七戸克彦「九州帝国大学法文学部と吉野作造」）。

喧嘩両成敗処分

内紛が長期化した原因は、新興の九大を統括すべく法文学部事務取扱を兼任していた美濃部の統率力の欠如にあったようで、東大法学部長に就任したばかりの中田に調停役が期待された。事件の只中の十月三十一日、上京中の九大総長大工原は吉野作造の紹介で中田と面談、翌月四日に古在総長との対談を終えて福岡に帰ったが、実情はブレインの中田が古在に解決策を提案していた。「吉野作造日記」（十一月七・八日）には「此方の総長には中田君から意見を述べたらし。うまくやればいいがと危まる」「中田薫君の勧めもあり、大工原君に措置を誤らぬ様にとの勧告状を発す」とみえる。十一月十八日には中田と小野塚が水野錬太郎文相に呼ばれ、文官分限令執行の相談を受けている。

こうして十一月二十二日、両派閥の三名ずつ、東・風早・瀧川と木村・山之内・杉之原が休職処分となった。三十代前後という血気盛んな世代、思想対立というより人間関係の内紛という性格が強かった。この「喧嘩両成敗」という歴史的な匂いのする処断を提案したのも中田であった（「吉野作造日記」）。先述したように、このときに中田は例の

「破門状」を瀧川に送ったのだろう。翌年末には退職した瀧川の後任として、中田の弟子金田平一郎が講師として赴任している。

翌昭和三年になっても事件はなお燻っていた。反木村派は吉野の新人会出身者や穏健・保守の陣営からなる吉野・上杉・中田と関係が深いグループで、木村派は左翼系などを含むと同時に美濃部の推薦で赴任した者が多かった。どうも木村派と近しい美濃部が最後まで処分に不満を持っていたことが問題の核心にあったようである。九大では講義自体が滞り、しばらくその尻拭いは東大からの集中講義に求められた。

二　七生社・新人会乱闘事件と総長告諭

七生社・新人会乱闘事件

九大内訌事件だけでも頭の痛いところ、昭和三年（一九二八）一月二十五日、今度は足元の東大で七生社・新人会乱闘事件が起こる。前年十一月七日のソビエト革命記念日の夜、正門前で左翼学生がデモを行って「わが祖国ソビエト連合国万歳」と三唱したことが翌日の新聞に報道され、大学赤化への非難が巻き起こった。一月にも左翼学生たちは新人会講演会を催した。この新人会は、吉野作造の研究会の名を断りなく継承した左翼団体である。その粛正に決起したのが、上杉愼吉主催の七生社（大正十三年十一月結成）だった。

その猛者で法学部学生の副島種ら数名が講演会に乱入したが、騒ぎは守衛らによりすぐに鎮撫された。しかし、午後に安田講堂付近で新人会の経済学部学生を見かけた副島が、震災で散乱していた煉瓦片を投げつけ、頭部に命中して流血騒ぎとなる。

副島種の譴責

事件は、左翼の学生にはいい口実を与えた。「大学の治安が完全に破られた今、学生自身が実力をもって身体、生命、自由を防衛しなければならない」と叫び、暴行対策団体協議会を組織して安田講堂付近に鉄条網を張り巡らし、赤房のついた十手をもって占領した。さらに被害者宅を訪れて副島を傷害罪（殴打罪）で起訴しろと勧告した。告訴に及ぶことを警戒した中田学部長は、すみやかに副島を呼び出して譴責した。被害者宅を訪問して陳謝せよと命じると、「一時の感情にかられてやったことで、今は後悔しております。まことに済みませんでした」と素直に頭を下げて謝罪に向かった。中田は経済学部長の矢作栄蔵にも、被害者宅に赴いて起訴を思いとどまらせるよう説得を依頼した。被害者本人も両親も良くできた人で、学生間の闘争ですから法廷に持ち出すなんてことはよろしくないと考えますと語ったことを、中田は後日耳にした（『懐旧夜話』）。

対外的な対応策

中田は、必要な場合に総長は学生に訓諭を発することができるという内規があったことを思い出し、一月三十日午後、療養先の千葉県下長者町から帰京した古在由直総長に事件の顛末を説明するとともに、対外的な対応策としては訓諭の告知を進言した。

教授会での処分

副島は十分後悔しており、中田は軽い処分が穏当と判断して、二月二日の教授会では「本年度末までの停学を命ず」（学期末試験受験可）という原案を提出した。ところが美濃部達吉が、停学なら当該科目履修不十分ゆえ受験不可であり、卒業は一年遅れると横槍を入れ、この建前論で可決された。上杉は立ち上がって「副島は自分が世話している七生社の学生、彼の家は貧困のどん底にある。ある富豪に見込まれ何とか大学費用を出してもらっている。心優しい学生で、倹約して生活費の一部を両親に送っているほどだ。卒業延期となれば人生そのものが挫折する。何卒上杉の顔に免じて戒告に留めてほしい」と懇願した。教授会決議を情で破棄することなどできない。そのまま閉会となった。

上杉愼吉の憤慨

山上御殿で昼食を取っていると、前に座っていた連中が「中田君、今日の裁判は実に立派だったよ」と称賛、近くに座っていた上杉が血走った眼で「何が立派だ！」と怒鳴る。研究室に戻る道すがら、上杉は何か言いたげに中田の前後を歩いていたが、別れ際に思い余ったように「中田、あとで僕の研究室に来てくれぬか。話すことがある」と呟いた。研究室で判断が正しかったのか思索にふけっていると、野村淳治が入ってきて処分を軽減するよう評議会で努力してくれという。続いて小野塚喜平次と山田三良が来て処分を賞賛、さらに三潴信三や杉山直治郎がやって来て上杉を非難し始める。

しばらくして上杉の研究室に行くと、上杉は「評議会で原案通り決定したら辞表を提出する覚悟だ。君とは長年昵懇の間柄だから、前もって了解を得ておきたい」と語った。この脅迫的な駆け引きにムッとした中田は「辞表を提出するならいつでも預かる。僕から総長に進達するから出したまえ。君が辞職するとなると再び公人として相対する機会もなかろう。長年の親交の間柄だから、どうだい、この際懇談してみたら。一体君は辞職してからどうするつもりなんだ」と挑発した。憤った上杉は「大学が赤化防止の意志も実力もないことを世間に公表してやる。大学を叩き潰す覚悟だ」と返した。

評議会と世論の意見

夕方の評議会にこの決議を上申すると、意外にも無罪論が強かった。医学部の長與又郎は、国賊たる共産主義者に義憤の一撃、褒美をやってもいいと発言、理学部の中村清二は「目的物を狙って投げたとき、当ることもあるが当らないこともある。反対に目的物から逸らして物を投げて命中することもある。これは函数の示す原理である。法学部長はこの原理をご研究の上、処分案を決定になったのでございましょうな」と質問。中田は面倒くさいと思いつつも、刑法では相手を傷つける意志を持って物を投げた場合、的中するしないにかかわらず傷害罪が成立する、当らなくとも未遂犯として刑法上の責任を負うと説明し、古在総長に裁断を迫って法学部決議を承認させた。その後、調停に巧みな山田に上杉の辞表撤回の説得を依頼、唯一の後継者を失って地下の穂積八束先生が喜ぶと思うのか、と上杉の情に訴えることで事なきを得た（以上、『懐旧夜話』）。

総長告諭と吉野作造

副島の処分は早くも二月四日には新聞『日本』に漏れ、「法科教授会、赤化擁護に決す」という記事が掲載された。沈黙を続けると、大学は無為無策だと世間の攻撃はさらに激化する。早々に総長の訓諭を学生に向けて公示する必要がある。訓諭は学生監が起草するのが普通だが、中田はあえて吉野作造を起草者に推薦した。困窮する吉野への配慮とあわせて、思想的な調停役を担わせる意図もあった。二月三日、突然呼び出された吉野は、新人会絡みで責任を追及されるのではと不安な気持ちで総長室に向かい、その後に中田に相談すると、当人が勧めたことだったので驚いた。吉野は夜を徹して草稿を作成し、翌日昼前には中田に届けた。二人で昼食をとったあと総長室に押し掛けた。

古在総長と中田の信頼関係

いまだ揺れていた古在総長は、草稿を見て過激にすぎないかと弱気であった。中田とともに赤を入れた後も批判を受けないか心配で、何度も中田研究室に事務員を遣して、ここは改めた方がいいのではないかと相談してくる。清書段階になってもなお修正を求めるのだった（以上、「吉野作造日記」、「小野塚喜平次」、『懐旧夜話』）。

このころの古在は病気とストレスとで限界にあり、夕方の総長室で一人消沈していることも多かった。いつも六時頃まで研究室に残っている中田を週に一、二度は電話で呼び出し、鰻弁当や定食を供して七、八時まで学生問題や事務の相談を持ち掛け、さらに御茶ノ水・信濃町間を省線電車で通勤していた中田を、自動車に乗せて水道橋まで送った。ある時「自分は人と別れると急に淋しくなる。一刻でも長く人が傍らに居て欲しいのだ。それで態と君を送つて行くのだ」と淋しそうに微笑んだ（中田「古在総長の想出」）。

週明けの二月六日、「総長訓諭」が四日付で、正門を入って左の工学部と法学部の教室に寄った方、通りの角に告示された。七日には評議会決定を受けた副島の停学処分も公表された（昭和五年三月に副島は卒業）。「学生生活の規律に関し学生諸君の間に意見を同うせざるものあるは、必ずしも咎むべきに非ずと信ず」「堂々君子の争を以て所信の徹底に邁進せんことは、寧ろ予の冀望する所なり」「其方法は須らく公明正大なることを要す。故に或は暴力に訴へ、或は陰険なる手段を弄するが如きは、学府の尊厳と名誉の為に断じて之を許さざらんと期す」（告諭）という理念のもと「憂ふべき事件」への反省を促すものである。なお、総長告諭の赤入全文は「吉野作造日記」に引用されている。

上杉の詰問書提出

告諭への不満は教授たちの中にもあり、詰問にくるとの風説もあった。中田と行動を共にしていた小野塚は、六日の朝から吉野研究室を訪れ、総長は病で弱っておられるので守ってあげて欲しい、午前中、総長は中田と総長室に籠って戦略を練っており、一段落したら電話があるから、その際にはすぐに行ってくれと依頼してきた。吉野は三時過ぎまで他の約束があるので、四時には帰宅して待機すると小野塚に答えた。

案の定、午後には停学処分の正当化のつもりかと憤慨した上杉が来室し、告諭撤回を求めて半紙何十枚もの墨書の詰問書を総長に叩きつけ、本日中に回答せよと要請した。総長は中田に答弁書作成を依頼した。吉野が予定より早く帰宅すると、小野塚が座って待っていた。上杉の来室中に吉野から電話があるとまずいと思って早目に足を運んだということ。しばらくして総長から電話、経済学部の土方成美からも面会を求められたとのこと。小野塚は「会う必要などありません。病気を理由に断ればいいでしょう」と指示している。小野塚は大学に引き返し、しばらくして吉野も呼ばれた。四人で夕食をとり、答弁書作成が吉野に託された。夜遅くまでかけて作成し、会談の心構えに関するメモまで付して、翌朝早々総長に届けたので、すみやかに上杉に渡すことができた。

ひと段落したある日、中田は総長に「詰問書は読まれたのですか」と問うた。「いや読んでないよ、内容は。君は読んだのか」と問い返されたので、中田も「いえ、読みません。私もそのまま鷲摑みにして吉野に渡したのです」と答え、二人で大笑いした（以上、「吉野作造日記」、「小野塚喜平次」、『懐旧夜話』）。

大学入試に関する中田コメント

深刻な大学行政だけが学部長の仕事ではない。日常的な雑用も多く、大学入試の統括もその一つである。この混乱した二月に取材を受けた「入学試験を受ける人へ」（『帝国大学新聞』二四一号、昭和三年二月二十日）は、中田らしくウィットが効いていて面白い。

同点の人が多いと、文章と字で決める――◇世間には大学の入学試験に課する科目が少いといつて非難する人々もあるが、大学の入学試験は学力試験ではなく選抜試験であつて、高等学校を卒業した人はだれでも当然大学に入学しうる資格が備はつてゐるし、法学部としても志望者が全国的にうまく配分されゝば、各大学は無試験に収容し得るだけに充分な設備はあるのだから、別に試験をやる必要はないが、ただ収容人員に限度がある上に志望者が一方に偏するから、やむなく志望者の間に順位を定めねばならぬ必要からやつてゐるのだ。◇簡単にはくぢ引きで決めてもいゝやうなものだが、それには不服な人が多いと思はれるから、いはゞ合理的なくぢ引きとして選抜試験を課してゐるわけである。法学部ではかうした軽い気持ちで試験をやつてゐるから、受験者が一般に出来がよくとも悪くとも、定員数だけは収容するが同じ程度の出来の人が多くありとすれば、順位の決定上文字が丁寧であるかどうか文法上のミスはどうかといつた文章の内容外形を考慮に入れてゐるのである。

三　恩師宮崎道三郎、親友上杉愼吉・吉野作造の他界

宮崎道三郎の死

昭和三年（一九二八）四月十八日、恩師宮崎道三郎が千駄ヶ谷の住まい、例の寄贈された書斎で没した。七十四歳。定年後も元気に日本大学創設に関わっており、突然の脳溢血

であった。正三位勲一等、青山墓地に葬られた。蔵書は東大法学部に寄贈された。中田は宮崎の論文を蒐集し、年明け早々『宮崎先生法制史論集』を刊行して学恩に報いた。

唐令拾遺作業の継承

昭和三年といえば、仁井田陞が中田の指導を受けるべく大学院に進学した年である。若きエネルギーで『唐令拾遺』を完成させたことで知られるが、この作業は中田が院生時代に宮崎から託された課題であった。中田は長らく自分で完成させようと心に決めていたが、戸令・田令・賦役令の論文は纏めたものの、体系的集成は手付かずのままであった。中田は、殷・周代の文字学に関心をもつ仁井田に、史料が豊富で日本と関わりもある唐代律令制、もしくは清朝の法から始めるよう指導する（仁井田「私の処女論文」）。仁井田はこれに応え、わずか一年で論文「古代支那、日本の土地私有権」を書く。中田の影響が強く、二人の力が合わさってこの若々しい実証的論文が書かれたと東洋法制史の滋賀秀三は語る。これも中田の「律令時代の土地私有権」を意識したものだが、史料渉猟の凄まじさには驚嘆するものがあった（「座談会　先学を語る——仁井田陞博士——」）。

彼の傑出した博捜能力をみて、中田は放置していた作業を仁井田に任せることに決めた。宮崎が没して恩師への献呈が叶わなくなったその年、大学行政の激務によりこれ以上放置することは師の学恩に報いることにならないと決意し、弟子に委ねたのである。宮崎の指導のもと中田が執筆した草稿は、仁井田の手を経て現在東洋文化研究所に寄贈されている。たくさんの附箋が挟まれ、書き込みが所々に見える原稿である。

『唐令拾遺』の刊行と仁井田の学士院恩賜賞の受賞への言葉

松本高校で長距離ランナーだった仁井田は、引き継いだ逸文収集を渾身の努力で全うし、昭和八年に『唐令拾遺』として出版した。中田が序文を寄せている。翌年五月、この功績で帝国学士院から恩賜賞を授与される。若すぎて懇親会で本人と認識されなかったという。恩賜賞といえば中田がかつて辞退した賞、授与の報道を受けて挨拶に来た仁井田に、中田は祝辞を述べるとともに、研究を続けたければ「有名にならないように」、そして「研究の邪魔になる仕事は一切断ってしまえ」という言葉を贈った（仁井田「中国の法と社会と歴史」）。「名前を売ることは学者として絶対にいけないとお父様は常におっしゃり、そういうことをすると怒った」と嫁の美枝氏も回想する。中田の序文草稿や恩賜賞勲章など仁井田関係資料は、松本市旧制高校記念館に寄贈されている。なお、残された作業は、東洋文化研究所の池田温の研究会に継承され、『唐令拾遺補』として結実した。

上杉愼吉の死

宮崎を見送った一年後の昭和四年四月七日、親友の上杉を喪う。その後半生は政治に走ったが、中田は常に病弱の上杉のことを思い遣っていた。病気などで講座を担任したまま休む場合は内規で一年が限度となっていたが、中田は上杉の病床を訪れ、学部長時代に認めさせた春木一郎の先例がある、二年間は講座を持ったまま休んで差支えない、心置きなく静養したまえと励ました。これを聞いて上杉は涙ぐんだ（『懐旧夜話』）。

上杉の学問と田中耕太郎との響き合い

上杉の講義は「国家は最高の道徳なり」「国家は人類を完成する手段」と断定的な側面があり、これを仄聞した美濃部達吉は憤慨失笑したが、単なる国家主義ではなく、ヘーゲルの国家観の系譜に位置するものであった。「自分の使命は法条（Gesetz）を教えることではなく、法（Recht）を教えることだ」と断じた外国人教師ステルンベルヒに心酔していた田中耕太郎だけに、若き上杉の「およそ宇宙に存在するものは自己を完成する素質を持っている。そこで国家は……」という開講の辞に始まる哲学的講義はかえって新鮮で、心打たれたと回想する。田中が学問形成した大正期には、国家や法律を必要悪とする思想が一般的になっていたからである。しかし、留学先で芸術や宗教に現を抜かしていると上杉が口汚く田中のことを罵倒したために、その後は深い接触が生じることなかった。学問的には響きあった二人だけに、亡くなる少し直前に心を通わせるだけで終わったのは遺憾なことであった（田中『生きて来た道』、『懐旧夜話』田中耕太郎発言）。

中田の救済と吉野の最後の言葉

さらに四年後の昭和八年三月には、中田が暖かく見守ってきたもう一人の親友吉野も、逗子小坪の湖南サナトリウムにおいて五十六歳の若さで他界する。側らにいた弟子の南原繁は「息を引き取られる間際に二、三の友人の名をあげて、どうかよろしくいってくれと言い残された。その中にあなたの名があった。特にあなたには二度も、中田君によろしくとおっしゃっていた」と中田に伝えた（『懐旧夜話』）。先に述べたように、中田は吉野のために研究室を準備し、また困窮する生活を支えるために総長の思想問題の顧問とすることを勧めた。しかし恩を売ったと思われるのは心外なので、自分の提案ということは最後まで秘密にしていたつもりだった。朝日新聞時代に吉野と講演旅行を共にした柳田國男は、吉野から贈られた仙台の枝垂桜は今も咲かないままだと、晩年の不遇を想いつつ、弔いの言葉を残した（柳田「故人寄贈の桜悲し」）。

吉野は老齢の用務員が病気になった際に自ら病院に連れて行くような優しさを持ち、労働問題を聞くため労働者と親しく会食した。彼の平民主義が窺われる。気難しく狷介な同僚にも優しく接したことは、牧野英一が「自分は吉野の親友だから（葬式は）自分が中心になってやる」と言い放って、中田から「牧野は吉野の親友だと思っているかもしれないが、吉野の親友は何も牧野一人だけではないんだ」と皮肉られたという逸話からも窺われる（田澤晴子ほか「三谷太一郎氏インタビュー記録」、『岡義武談話筆記』）。

中田と吉野・上杉

中田は、上杉や吉野と思想的立場は違ったが、信念をもって生きる二人の親友を大切に思い、二人をつなぐ役割を果してきた。ある時、宮武外骨が「吉野先生は識見高く、頭脳亦明晰であるのに、時々唯物主義に偏した政論をされるのは惜しむべき事ですという話が知人の間で出たので、吉野博士に大いに言つて見やうと思ひますが、御高見は如何ですか」と中田に尋ねたので、「それはヨシたがいいでせう。云つたとて無駄ですよ。

……。恰度キミが猥雑研究で名を売つて居るのと同じですから、今更忠告したとて止めるものですか。仮りに言へば、私がキミに対して猥雑研究を止めろと大に忠告したとて、キミは止めないでせう、ハヽヽ」と答えた（「自序」宮武外骨『猥褻と科学』）。このように、友人の個性や生き様を尊重する中田の懐の広い付き合い方は、吉野・上杉・外骨といったアクの強い人たちを緩やかにつなぎとめる大切な役割を果していたのである。

四　古在総長から小野塚総長へ
——学生主事・学生課の設置——

小野塚総長へ

話は少し遡るが、昭和三年（一九二八）三月、古在由直総長は病気療養を理由に小野塚喜平次に総長事務取扱を依頼した。小野塚は先の総長選挙での不満もあり、古在の総長代理を務めることは屈辱なことであった。そもそも大正八年（一九一九）の総長候補者選挙内規第十九条は、総長代理には「学部長中ノ年長者ヲ文部大臣ニ推薦ス」と規定しており、該当者は中田である。推された中田が、総長になりたがっていた小野塚に依頼することを古在に強く勧めたのであろう。

学生の思想問題に対応できなかったことも交代の背景にあった。枢密顧問官の山川健次郎が非公式に小野塚を訪問して基本方針を質したが、小野塚が「自分が総長（総長代理）であり、中田君が学部長である間は、学内が左傾することは断じてありません」と返答、山川も「さもあろう。我が意を得た」と退室した（『南原繁回顧録』）。山川の念頭には直前の三・一五事件があった。第一回普通選挙を受けて全国共産党員千六百人が一斉検挙され、四百八十三人が治安維持法で起訴された事件である。田中義一内閣は赤化問題への憂慮を発表、労農党・日本労働組合評議会などの結社の禁止、治安維持法改正、特高警察・思想検事・思想憲兵の拡充を進めた。小野塚の総長代理は、難しい世情のなかでスタートした。ただ、文部大臣秘書官の菊澤秀磨は法学部の卒業生で東大庶務課長でもあり、その下に江口重国がおり、また文相鳩山一郎も小野塚の教え子であったから、大学と文部省との関係は円滑だった。鳩山の恩師小野塚への思いは、宮中での大臣任命を終えた足で、ただちに挨拶に伺ったほどである。

総長就任

総長は赤門右の元営繕課の建物（現在は小石川植物園に移転。一時は史料編纂掛も置かれた）二階へ移り、安田講堂の本部には総長代理の小野塚が陣取った。その後、十一月二十九日の総長選挙を経て十二月二十二日に正式に総長に就任し、昭和九年十二月までの難しい時期の大学を主導することになる。年末には学内秩序維持についての方針が提示された。大学の自治への強い思いを基盤としつつ、大学といえども国法のもとにあるから、巡視

学生主事と学生課の設置

盟友小野塚喜平次（左）と中田
（『東京帝国大学法学部緑会 昭和４年度』東京大学文書館蔵）

の定員増強は必要で、主体的な警察要請なら可能という立場であった。小野塚を補佐したのは、法学部の中田、文学部の瀧精一、経済学部の矢作栄蔵で、「表向きになると、「総長」とか「小野塚総長」とかいわれるけれども、一緒におるときは「やい、小野塚！」などと言って」いた仲間である。

昭和三年十月三十日、文部省専門学務局に学生課が設置されたのを受け、所轄諸学校にも学生主事三人が置かれた。前身の学生監は文学部出身者で占められ、土田誠一（のち文学部助教授。日本古代史研究者土田直鎮の父）や安藤円秀により運営され、体育会系教授連をバックに、運動部出身の猛者に頼って左翼学生に対応していた。

合理主義者の小野塚はこの雰囲気を嫌悪し、十二月に学生監室を学生課と改称し、小野塚総長の直属とした。学生課は安藤を学生課長としつつも、実質的には竹内良三郎（法学士、学生課長）・石井勗（法学士）・小川義章（哲学）の三人の学生主事を核として小野塚体制を支えて、学生問題に取り組むことになる。竹内が病気で半年休職したので、「不器用で気の弱い」小川が課長代理となり、小野塚や中田から「運動部の連中を締め上げろ」「大学新聞を取り締まれ」と命じられ、運動部の学生に吊るし上げられたこともあったという。

豊島園事件

石井は恩師でもある中田から「どうも竹内君や石井君には悪いけれどもねえ、ぼくたちが君たちのような若い法学士を使って、東大の混乱状況を解決しようという腹になったんだ、だから、そのつもりでやってくれ」といわれた。「おれは総長と同じにおまえたちに指図するぞ」という意味で、中田が実質上の主導者であったという。石井の抜擢も中田の推薦によるようだ。石井の最初の仕事は、赴任前の九月二十八日に起こった豊島園事件の学生処分だった。大学から解散を命じられた新人会の非合法集会で、二十二名が逮捕された。石井は辞令も出ていないのに、中田から「どうせやらなければならないから、ここへきてちゃんと見ておってくれ」と臨席を命じられた。処罰を受けた学生のなかに警視総監の関係者がいた。放免を求めて面会に来たが、中田は筒抜けの大声で

警視総監もヘチマもあったものか

「警視総監もヘチマもあったものか。そんなものは会わん。断ってしまえ！」と怒鳴ったという（以上、「石井勗氏談話記録」）。

五　左翼学生への対応
――小野塚総長自宅訪問事件・中田の学生処分の方針――

小野塚喜平次が実質上トップに立った昭和三年（一九二八）四月十七日の大学評議会は、日本共産党員と関係者約千五百人が検挙された三・一五事件の動向を睨み、十数名が検挙された新人会に解散を命じることを決した。小野塚は水野錬太郎文相との会談を報告し、政府の強硬姿勢のなか、東大については一任されているので自発的解決を目指すつもりだと解散を提起した。

文学部の姉崎正治が賛意を示したのに対し、中田は「外部の者が主体にして本学学生が会友の如きものなる場合、本学より解散を命ずるは妥当ならず。秘密結社なれば内務省が取締るべきなり。大学が解散を命ずるという点に於て論理透徹せざる疑あり。新人会とても悪しき事のみを為すとは限らず、解散の主旨には賛成するも其形式理由に就き疑あり。考究の余地あるべしと信ず」と慎重論を唱えたが（評議会記録、『東大百年史』）、最終的には全員一致で可決された。

総長詰問

　小野塚の露骨な弾圧は、左翼学生に自由擁護という大義を与え、運動を激化させた。四月二十七日の学生大会で総長詰問書を決議し、百五十人が本部に押し掛けて面会を要求した。拒否すると、夕方には学生三人が小日向台町の小野塚私邸を訪れ、座り込みに入った。夫人から電話で助けを求められた中田は学生主事に通報し、当直事務官と守衛数名を駆けつけさせ、学生といったん面会するよう勧めた。小野塚は玄関先に出て「大学に関する公の用件なら総長室で面会する。諸君、人のプライバシーを妨害しないように」と諭した。伝え聞いた中田は「咄嗟にプライバシーの自由を説くなど、西洋の教養を付けた小野塚君の性格の一端を示すに足る」と感心した（「小野塚喜平次」）。学生の一人は政治学科の猛者田中宋太郎で、五高時代に社会思想研究会を創設、大学では新人会に属し、学生自由擁護同盟の東大責任者として学生大会議長を務めた人物である。

田中宋太郎

　面談は、翌朝に総長室隣の教室で中田・河津暹・滝精一の三学部長の立会いのもと開かれた。大きなテーブルを隔てて田中宋太郎ら左翼学生代表三人と向き合う。中田は田中とは以前から顔見知りだった。残る二人のうち一人は学外の共産党関係者と思われる。廊下には大勢の学生が詰めかけて、傍聴させろと事務員や守衛と揉み合っている。暴動になっても困るので、部屋の後ろに五人交代で立つことを許可した。田中ら二人が総長に辛辣な質問を浴びせる。中田は彼らの舌端の鋭さに敵ながら感心したが、理論家小野塚も見事に答弁して要求の大半を拒絶した。とはいえ小野塚には相当な屈辱だったようで、会談後「田中という奴は実に憎らしい、何とか捕まえて厳罰に処してやる」と激高していた。事件の次第は五月八日の評議会で報告されたが、教授のなかには七生社の関係者もいて、問答は三時間にわたった（「小野塚喜平次」、『懐旧夜話』）。

田中との再会

田中は卒業後、仙台の報知新聞社に就職したが、半年ほど経た八月三日昼時、突然中田の研究室に顔を覗かせた。「出張かね」と問うと、故郷長崎に帰って年老いた父の仕事を手伝うことになったとのこと。「先生だけにはぜひお目にかかってお暇乞いをしたいと思って」「先生どうぞお達者で！」と頭を下げた（『懐旧夜話』）。田中は帰郷後、保険会社などを点々として満洲に渡り、転向して二宮尊徳に傾倒し報徳社会主義を唱えた。満洲での波乱万丈の経験を『難民記』に纏めている。

中田の学生処分

中田は学部長として多くの学生処分に関わった。学生課の取調べに学部長が立ち会うことも多く、中田はしばしば答弁の矛盾を突いて学生に冷汗を流させた。小野塚総長就任歓迎会で末弘厳太郎が「総長のお話の中にあった中田先生のシステマティックには、処分を受けた左翼学生が困っていたらしいのです。われわれは学生主事も文学部長も経済学部長も総長も決して怖くはない。ただ怖いのは中田法学部長だけだといっています」と笑いを取った。

中田は学生を研究室に呼んで自ら処分を申し渡し、動機を尋ねつつ温情的に説諭した。書斎に掛けた父旧蔵の「大塩平八郎後素」と記す書額の句「小しく懲らして大いに戒む」（易経繫辞下伝）を自分の学生訓戒の精神としていた。ある学生に両親のことを尋ねると「母一人で育てられております。母は今も内職をして学費を送ってくれています」という。「古い諺にも「木静まらんとすれば、風やまず。人孝たらんとせば、親ゐまさず」ということがあるじゃないか。君も人の子だろう。一生に一度ぐらいは孝行してみたらどうかね。今からさっそく故郷へ帰って、お母さんに会って今までのことを謝罪し、老い先短い母をいたわってやったらどうかね」と諭した。学生は無言で涙を流した。

学生処分の方針

昭和十年の卒業式後には、以前停学を申し渡した左翼学生牟田信彦・藤木竜郎が研究室に現われた。「先生から受けた教訓が身に沁みて、その後ひたすら謹慎しました。おかげで復学も早く許され、今日この証書を手にする喜びに遭うことができました。処罰されなかったら相変わらず左翼運動を継続していたと思います」と牟田は涙を浮かべた。

また、学生主事の竹内良三郎と小川義章は、短気な中田から仕事が遅いと何度か面罵された。さぞ恨んでいるだろうと中田は思っていたが、定年で荷造りをしているとお別れに来て、竹内は涙を流してくれた。小川は文部省教学局に転じ、戦後は郷里の京都高山寺に帰った。中田の贈った書は大切に客間に掛けられていた（以上、『懐旧夜話』）。その後も交際は続き、孫のみどり・輝男氏もしばしば宿坊に泊めてもらったという。

六　平野義太郎事件とその処理をめぐって

法学部長再選

昭和五年（一九三〇）、中田は牧野英一との決選投票で法学部長に再選、しばらく留保していたが、六月五日教授会で受諾した。今期は平野義太郎事件と向き合うことになる。

平野義太郎事件

平野は穂積重遠の弟子で「講座派」の指導者となる人物である。大正十二年（一九二三）に法学部助教授となって昭和二年から欧州に留学、ドイツで共産党大会に出席したとの情報が波紋を呼んだ。中田は同郷で懇意の水野錬太郎文相に「帰朝しても共産主義を宣伝する心配はありませんからご安心ください」と説明しておいた。平野は帰国後、親族法・相続法の随意講義を開講、教室は気鋭の学説を聴こうと溢れんばかりだった。

数ヵ月して、一人の検事が極秘で中田に面会を求めてきた。平野が『無産青年新聞』の左翼資金カンパに応じたこと、家宅捜索でドイツ共産党入党の証拠書類が押収されたことを伝え、自分は東大法学部卒業なので内々に相談にきた、自発的に辞表を提出すれば起訴猶予になるかもしれないという。

明朝、平野を自宅に呼んで問うと素直に事実を認め、午後には六月十六日付退官願を提出した。そこで総長に報告、翌日の助教授や書記を退席させた秘密臨時教授会で事件の経緯と検事の提案を説明し、官吏服務規程違反の犯罪、研究室の神聖の冒瀆であり、大学の自治とは関係ないと強調することで受理された（『懐旧夜話』、「矢部貞治日記」）。

この時、中田が「かねがね自分は平野君に、もう少し純粋に学問の道を歩いてくれればいいと思っていた。山田盛太郎、大森義太郎、平野義太郎のほうの三太郎になっては困る。末弘厳太郎、田中耕太郎、平野義太郎のほうの三太郎になってくれればいいのに」と語ったのは有名である。誰も一言も発しなかった。中田の説明がいつも以上に用心深く、反対できないよう手を打ってあると感じられたからである。助教授になったばかりの商法の鈴木竹雄は、閉口するほど説明が長いのも作戦だろうと感じたという（『大学の自治』）。六時閉会、中田は依願免官の辞令を発令する内閣の事務局に連絡し、辞表を進達するから待機するよう依頼した。

検事総長との折衝失敗

穂積から昵懇の検事総長小山松吉は不起訴の意向だと聞いていたが、中田は以前に文相に啖呵を切ったこともあり、また平野に自発的な退官願を出させた以上、裁断が下る前にいち早くその意志を伝える責任を学部長として感じて、翌日夕刻に噂にならぬよう和服に二重マントで顔を隠し、古帽子を被って日比谷公園裏手の官舎に向かった。しかし逆効果だったのか、小山は憮然として何とも申し上げかねますと繰り返すのみだった。検事会では出席検事がみな起訴猶予を押したにもかかわらず、予想に反して治安維持法違反で起訴の裁断が下された。昭和八年四月には懲役二年執行猶予一年の判決が下された（以上、『懐旧夜話』、『大学の自治』宮澤俊義発言、「石井勗氏談話記録」）。

なお、前の検事の提示した資料のなかには、平野が細君に宛てた手紙があった。東大には保守反動が蔓延して「田中（田中耕太郎）だとか我妻（我妻栄）だとかいう連中がのさばっている」と非難し、かわいがってくれている恩師春木一郎のことを「ばか」で「おれにまだ好意を持っている」と愚弄した内容に、中田が強い憤りを洩らしていたと田中は回顧する。また、春木は「不愛想」な原田を敬遠して、平野を後継者にとまで考えていたようで、そのような相談を受けたことがあるとも語っている（『懐旧夜話』田中耕太郎発言）。

七　学部長辞任と学問への回帰

――恩師粟野健次郎先生の書簡を受けて――

粟野先生への手紙

平野問題もひと段落し、夏休みに入って一息ついている時、仙台で昭和五年（一九三〇）八月に開催される各帝国大学事務協議会に、法学部から書記官の箆　某氏が出席することを中田は耳にした。一高時代の恩師粟野健次郎先生が思い出され、彼に書面と手土産を託す。八月十五日付で礼状が届いた。書簡のなかで粟野先生は、学問を続けるために一人「頑固」に政治的な校長排斥運動に参加しなかった中田の姿を回顧していた（中田「粟野先生の書翰壹通」）。恩師の書簡を読みながら、自分は何をやっているのだろう、大学の自治のためとはいえ学内政治が初志だったのかと自問し、もう一度研究に専心しよう

学部長中途辞任

と心に決めた。こうして九月の教授会で突然、強硬に学部長の中途辞任を申し出た。『朝日新聞』には「中田博士は専心研究に没頭したい意図」とある。選挙の結果、牧野英一があやうい過半数で当選するも固辞したので、穂積重遠が選出された。

国防研究会

昭和六年九月十八日、満洲事変が起こる。こうした状況のなか、昭和七年六月十四日、会員二十名程度の学生団体「国防研究会」が中田を指導教授として設立されている。二十五日に開会記念講演が催され、陸軍中佐林桂らが招かれている。新人会や七生社・朱光会のような政治性は帯びてはいないが、中田の政治的立場を示すものである。昭和九年一月七日、会員の法学部学生の芳川俊憲と文学部学生の泉政玄が年賀に来訪している。「矢部貞治日記」昭和七年十一月二日にも「朝、中田先生と一緒にお茶の水から大学まで歩いた。先生の会長をしてゐられる国防研究会といふのの内容を聞いた」とみえるが、中田がどこまで深く関わったか、実態がいかなるものであったかは不明である。

第十　軍国主義の抬頭と大学自治の危機

一　瀧川事件と東大法学部――若手教授・助教授の動き――

瀧川事件

昭和八年（一九三三）四月、京都帝国大学で瀧川事件が勃発する（伊藤孝夫『瀧川幸辰』、松尾尊兊『滝川事件』）。事の起こりは、前年十月の中央大学法学会主催学術講演会で京大法学部教授の瀧川幸辰が「『復活』を通して見たるトルストイの刑法観」という講演をしたことに遡る。犯罪は国家に対する制裁で、国家が刑罰を下すことは矛盾だと語ったので、聴衆が無政府主義だと騒ぎ出した。トルストイの刑法観の要約だが、「どこやらの国にもこういう裁判官（卑俗な私事で公務に専念しない裁判官）がかなりいる」とも揶揄したので（宮本英雄談話、西山「史料紹介滝川事件について」）、その場にいた中央大学法学部長で検事総長の林頼三郎が小山松吉法相に報告、鳩山一郎文相にも伝えられ、十二月初めになって文部省専門学務局長の赤間信義から京大総長の小西重直に、瀧川の講演や講義の実態調査が依頼された。

司法官赤化事件

特に問題にされたのは、瀧川が高等文官試験司法科の委員だったからである。前年末以来の治安維持法違反による司法官逮捕の頻発、司法官赤化事件により、司法官を生む帝大教授の赤化も問題視され始めていた。瀧川問題は枢密院でも取り上げられ、衆議院予算委員会では政友会の宮沢裕が赤化教授と司法試験官・裁判官との関係を追求し、東大の牧野英一・末弘厳太郎・有沢広巳を槍玉にあげた。四月十日には瀧川の著書『刑法読本』『刑法講義』が発禁処分となり、議会閉会後の二十二日、鳩山文相は正式に小西総長に瀧川の処分を要求した。

文相談話

『朝日新聞』五月二十一日夕刊に文相の「総長の具状なく文官分限委員会に付すことは官制違反ではなく、左傾運動を指導する学説を唱える瀧川の処分は断固として実行する」との談話が掲載される。翌日には東大法学部の若手教授の間でも話題となり、澤柳事件の時のように抗議文を提出しようという動きも起こった（横田喜三郎『私の一生』）。中田は若い頃の自分に重ねつつも、政治状況の相違に愕然とした。二十五日の教授会で少し話題に上がったが、教授会で議するのは適当ではないとの中田らの発言で切り上げられた。中田や穂積重遠学部長の態度は「事勿れ主義で反動的」「大学一般の問題にしようとしたのは南原さん（南原繁）と高柳さん（高柳賢三）のみ」と矢部貞治は憤っている（「矢部貞治日記」）。

京大法学部の動き

京大法学部教授会が瀧川の処分を拒否したので、政府は大学令第一条「国家思想の涵養」義務違反で文官高等分限委員会に諮問し、五月二十六日に休職処分を発令した。これを受けて、夕方には京大法学部全教員の辞表三十九通が総長に提出された。しかし澤柳事件の時と違って団結は脆弱で、のちに大量の復帰組を生むことになる。文相は「教授連が辞表を提出するならいつでも聴許する、又学生が動揺してもこの種思想問題のためなら学校閉鎖も辞さない」と強気の談話を発表した。

東大若手の動き

東大若手の急先鋒の横田喜三郎は長老教授の態度に憤慨し、矢部や宮澤俊義を捕まえて熱弁をふるった。横田の過激な動きを察知した若手の評議員田中耕太郎は、東大は静観すべし、起つなら職を賭する覚悟を要すると火消しに走った（「矢部貞治日記」）。田中自身も割り切れないところはあったが、中田から左翼組織と関わる裏事情（二二七頁で詳述）を知らされており、純学問的ならぬ一面を持つ瀧川にも問題があると感じていた（『懐旧夜話』田中耕太郎発言）。

田中耕太郎と中田の共同

二十七日夜、矢部は蠟山政道から、中堅の南原繁・高柳賢三を中心に懇談の場を設けるよう穂積学部長に要求する動きがあると聞いたので、横田や我妻栄も積極的だと伝えて、宮澤・岡義武・原田慶吉らに助教授層の取りまとめを要請した。横田は、帰朝して間もない宮澤に「お前は助教授だけれども、しゃべったっていいんだからやれ」とけしかけた。逆にこの動きに距離を置いていた岡は、若手で集まって相談したことはなく、南原は小野塚の意向を考慮して積極的には動かなかったと回顧しており、若手の間でも状況認識のズレや温度差があったことが窺われる（「矢部貞治日記」、『岡

義武談話筆記』、横田『私の一生』、『大学の自治』宮澤俊義発言）。

二　法学部懇話会の開催と中田の態度
——瀧川事件の左翼的背景——

法学部懇話会の開催

穂積重遠法学部長から相談を受けた中田薫は、別途懇話会を開いて意見交換して若手の動向に片を付けてしまおうと提案した（『懐旧夜話』）。五月二十九日午後三時から、集会室で非公式に臨時法学部懇談会が開催された。最初に蠟山政道が問題提起をしたが、田中耕太郎の説得を受けてか予想外に穏健な発言だったので、憤った横田喜三郎は立ち上がって大学の自治と学問の自由のために起つべしと熱弁した。しかし、具体的提案前に長老教授から「マアマア、そんなに熱くならないように」と押さえられた。長老教授の態度に憤ったのか、横田からの不当な非難に憤慨したのか、蠟山は席を蹴って退席した。

横田の激昂と蠟山の退席

中田の澤柳事件談話

ここで横田・我妻栄・末弘厳太郎は、まず中田先生から澤柳事件の時のことを聞こうと言い出す。中田は、今回は性格が異なる、前回は大学共通の自治の擁護だったが、今度は学説が問題となっている、それを組織として擁護することになると説明した。そもそも前事件では有志者だけで動いたのだと内輪話を語ると、同士だった野村淳治が「そうだ」と相槌を打つ。中田が美濃部達吉に「前回は反対したが、今度はどうだい」と尋ねると「この戦争は負ける、負けときまったら、やってもしょうがない」と答えた。結局、積極的意見は出なかった。中田は途中から会議のテーブルに少し横向きの姿勢をとって本を読みだした。三時間にわたる懇話会は実りなく終った（『岡義武談話筆記』、『大学の自治』、『懐旧夜話』、「矢部貞治日記」。松尾尊兊は、『滝川事件』で懇話会が二回開かれたとするが、根拠たる横田の言は二十五日定例教授会の議論を一回目と数えている）。横田は激怒して『帝国大学新聞』に「問題を回避するなかれ——京大事件の解決について——」を掲載するが、若手教授・助教授の多くはこの懇談会で納得した。

美濃部の一人での戦い

美濃部は、若手が動き出す前から『帝国大学新聞』『東京朝日新聞』に堂々たる批判の文章を寄せ、右翼に私宅の門を破壊され、打倒美濃部のビラを丸の内一帯に撒布されていた。宮澤俊義には「学者はいつも孤独なものだ。もしぼくが瀧川君だったらひとりで戦うよ」と洩らしたという（瀧川事件・東大編集委員会編『私たちの瀧川事件』）。こうした美濃部の生きざまは、その後の天皇機関説事件の時に至るまで一貫したもので、大学を巻き込まず、言論をもって一人で毅然と戦う生き方を堅持し続けた。

中田の行動も事件の政治的背景と特殊な時局とを熟考した結果で、東大への波及を食い止めつつ、保守勢力から標的とされていた牧野・末弘・有沢を守ろうという小野塚総長の意向を尊重した判断であった。小野塚は鳩山文相に具体的解決策（内容は伝わらず）を忠言し、斎藤実首相には京大法学部封鎖反対と、その際の学生受諾拒否を伝えている（七月二十一日評議会発言、「小野塚喜平次」）。鳩山は小野塚に京大学生運動が東大に飛火する危惧とその際の処置について相談したが、小野塚は東大には飛火させない、飛火しても責任は自分がとる、君は自分の所信通りに断行したまえと激励した（鳩山「昨今に思う」、関口泰「京大事件前後」）。両者に盟約があったといわれるゆえんである。

中田の密かな憤り

同時に、中田は若手の不甲斐なさに密かな憤りを感じていた。なぜ有志で抗議文を文相に叩きつけないのか、なぜ先輩の反対くらいで泣き寝入りするのか、自分が澤柳事件で立った時は辞職覚悟で妻の実家竹内家を訪れ、再就職までの生活援助を頼んだのに、と当時のことを思い出していた（『懐旧夜話』）。火消しに回った田中が若手に放った言葉「起つなら職を賭する覚悟」は、おそらく中田から聞いた話を受けたものだろう。六月中旬には事情を知らぬ大内兵衛が京大支援を訴えているが、すでに時遅しであった（『大学の自治』大内発言、「高野岩三郎日記」、「矢部貞治日記」）。

瀧川事件の左翼的背景

瀧川事件にともなう運動は、文部省との学問闘争の観を呈し、内務省警保局や警視庁も左翼の策動は認められないと公言していたが、中田は学生主事の石井勗から、事件拡大が共産党や青年同盟と関わりがあるとの機密情報を受けていた。事件初期に一人の東大学生の郵送したリーフレットが宛名不明で学生課に返送されたが、京大に左翼運動の震源地があり、事件を鼓舞していることが察知される内容だった。石井は小野塚・中田に報告、京大側にも連絡を取り、治安当局にも伝えた（石井『東大とともに五十年』）。

美濃部講義占拠事件

六月二十一日には、美濃部達吉の憲法講義が行われていた法文二号館三十一番教室が占拠され、「瀧川教授即時復職」「学問の自由をよこせ」との白布を下ろした学生集会が敢行された。六月十七日にも経済学部・文学部学生大会が開かれていたが、今回の法学部集会は一・二年生約七百名を巻き込んだ大規模なものだった。石井勗は駆け付けた本富士署を独断で受け入れ、教室封鎖のうえで西側昇降口から一人ずつ実検して解放、四十名以上が検束された。学生課には人道上の暴挙と抗議する教授も詰めかけたが、小野塚総長は「僕がやらせた！」「責任は一切僕にある」と応酬、石井はその姿に涙した。

学生主事石井と小野塚

中田が山上御殿食堂で昼食をとっていると、何もなかったかのように新聞を読んでいる美濃部、その姿に憤った小野塚の声が響き渡る。「美濃部も美濃部だよ！学内秩序を乱す学生に易々と教壇を明け渡し、禁止されている無届学生大会をやらせて最後までのうのうと傍観しているとは何事だ」。読んでいた新聞は次第に顔を覆っていった。

この事件は翌日の教授会で問題とされたが、その二、三日後に不審訊問で捕まった青年の懐中から「この教室封鎖事件で日本共産同盟の首脳部の大部分が捕らえられたので善後策が協議されたが」と記されたメモが出てきた。やはり政治性の濃厚な集会だった。京都でも八月末に、洛北加茂を根城とする非合法組織が検挙されている（以上、『私たちの瀧川事件』、石井勗『東大とともに五十年』、「矢部貞治日記」、『懐旧夜話』）。

三　配属将校増員問題とその経緯

中田は齢を重ねて保守化して自分の研究のことしか考えなくなったわけではない。教授会に持ち込まれなかった案件ゆえ世間や若手教員の間でもほとんど知られなかった「配属将校増員問題」では、中心となって奮闘している（「小野塚喜平次」、「長與又郎日記」、田中耕太郎『生きてきた道』、「南原繁回顧録」、『大学の自治』、『懐旧夜話』）。

配属将校増員の一方的通達

昭和七年（一九三二）、五・一五事件で犬養毅首相が暗殺される。翌年ドイツではナチス政権が誕生、日本も満洲国不承認や日本軍撤退決議に憤って国際連盟を脱退した。軍部の発言力が強まる状況下の昭和八年六月二十三日、首席配属将校の陸軍歩兵大佐沼田徳重は、東大配属将校を八月一日付で三名から四名に増員すると、竹内良三郎学生課長に一方的に伝えてきた。昭和四年頃から配属将校室は学生課所管で、学生主事室の隣に設けられていた。勅令では配属将校の変更は、総長の発議で文部大臣に要請することになっており、明らかな勅令違反だった。竹内はこれを拒否して総長に報告した。

配属将校の沿革

そもそも勅令第百三十五号「陸軍現役将校学校配属令」を受けて東大に配属将校が置かれたのは、大正十四年（一九二五）、古在由直総長の時であった。軍事教練合格者には兵役義務の在営期間短縮の恩典が与えられたので、部隊教練や射撃法などの術科を外し、戦術・戦史・軍事講話など講義のみを行うという条件で受け入れたものである。この問題に中田は当初から関与し、役職についてはいなかったが、①軍事教練への参加は随意とすること、②受講の妨げにならないよう放課後に行うこと、の二条件を法学部教授会で提案、これを受けて一人で総長室に乗り込んで総長に了承させていた（「長與又郎日記」）。

沼田徳重大佐への回答

七月四日の評議会では、この増員要請が報告されたが、正規の依頼と認めないという立場から非公式に協議してただちに否決している。翌五日には小野塚喜平次総長から沼田に、手続き上も問題があり、増員は認められないと内示した。この情報を受けて、七月八日に陸軍大尉中村忠英は文部省の高田休広学務課長のもとを訪れ、拒否された場合には配属将校を全員引き上げると圧力をかけている。大学の方では十日に江口重国庶務課長・竹内学生課長と沼田大佐との間で会談の場が設けられ、協議のうえ差し当たり増員しないことを決定、沼田も同意して大学側の誠実な対応に謝意を示した。翌日にも江口は沼田と補足会談の場を設けて丁寧に対応している（『昭和八、九年配属将校増加問題関係』、

『東大百年史』）。ここに問題は解決したかに見えた（『小野塚喜平次』）。

軍部の圧力

光永修一郎少佐の脅迫的要請

しかし、陸軍内部では大学の強硬な態度に不満が鬱屈し、命令系統を超えた暴走的な圧力をかけるようになる。七月十五日、陸軍大尉小川団吉が文部省を訪れ、そもそも文部省と協議する必要などない、大学に既定の計画だと伝えよと要請したが、高田は毅然と拒否した。十七日早朝には、近衛師団司令部の陸軍歩兵中佐光永修一郎が、麗々しく参謀肩章を吊って学生課長室を訪れた。少佐時代に東大配属将校を務めたことがあるから自分が交渉すると名乗り出たのだろう。「これは陸軍の正式の意向である。総長の意思の如何にかかわらず、来たる八月一日の定期異動において一名増員することは決定済みで、すでに上奏・裁可も経ている。だから口頭で通告しているのだ」と強圧的に迫った。

竹内と石井は、今回の手続きには問題があり勅令違反だと再詮議を求め、本当に勅裁を経たのかと問い詰めたが、「しかり」と答えるのみだった。二人は「陛下への忠義をば、自分たちの専売品であるかのように常日頃広言している陸軍が、勅令違反を敢えてして、陛下を欺き奉り、勅裁を得たとあっては、我々は黙視することはできない。場合によっては、我々はこの責任の糾明に乗り出すであろう」と反撃した。

光永は次第に答えに窮し、午後には「軍の飛行機から爆弾が落ちるかもしれない」「大学に機関銃を打ち込むことになるぞ」と脅迫し始めた。さすが小野塚と中田に仕える学生主事ら、「打ち込みなさい。大学の建物は毀され、我々は殺されるかもしれない。しかし大学というものは建物や一部分の職員が死ぬことによって無くなるものではない。我々は貴官らに劣らず忠誠純良な国民として国法たる勅令を尊重する態度に出ている。」「正義の戦いと信じている。甘んじてお受けいたしましょう。歴史が批判する時代も来るであろうから」と言い放った。竹内学生課長はすぐに総長に子細を報告した。

翌日も光永中佐が来学し、定例異動の一環だから枉げても了承せよと求める。三日目には別の中佐が訪問、勅裁は仰いでいないと訂正したうえで大学側に了承を求めた。学生課側は「忠義の総本家を自任する陸軍が、……御都合によっては、既に勅裁を得たといい、場合によっては、未だ得ていないという。全く上御一人を勝手に道具扱いするものである。……我々は法治国の国立大学をあずかる立場の一員として、これ以外の態度はありえない」と一歩たりとも譲歩しなかった（以上、石井勗『東大とともに五十年』。石井は六月二十四日からの出来事と回顧するが事務閉室の土日となるので、他の史料によりこのように復元した）。

この十七日の情報を内々に受けた文部省高田課長は、翌日陸軍省に出向いて配属将校の増減は文部省を通すようにと要請したが、陸軍省は文部省と協議はするが、増員については統帥権の問題であり、諾否にかかわらず発令すると強硬姿勢を崩さない（江口重国「配属将校増員問題経緯報告」、「小野塚喜平次」）。

臨時学部長会開催

詳細な報告を受けた小野塚総長は、光永の一方的通達に激昂し、七月二十日に臨時学部長会議を召集した。前日に江口が電話連絡をしたほどの緊急招集だった。小野塚は早朝に軽井沢から帰京、ブレインの中田は学部長でも評議員でもなかったが、総長の依頼でオブザーバーとして臨席した。当初から石井や小野塚から相談があったのだろう。

小野塚は、陸軍省の行為は勅令第百三十五号の「配属将校ハ教練ニ関シテハ当該学校長ノ指揮監督ヲ承」け、任用も「陸軍大臣文部大臣ト協議シテ之ヲ行ウ」という規定に反する勅令違反で、大学に対する甚だしき侮辱であり、職に留まることはできないと辞意を表明した。一同にも連袂辞職を求める剣幕であった。しばらく沈黙が続いたが、この状況では軍部の要求を受諾せざるを得ないという意見が多数で、総長を慰留する者は一人もいなかった。医学部長の長與又郎や文学部長の瀧精一が、このような小事で大学に危機を招くのは瀧川事件の二の舞だと軟論を発したので、憤慨した中田はオブザーバーの立場を忘れて「かくの如き弱腰の諸君と論議するを恥とす。かかる感覚の認識不足の人間と同席するを潔しとしない」と憤然色をなし、卓を叩いて退席した。

中田の憤慨

研究室に戻った中田のもとに、しばらくして法学部長の穂積重遠が評議員の田中耕太郎・三潴信三とともに来室したので、学部長会の様子を伝え「君等はあくまで小野塚総長を助けて奮闘したまえ」と激励した。田中は明日の評議会では総長を慰留して戦うと心に誓った。また、三潴は夜遅くに医学部長の長與又郎宅を訪れて総長慰留の方針を確認している（以上、『懐旧夜話』、「長與又郎日記」、「小野塚喜平次」）。

四　配属将校問題における田中耕太郎との共闘
——中田総長擁立計画の噂——

臨時評議会と小野塚総長の辞表提出

昭和八年（一九三三）七月二十一日午後一時、安田講堂で臨時評議会が開かれた。竹内良三郎学生課長・江口重国庶務課長から事件の経緯と文部省との折衝状況について報告があり、続いて小野塚総長の一時間十分に及ぶ大演説。自己の大学運営方針を述べて、陸軍の非違を矯正できなければ辞職の一途あるのみと繰り返し、文部大臣に抗議の上申書を提出するという。ここでも一名増員など小事だとの意見が聞かれたので、江口は激昂して「東大の意図を無視して軍事教官を増員するのは勅令違反である。日本は法治国です！」と叫んだ（土方成美『事件は遠くなりにけり』）。

穂積重遠は「陸軍の非違は異論の余地なし。しかし総長の辞職で解決できる問題ではない。後任総長が認めても法学部は断じて承諾しない。総長は発令前に辞職すべきではない。戦いは八月一日以降に始まるのだ」と、三潴信三とともに強硬論を唱えた。医学部長の長與又郎は、中田が背後で穂積・三潴を尻押ししているのだろうと愚痴っている。

鳩山文相を介した折衝方針

他方、経済学部の土方成美は、軍部の横暴については同意見だが、闘争的意識を持つことは早計だと発言、同評議員で自由主義者の河合栄治郎も「共に事情悪化の場合には、経済学部は最重大な覚悟をせざるをえない立場に陥るかもしれない、その際に評議員諸君はどこまで闘う覚悟があるか」と慎重論を称えた（「長與又郎日記」、「小野塚喜平次」）。

最終的に総長辞職は時期尚早という意見で一致し、慰撫された総長も八月一日まで辞表を出さないと約した。さらに、文教の危機への早急な善処を求める上申書を鳩山一郎文相に提出することを可決、鳩山は小野塚の教え子で、秘書官の菊澤秀磨も東大書記官を兼任していたので、陸相との交渉ではなく、文相に情報提供して共に戦うという戦略でまとまった。週明けの七月二十四日に穂積・三潴が文相に評議会決議を伝えること、その回答を待って二十五日に評議会を開催すること、それまではこの文相との交渉に一本化すること、秘密を厳守することを申し合わせて散会となった（「長與又郎日記」）。

中田の河合栄治郎へ痛烈な言葉

中田が研究室に戻ると、すでに夕方六時をまわっていた。そこに河合が中田の態度緩和のために来室したが、逆に「予て（かね）大学の自由を強調する君の如きが今日の弱腰は何事ぞ！」と詰問した。河合は不快な顔をして立ち去った（『懐旧夜話』、「河合栄治郎日記」七月二十九日）。河合は次の評議会の前日の二十四日、長與のもとを訪ねて「明日の会議においいて全学部歩調を共にする場合、自然科学方面がこれに参加せざる如き事なきよう纏められたし。またある程度の軍部譲歩がある場合、法学部の態度やや懸念するものあり。この辺りも調停を依頼す」と進言している（「長與又郎日記」）。

土方成美の単独行動の波紋

土方は個別交渉しないという決定を無視し、無防備にも縁戚の陸軍将官や教え子で陸軍主計大佐の吉野繁（のち北支駐屯軍経理部長、陸軍主計中将）から陸軍参謀本部の古在嘉門少将（のち中将、中支派遣軍司令官）への紹介を受け、大学への無理強いをやめるよう申し入れた。善意でしたことだが、評議会の議事が洩れて陸軍はさらに態度を硬化させた。評議員たちは痛憤し、中田は田中・穂積・三潴の三人を夜八時ころに九段の土方私宅に遣わし詰問させて、学部長引責辞任を求めた。土方は評議会で陳謝したが辞任はしなかった（土方『事件は遠くなりにけり』、「河合栄治郎日記」、田中『生きてきた道』、「小野塚喜平次」、『懐旧夜話』、竹内洋『大学という病』）。

文相と陸相との間の覚書交換

七月二十五日の穂積法学部長を座長とする評議会では、前日の軽井沢三笠ホテルでの文相・総長会談で文相が職を賭しても解決し、最悪の場合は総長と共に辞職する覚悟だと語ったこと、宮内省の調査で勅許が事実ではないと確認されたことが報告された。

さらに翌日、文部省から連絡があり、今回の件を荒木貞夫陸相は全く認識しておらず、発令延期を基礎に今後は文部省・陸軍省・大学の三者一致を原則として進めることが、文相・陸相間の覚書交換で確認されたとのことであった。そして陸相から、申し訳なく思うがすでに人事も進んでいる、八月一日発令を見合わせるから、その誠意に鑑み、一週間後の発令を承認してほしいとの要請があったことが伝えられた（「小野塚喜平次」）。

これを受けて、二十九日午後一時から臨時評議会が開催された。軽井沢から帰京して大学に向かった河合は、法学部長の穂積から経済学部長の土方に会うよう求められた。自宅に向かうと土方は不快な様子で「昨夜、法学部の三人（穂積・田中・三潴）が自宅まで来て、自分の陸軍との話が悪宣伝の材料になっているので、会議には出るなと言ってきた」「君の態度も軟弱だと悪口をいって帰ったよ」と憤っている。河合は、中田から受けた例の誹謗（七月二十一日）のことだなと思った。法学部三人から詰問を受けた土方は、評議会を欠席するつもりで自宅にいたのである。

河合は本位田祥男と共に法学部の態度に憤慨したが、他人事ではなかった。評議会に向かうと、入口で田中ら法学部評議員が待ち構えており、自由主義の立場で軟論を吐かれては他の評議員に影響を及ぼす、今日は一切発言するなと圧力をかけられた。河合は会議後もやるせない気持ちでいっぱいだったという（「河合栄治郎日記」、田中耕太郎『生きて来た道』）。結局、この評議会では、陸軍の誠意を認めて延期で了承しようとの声もあったが、最終的には形式的延期でなく、発令取消のうえで正規の要請手続きを踏むことが求められた（石井勗『東大とともに五十年』）。

事件の終息

夏休み中も水面下で折衝が進められ、八月十五日の学部長会議では十日付の文相からの回答が伝えられ、陸軍側が誠意をもって発令見合わせと手続き厳守を文部省に約したことが報告された。そのうえで文相から総長にあらためて一名増員の要請、九月五日の評議会で了承された。ここに二ヵ月にわたる紛争は落着した。中田らの戦いは、軍部のなし崩しの増員を牽制し、のち昭和十年三月の農学部本郷移転を名分とする五名への増員に際して、徴兵上の特権を認め、文部省所管部局を専門学務局に移して事前に総長に相談するべきことを明確に取り決めるという流れを作ったのである（「長與又郎日記」）。

中田総長擁立計画の噂

なお、一連の出来事のなかで、経済学部の土方・河合グループと法学部の中田・田中グループとの対立が決定的となり、以降の大学内部抗争の枠組みが作られたことも見落とせない。河合は、法学部の強硬な態度は中田総長擁立に関わる一連の企みだと思い込み、強い反発を感じていた。たしかに配属将校問題は教授会を通さず、評議員だけで秘密裏に議論され、暑い時期にいつも中田研究室に学部長や評議員が集まって何か相談していたのだから、怪しいこと限りない。普段から中田や田中に反感を募らせていた法学部の蠟山政道が、そうした噂を親しい河合に不愉快げに伝えている（「河合栄治郎日記」）。実際、事件を知らない法学部若手の間で田中学部長、中田総長の擁立計画といった根も葉もない噂が立って迷惑したと田中自身回顧している（『大学の自治』田中耕太郎発言）。「河合栄治郎日記」からは、常に中田総長擁立に強い危惧をもっていることが窺われる。昭和八年末の総長選挙で小野塚が一年の条件で重任したことを蠟山と喜び、翌年の総長選でも「消極的に中田氏を排斥すればよいので、此の問題には大して熱がなかった」（十二月三十日）と相変わらずの敵視である。たしかに昭和八年十二月の総長選挙以来、中田が小野塚に代わる最有力候補だったのは事実である（「長與又郎日記」）。これまでみてきたように、学部長会にまで総長のオブザーバーとして参加する中田を、よく思わない者も少なくなかった。矢部貞治は、昭和五年の中田学部長再選の際に「牧野博士にも困るが中田博士の部長も大して感心しない。熱心で事をおろそかにしない点は評価するが、我執が強く強制的で、而も極めて不公平だ」と評していたし（「矢部貞治日記」）、牧野英一が「中田薫君の学問は深いが思想がないよね。それに高慢だ」と揶揄するように（雨宮庸蔵『偲ぶ草』）、敵も多かった。しかし長らく「総長猟官運動」をしていたのが穂積重遠であるのは周知のことで、矢部自身も田中からそのことを聞いて口汚く評している（「矢部貞治日記」昭和十四年三月二日）。学部長すらも何度も拒否した中田が、自ら総長を望んではいたとは思われず、選ばれたとしても辞退したであろう。

法学部は昭和八年の総長選挙の協議員に中田・末弘厳太郎・三潴信三を、翌年の小野塚の後任選挙でも中田・穂積・末弘を互選しており、常に中田を選挙委員に推していることからも、中田総長を法学部の積極的意向とみるのは難しい。小野塚後任候補には長與又郎・穂積・姉崎正治が選出されたが、実は姉崎と同点だった中田（「矢部貞治日記」十二月九日・十二日）の名は不思議に表に現われない。協議員の立場で法学部から二人候補を出すのは好ましくないと理由をつけて、内々に辞退したものと思われる。他方、協議会で自分に投票せぬよう希望したのに選ばれて憤った長與に対して、中田は「そは人の自由意思を束縛するものなり」と発言している。結局、全学選挙で長與が過半数を占め、小野塚の説得もあって総長に就任した（「長與又郎日記」）。

河合栄治郎の生き方の変化

なお、河合が小野塚総長を助けて大学自治のために戦ったといわれることもあるが、このころの河合はいまだ保守派の土方らと行動を共にしていた。ところが昭和九年ころから土方や本位田祥男らと袂を分かち、学問の自由のため奔走するようになる。国家主義批判を論壇に発表し始めるのも、まさにこの昭和八年の夏以降である。この時期を境に河合の学生人気は急上昇したと竹内洋は指摘する（以上、竹内『大学という病』）。丸山眞男もそれまで河合を御用教授と見下していたが、二年時の特別講義を聴いてイメージが一変したと回想する（丸山「座談会　映画「ローザ・ルクセンブルク」をめぐって」）。

中田に対しては最後まで嫌悪感を持ち続けた河合だが、この事件の体験と臨時評議会の閉会後に中田から受けた「大学の自由を強調する君の如きが今日の弱腰は何事ぞ」（昭和八年七月二十九日）という鮮烈な非難は、敵視していた中田の言葉だけに、その生き方に転換を与える一つの契機となったと思われる。

五　美濃部事件と中田による「国体明徴訓令」の修正

末弘厳太郎学部長の告訴

一度は収まったかにみえた東大法学部の思想問題も、昭和九年（一九三四）から再燃する。昭和八年九月、末弘厳太郎が決選投票で三潴信三を破って学部長に当選、中田はこれに強く反対していたが、田中耕太郎ら若手が三潴を敬遠したための当選であった（『矢部貞治日記』）。しかし翌年には、末弘も『法窓閑話』『法窓漫筆』が問題視され、六月には治安維持法違反・不敬罪・朝憲紊乱罪で告訴される。このことを小野塚・宇野哲人・瀧精一・中田らは心配していたのだが、自発的絶版で辛うじて不起訴となった。

昭和十年一月、国体擁護連合会が、美濃部達吉や末弘を国憲紊乱の元凶とするパンフレットを各所に配布し始めた。二月には衆議院で、美濃部の国家主権論や天皇機関説が問題視され、貴族院でも国粋派の元陸軍中将の菊池武夫男爵が、美濃部や末弘を「謀反人」「反逆者」「学匪」と誹謗した。末弘は貴族院質問の三日前、連合会の壮士十五名から辞職勧告を突き付けられていた。こういった動きの背後には、岡田啓介内閣、枢密院議長の一木喜徳郎、法制局長官の金森徳次郎に対して反感を募らせる平沼騏一郎の動きがあった。平沼は国家主義団体の国本社を主催し、検事総長や大審院院長を務めた人物である。勅選議員の美濃部は、二月二十五日の議会で「一身上の弁明」と称する理路整然とした反対弁論を行い、同席していた小野塚や松本烝治らは高らかに拍手を送った。

美濃部達吉天皇機関説事件

二月二十八日、衆議院議員で陸軍少将の江藤源九郎が美濃部を不敬罪で東京地方検事局に告発した。憲法講座を継ぐ宮澤俊義まで問題視され、貴族院は三月二十日に「政教刷新に関する建議案」を可決、衆議院も三月二十三日「国体明徴に関する決議」を可決して、機関説を正式に否定した。すでに美濃部は昭和九年三月に定年退官していたので、法学部も特に動きをみせず、宮澤俊義や岡義武ら若手有志が湯島の料亭に美濃部を招いて慰労会を開いただけであった（以上、『岡義武談話筆記』）。

文部省「国体明徴訓令」

政治と学問の分離を信条とする岡田内閣のもと、文部省はあくまで静観の立場を守り、内務省も司法判断に慎重姿勢を取っていたが、手をこまねいているわけにもいかなくなり、昭和十年四月七日に美濃部の事情聴取を実施し、九日に内務省は三著書の発禁処分、二著書の修正を命じた。しかし司法省の方はなお事態の推移を見守っていた。

三月末（三十日カ）、文部省専門学務局長の赤間信義と思想局長の伊東延吉が長與又郎総長に懇談を求め、近く文部省から「国体明徴に関する訓令」が出されることを伝えた。中田が山上御殿で昼食を取っていると、会談を終えた赤間と伊藤がやってきたので、彼らに自分の思いを伝えた。——明治十五年（一八八二）頃にも我が国の主権の所在に関する議論が新聞雑誌の紙面を騒がせたものだが、主権は議院（議会）にあるという意見や、天皇と議院が分有するといったイギリス風の意見が大多数を占めており、天皇主権説を主張する新聞は少なかった。むしろ桜痴居士（福地源一郎）の『日日新聞』などは、他の新聞から強く攻撃されたと『懐往事談』に書いてある通りだ。あのころの過激論に比べれば美濃部の国家主権論などは穏健な説だと思う。今さら騒ぎ立てるのは歴史を知らない者のすることだと（『懐旧夜話』）。

中田の国家主権論に対する意見

四月二日、松田源治文相と同郷大分の出で旧知の仲であった末弘法学部長は、内々にこの訓令案の内示を求めた（『大学の自治』宮澤俊義・横田喜三郎発言）。同時に、中田の研究室を訪れ、「先生は先日食堂で赤間・伊東両局長に明治十五年前後の主権論についてお話をされたらしいですね。彼らがそれを他の局長連中に話すと、それは初耳だ、中田先生に文部省に来てもらって、憲法制定史の講演をしてもらおうということになったらしく、その斡旋を頼まれたのです」と依頼してきた。

夕方六時半ごろ中田が笄町の自宅に帰ると、末弘が二度も来訪したという。残していった封書を開くと訓令の原案だった。一読して修正が必要だと思った。夜遅く末弘から電話があり、今日文相から受け取った訓令案は穏当と判断して承認しました、あれでいいでしょうという。中田は、少々修正すべきところがある、考えて返事するといって電話を切った。気になった末弘は、翌三日にも中田研究室を訪れ、原案の妥当性を説明した。

文部省での講演

四月五日に中田は文部省の講演に赴いた。赤間・伊東両局長に加え、事務次官の三部長治、政務次官で衆議院議員の添田敬一郎の四人が座っていたが、直前に松田文相が「傍聴に来ました」と笑いながら現われた。講演後に思想問題について懇談したが、用心深い中田は警戒して「訓令をお出しになるとの風説を承りましたが、よほど慎重にお考えの上でないと大学でまた一騒動持ち上がるかもしれませんぞ」と威嚇しておいた。

四月六日十時、長與総長は末弘学部長、江口重国・赤間信義両局長と対談、末弘からは訓令草稿について文部当局や中田・江口らと協議済みとの説明を受けていた。しかし午後江口から電話があり、中田らは賛同したつもりはないと憤慨しているという。高柳賢三・南原繁両評議員からも、明日伺うと電話があった。翌朝八時半から長與は麻布仲ノ町の自宅で江口と協議し、十時から高柳・南原に意見を聴き、中田にも来訪を求めた。中田は「国体の本義に悖(もと)る」という表現は将来に禍根を残すと修正を提案し、南原は

訓令修正案の作成

末弘の激昂

このような重要案件を末弘が先述のように安易に承認してしまったことに憤慨した。中田は評議会開催を求めたが、正規の通達ではないので、内々に法学部評議員二名を加えた学部長会議を開くことになった。修正案作成を依頼された中田は夜遅くまで検討していたが、そこに面目を潰された末弘から電話があった。泥酔し管をまいて何を言っているのかわからない。総長宅にも四十分にわたる電話、暴言を吐き中田を罵り、電話を切った時には十二時半を過ぎていたという（以上、『懐旧夜話』、「長與又郎日記」）。

翌日、長與は穂積重遠に末弘の鎮撫を依頼するとともに、十時から総長室で学部長会議を開催した。中田起草の修正三案のうち第二案が採択された。「国体の本義に悖るが如き」を「国体の本義に関して疑惑を生ぜしめるが如き」と修正する案で、本質論に持ち込ませず、表現の問題と弁解できる逃げ道を作っておく仕掛けであった。文部省の赤間局長・添田政務次官に手交したが、文相は今さら変更などできないと強硬姿勢だった。

文部省の最終案

四月九日、いよいよ閣議に付される。中田は苦心が無駄になったことに憤りを感じながら暗くなった研究室で一人沈思黙考していたが、そこに江口書記官から電話があった。文部省の最終案は「国体の本義に疑惑を生ぜしめるが如き」だった。受話器を引き継いだ南原も「今、ご通知した通り誤りはありません」と興奮した声。中田は自分の修正案がほぼそのまま通ったのを聞いて満足して帰路についた。この「国体明徴に関する文部省訓令」（訓令第四号）は翌日四月十日に発令され、官報に公表された（SⅣ一七五）。

面目を潰された末弘の怒りは収まらず、絶対に辞表は撤回しないといっている。総長は短気を起こさないよう懇々と宥め、仲裁家の手腕をもつ穂積や高柳に任せた。四月十一日、穂積が末弘と共に中田研究室を訪問し、「中田先生も末弘君も双方とも鼻っ柱が強い人だ。それで末弘君が部長になったとき、いつか先生と衝突しなければと常に憂慮していた。遺憾です。どうですか、末弘君といま一度面談して話し合ってみては」と提案してきた。真っ向から食ってかかるだろうと中田も覚悟していたが、末弘は「いや、先日来の先生の行動につき種々誤解をしておりました。ご迷惑をおかけ申した」と謝したので、和解して握手した（以上、『懐旧夜話』、『大学の自治』、「長與又郎日記」）。

大学側の奮闘は評価されるが、事態はそれほど甘くはなかった。訓令により高等文官試験から天皇機関説は排除、憲法担当教官の学説調査が始められ、京大憲法講座の渡辺宗太郎は行政法へ移動となり、政治学の黒田覚に交代、他大学でも休講が相次いだ。

政府の国体明徴声明

倒閣をめざし強硬姿勢をとる政友会や軍部・右翼団体に対応すべく、岡田内閣は昭和十年八月三日「国体明徴に関する声明」を発表する。文部省に要求した変更点はこちらの方には全く反映されず、「萬邦無比なる我が国体の本義を愆るものなり」となっている。九月、美濃部は松本烝治の説得を受けて貴族院議員を辞職、引き換えに起訴猶予となった。しかし、新聞記者に「辞めたのは学説を翻したとか、自分が間違っていたと認めるのではない。ただ現在の貴族院の空気では、私が議員としての職分をつくすのが困難だと感ずるからだ」と語ったので（テレビ東京編『証言・私の昭和史』2）、軍部・右翼の攻撃が再燃し、十月十五日に岡田首相はあらためて「国体明徴に関する第二次政府声明」を出して事態収拾を図らざるをえなくなった。

教学刷新評議会の設置と中田の委員拒絶

五月十一日の内閣審議会設立を受けて文政審議会は廃止、十一月十八日に新たに国体明徴運動に応ずる国体観念と日本精神による教育・学問・思想の刷新統制を目的とする教学刷新評議会が、松田源治文相を会長として設置された。委員六十名、各省次官・五帝大総長・早慶総長・有識者・軍部三名からなる。東大には中田・穂積・筧克彦・宇野哲人・入澤宗壽・土方成美を委員に迎えたいとの依頼があった。中田は軍部に迎合した委員など御免だと即座に拒絶、長與総長の説得にも個人への依頼だから自由だ、教授会を開くことも認めないと突っぱねた。長與は「利己的小我的の意見なり」と憤っている。

添田敬一郎文部政務次官までが中田の研究室を訪れて懇請したが、受け入れる様子もない。穂積は受ける気だったが南原ら評議員から反対され、法学部からは現役委員を出さないことが貫徹された。昭和十年九月には、満洲国政府より中田・我妻栄に臨時土地制度調査委員委嘱があったが、これも中田は拒絶し、我妻が応諾した（「長與又郎日記」）。

美濃部襲撃と二・二六事件

軍部・右翼の暴走はとどまるところを知らず、翌十一年二月二十一日の夜、美濃部は吉祥寺の新居で国家主義団体の大統社の小田十壮に狙撃され右膝を負傷した。その五日後には二・二六事件が勃発、岡田首相が陸軍青年将校に襲撃される。このとき東大も襲撃されるとの噂があり、多くの教授たちが鎌倉などの郊外に一時避難した。三月十三日には枢密院議長の一木喜徳郎が辞任、平沼騏一郎が後任となった。昭和十二年には教学刷新評議会の答申を受けて、文部省『国体の本義』が刊行され、内閣に教育審議会、文部省に教学局が設けられる。そして大学に国体学講座の設置が求められることになる。

第十一　中田の退官と戦時下の大学

一　最終講義、名誉教授辞退の波紋

中田薫は定年を直前に控えた昭和十一年（一九三六）、小石川区水道端二丁目（小日向一丁目）に転居する。妻榮の父竹内綱は大正十一年（一九二二）に、義兄明太郎も昭和三年に亡くなり、いつまでも笄町の家に居座るわけにいかず、蔵書を少しずつ移動し、翌年七月二十日には転籍した。定年後は庭仕事の好きな榮のために庭のある自分の家を建てて、悠々自適の生活がしたいと思っていた（輝男氏談）。女中もいなくなり、自ら家計簿をつけて妻に教える中田、昔の男で「榮ぃ〜！」とかすれた声で呼びつけると、榮が「はいはい、はいはい」と走ってくる日常だったが、嫁の美枝氏は「外国にいらしたから、いろいろなことでハイカラ」「普通の人よりは外国式に女の人を立ててね、洋行で覚えてらしたらしい」とも回顧する。朝食はパンとウィンナー、榮が七輪で焼いていたという。

昭和十二年三月、中田は大学を定年で退く。講義は二月後半に終る。最新の研究を淡々と語って静かに教室を後にした。更新し続けた講義は、当初と比べると倍くらいに増訂されていた。日本法制史の最終講義のむすびの言葉は次のように記録されている。

終講の辞

遂に、親族法に入ることを得ず、遺憾ながらこれを以って日本私法法制史の講義を終ることとする。

なお、試験で省略する箇所は大化前代および法源である。試験について一言すれば、法制史は歴史であるから先ず「時代」を明確にして貰いたい。最後に注意すべきことは「学術語」である。杜撰なプリントを用いると、この点が目茶苦茶である。それ故、講義に出ずに試験だけ受けたことが一目にして解る。かかる答案に対しては絶対に「優」は授けられない。

では、以上を以って私の東大における講義を終る。

感激、拍手！！

終り

昭和十二年二月十六日　（東京プリント刊行会『日本法制史（私法）』）

赤門前で販売される秘密出版のプリント、これを用いて試験を受ける学生には優は授けないという発言を、まさにそのプリントに文字として起こす「東京プリント刊行会」

の講義録自体がマニアックで、さすがプリント界の王者といわれるだけの自信である。三日後の「仏蘭西法制史」は、中田の風体をもじって以下のように記録されている。

高僧　中田薫教授終講の辞　停年

時間がないので非常に急いで講義を致しました。以上を以て私の法制史を終ることに致します。

扨て、試験ですが、第一巻は省くことにする。第三巻をも省き、専ら私法史に付て御聞き致したい。大体の本質的な点を書いて頂けば結構。マア怠けないで勉強して下さい。

一九三七年二月十九日　午後二時五十一分

（文精社『仏蘭西法制史』）

よほど感慨深かったのか、「高僧」の終講時間を「分刻み」で書き残している。

名誉教授辞退とその波紋

昭和十二年三月、中田は法律学科三百九十六名、政治学科百七十五名の卒業生と共に大学を去った。在職三十六年。しかし名誉教授の授与に際して、また一悶着あった。四月の評議会で九名の名誉教授推薦が審議され、法学部からは中田と野村淳治が推薦されたが、「在職年数に関する内規あるに拘らず近年これが軽視せらるるは遺憾なり」と辞退したのである（『長與又郎日記』）。兼職する教官が多いことへの不満もあった。内田祥三の記憶ではもっと過激な表現で、「ああいう名誉教授（実質のない肩書だけの名誉教授）と籍を同じにしない」と言い放ったという。内田の愚痴を聞いた小野塚は「中田君はあまりに潔癖すぎる」と溜息をついた(「内田談話」)。

条件を十分に満たす中田のボイコットは波紋を広げた。法学部は野村・中田の二名、医学部は五名、理学部は一名、農学部は一名を推薦、工学部は遅れて土曜日に二名を推薦していた。大正十四年名誉教授推薦内規は「在職二十年以上(助教授在職年数は半数換算)」だが、医学部や工学部のように他大学で教授を務めて東大に戻る場合の配慮は必要との意見もあった。厳格にいえば医学部四人は条件を満たさない。中田の辞退を受けての投票結果は、二十年以上の野村ら三名は満場一致、その他は四分の三に満たず否。

長與総長の憤慨

長與又郎総長は「あまりに理論一点張りにて実際の功績の如何を顧慮せざるに至ることは面白からず」と不快感を露わにした。さらに総長の警告にもかかわらず、遅れて採決された工学部一名も否決、憤懣収まらない総長は、学部長を集めて辞任を宣言した。

名誉教授推薦内規改正委員会

推薦内規改正委員会が設けられたが、規約の沿革を重視する法学部の田中耕太郎や抽象的な学勲では基準が立たないとする農学部の佐藤寛次らの意見と、年限規定は学勲顕著ならざる者と雖も約二十年以上の場合はという意味だとする医学部の石原忍らの意見との間で論戦が繰り広げられ、年限のみならず功績をも重視する慎重な審議を行うこと、今年の件は再考査もありうることを纏めて総長を慰留し、何とか事無きを得た(「長與又郎日記」)。なお、中田が「東京大学名誉教授」になったのは、新制東京大学から昭和二十八年七月七日付推薦を受けた七十六歳の時、定年から十六年も経ってからであった。

東京大学名誉教授

二　還暦祝賀と退官後の学問の集大成

還暦祝賀と弟子への言葉

中田の退官を受けて、石井良助が日本法制史講座を、久保正幡が西洋法制史講座を引き継ぐ。石井は学位論文「中世武家不動産訴訟法の研究」を纏めて学恩に報いた。門弟の金田平一郎・高柳眞三・原田慶吉・仁井田陞・石井・久保の六人は、還暦に合わせて『中田先生還暦祝賀　法制史論集』を献呈した。仁井田・石井・久保三人で中田宅を訪れると、中田は「自分は幸いにして、論文集の筆者六人の弟子をつくった。それぞれの専門家になった」と感慨深げで、「君達一人ひとりが六人の弟子をつくれ」、「ネズミ算的に弟子ができれば、法制史学者も増えることになる」と語った（久保「中田薫先生の思い出」）。

昭和十五年（一九四〇）、久保は恩師の期待に応えるべく、大学院に進学した弟子の世良晃志郎（のちに東北大教授）をつれて中田宅を訪問している。世良は回想する。「中田先生はたいへんこわい先生であると言われていた。先生のこわさをめぐるエピソードも少なくない。私は、大学卒業の直後ころ、一度だけおそるおそる先生のお宅にお伺いしたことがある。そのとき、先生は談論風発、腰を上げる暇さえみつからぬほどよく話され、私はちっともこわさを感じなかった。もっと学問的に深入りしていたら、おそらく非常なこわさを感じたであろう。しかし、学問的にこわいということは、学問的に信頼できるということである」(『法制史論集』出版案内・予約申込パンフレット)。

近くの旧同心町に住む久保は、定年後の中田宅をよく訪れ、中田も久保を我が子のように愛して、いつも石切橋の「はし本」から鰻重を注文してふるまった。久保は「あるとき先生の御夫人から家内に「夕方帰りが遅くなるのではないでしょうか」と電話があり、「それでも久保さんが来られるのを楽しみにしているのですから、遅くなっても遠慮なく来てください」とわざわざ伝えられた」ことを回顧する(久保前掲)。

退官後の日常

退官後は悠々自適、好きなことをすると決めていた中田だったが、昭和十二年に高柳が法制史比較研究のため二年間独仏米に留学したので、東北大学の集中講義を引き受けることになった(『東北帝国大学一覧』昭和十二・十三年度)。自宅での日常は教授時代と変わらず厳格で、輝男氏によると「祖父は毎日きちんとした日々を送り、それによって何時何分かわかるといわれたほどだった」。甥の勝平氏も「いつもコタツで勉強していた。周りには本が沢山あった。遊びに行くと「タバコあるかい?」といって、ホープをいつも一、二箱くれた。菊の御紋の入った恩賜のタバコをくれたこともあった」と回想する。

『法制史論集』第二巻第三巻の出版と初出論文の書き換え

時間ができたおかげで、昭和十三年には若いころ書いた荘園制の論文などを推敲・再録した『法制史論集』第二巻（物権法）を、昭和十八年には第三巻（債権法及雑著）を岩波書店から刊行した。註で講義ノートを引用するなど、以降の研究で増補している。なかでも荘園制の諸論文は留学前の執筆ゆえ、ギールケの研究や史料の博捜結果をふまえ、歴史的意味づけにおいても史料解釈においても大きな修正を加えている。石井紫郎氏が批判するように、ドイツ法学の理解には不十分な点もあり、恣意的な当て嵌めも散見するが（石井紫郎「中田薫」）、あくまで史料から組み立てたもので、歴史法学的知見は近代的枠組みを相対化する道具として活用したにすぎない。また、公法と私法の峻別への批判についていえば、中田自身は講義の中でも両者を峻別することはできないと強調しており、たしかに「職の物権化」を強調しはするが、それが封建制的主従関係に規定されていることも併せ論じており、処分可能な不動産物権と考えていたわけではない。

三　中田と田中耕太郎の共闘
——「田中恐るべし。而して田中必ず身を誤るべし」——

中田から田中へ

中田が大学を去ったころから時局は急激に深刻化するが、そうしたなか中田や小野塚の志を受け継いだのは、商法の教授で「世界法の理論」を唱える田中耕太郎であった。丸山眞男は「法学部の正統」は中田薫→田中耕太郎→我妻栄と継承されると説明するが(『定本丸山眞男回顧談』)、中田→田中の系譜は正統というより、多くの敵を作りながら大学の自治のために総長を支えて奔走した人物の系譜と評すべきだと思う。

田中の大学での二十九年間、特に評議員になって以降の生き様は、カトリック信者という精神的支柱をもって国家主義に対抗するものだが、具体的行動においては敬愛する中田から学んだところが少なくない。実際、学部長時代の田中はしばしば定年後の中田宅を訪れて困難な運営について指導を仰ぎ、あるいは中田を研究室に招いて大学のあり方について意見を伺っている。以降の法学部は中田と田中の共闘により支えられた。

二人の深い関係

二人の深いきずなについては十分に認識されてこなかった。滋賀秀三は法制史という学問を田中は評価していなかったというが(鈴木竹雄編『田中耕太郎』)、講義を担当して間もない中田の若々しい授業に田中が魅せられたことは、専門分野を異にするにもかかわらず、学生時代のノートを晩年まで大切に保存していたことからも窺われる。表紙裏には教壇に立つ中田の似顔絵まで描かれている。しばしば中田宅を訪れ、晩年まで新年元日の挨拶訪問も欠かさなかった。孫のみどりは田中の来訪に、新聞でみた著名人だと驚いたという。

中田もまた、田中の一途な生き方に早くから一目を置いていた。田中が欧米留学から帰国して間もない大正十三年（一九二四）、その名を法学部に轟かせる事件が起こった。政治学科の吉野作造の後任に彼の弟子の奥平武彦助手を推薦する人事が、小野塚喜平次から提案された。田中は法律学科の教授に就任したばかりの若造なのに、他学科の人事に口を挟んで「奥平くらいの人物などいくらでもいる。学問に専心精進する熱意が足りない。人格的にも信頼がおけない」と反対意見をぶった。小野塚は温厚に「田中君のモラルを自分はアプレシェート（尊重）する」と宥（なだ）めたが、この雰囲気が後押ししたのか、提案は二票差で否決された。自信満々だった小野塚は驚き憤慨して、辞めると言い出すことになる。同世代の教授たちの慰留でようやく収まった。これ以来、田中の評判は悪くなり、人格論で人を判断して強引に物事を進める人物とみられるようになる（田中『生きて来た道』）。

中田の予言

この所信を曲げない若き田中の才気煥発な生きざまは、頑固さでは誰にも負けない中田をして次のように評せしめたと吉村幸雄「第二東大物語」は語る。

「田中恐るべし。而して田中必ず身を誤るべし」

ペンネーム「吉村幸雄」が誰なのか不明だが、その「第二東大物語」は法学部の歴史と内部事情を熟知する複数の古参教授から内々に得たと思しき生々しい情報に満ちている。この中田の言葉も、他に伝わるものではないが、以降の田中の信念を曲げない生き方と、それと表裏一体の危うさの二面性をみごとに予言した名言だと思う。中田は学問的にも田中を高く評価し、田中の『世界法の理論』を学士院恩賜賞の候補にあげたこともある。

二人が最初に行動を共にしたのは瀧川事件の時で（二二四頁）、中田の意向を受けて若手助教授の動きを鎮静して回った（「矢部貞治日記」）。また田中は、中田の親友松本烝治の娘峰子を妻としている。二人の関係をよく思わない者もいて、中田が田中を誹謗したとの風評が流されたりもした。昭和十一年（一九三六）六月十五日、矢部貞治は留学先で田中夫妻にご馳走になった時の会話を日記に書き残している。

岡君（岡義武）の齎（もたら）らした法学部の現状に関する話しをした。テニス・ブロック云々の話し、学部長改選を巡る仔細等。少し私事に渡ることもあったが、中田先生あたりが三潴（三潴信三）さんを立てゝ田中さんを排斥し、岡君の話しによれば、中田さんの如きは「俺が法学部にゐる限り田中などは学部長にせぬ」と高言したとの事なので、それとなく遠廻しに田中さんにこのことを注意して置いた。田中さんは中田先生はそれ程愚物ではあるまいと容易に信じられなかったし、小野塚先生と並べて中田さんを極力賞揚してゐられたのは快かった。……。

学部長選挙で自分が中田の推す三潴信三を切って、末弘厳太郎に票を投じたせいだろうと冷静に判断して、中田への信頼を貫く田中の姿に、中田嫌いの矢部も感心している。

四　矢内原忠雄筆禍事件と大内兵衛検挙
——田中の奔走と中田の感慨——

大学の時局への迎合

昭和十二年（一九三七）日中戦争が始まり、時流への迎合は長與又郎総長の時代に加速する。新学部長の田中耕太郎の反対を切り捨て、明治節の学生団体参拝が決定され、約四百人が大学前から皇居・代々木へと行進した。建国祭における代々木練兵場での明治神宮遥拝式参加も認められ、南京陥落に際しては独自の祝賀式が開催された（「長與又郎日記」）。

矢内原筆禍事件

思想弾圧も進み、同年十一月の経済学部教授会では矢内原忠雄が『中央公論』に寄せた「国家の理想」が問題視され、『民族と平和』や『通信』に掲載した文章の「理想を失った日本の葬りの席であります」「一先ず此の国を葬って下さい」という言辞が決定打となり、十二月一日の辞表提出に至る（土方成美『学界春秋記』、「長與又郎日記」）。

教授グループ事件と大内兵衛の検挙

南京陥落発表の翌日には、第一次人民戦線と呼ばれる労農派の学者や日本無産党・日本労働組合全国評議会の幹部らが一斉検挙され、翌年二月には第二次人民戦線検挙事件が起こる。そこには東大の大内兵衛教授、有沢広巳・脇村義太郎助教授、法政大学の美濃部亮吉・安倍勇教授、東北帝大の宇野弘蔵教授ら「教授グループ」が含まれていた。

検挙に先立ち情報を得た田中は、療養中の長與総長の意を受けて、木戸幸一文相と二月一日の面会を取り付けたが、時遅し、その日の早朝に大内は検挙された。

田中・木戸会談

木戸は私邸に現れた田中に、内務省に事実無根と釈放を求めるのは不可能だ、大学内部と警察当局との間にパイプが通じているから困ったものだと呟いた（田中『生きて来た道』）。大森義太郎の自供に加えて（「長與又郎日記」）、助教授橋爪明男からの情報が検挙の有力な手掛かりとなった。事情は不明だが、橋爪は助教授就任以前から、特別高等警察を統括する保安課を下部組織にもつ内務省警保局の嘱託をしていたのである（美濃部亮吉『苦悶するデモクラシー』、土方成美『事件は遠くなりにけり』、「南原繁回顧録」、「名誉教授座談会」〔『東京大学経済学部五十年史』〕、大内兵衛『経済学五十年』）。

学生主事石井の憤慨

内務省の暴挙には学生主事の石井勗も憤っていた。以前に処分した農学部学生の共産党資金カンパ反省文に、大森や山田盛太郎らからカンパを集めた際、大内だけは「おれはやらん」「おれはマルキストではない。労農派だから、いやだ」と断ったという供述があったからである。石井は、軍部や貴族院の圧力で起訴されても大審院で必ず無罪になると説いて、教学局長官菊池豊三郎らの大内処分の動きを抑えた（「石井勗氏談話記録」）。

起訴前休職処分の否決

大内検挙は経済学部派閥抗争に油を注いだ。検挙の翌日、長與は文相から大内の自主的辞職を提案されるが拒否、他方で経済学部長の土方成美を呼んで不穏当な決議をしないよう求めた。しかし十六日の教授会で、土方は学部長の立場でありながら起訴前即時休職処分という個人的意見を述べ、本位田祥男と田邊忠男も、大内は評議員ゆえ支障が出ると早期処分を求めた（土方『事件は遠くなりにけり』）。二十三日の教授会では、処分に反対する河合の要求で採決が強行され、休職処分は五対六で否決される。憤った土方は学部長辞任を申し出た（「矢部貞治日記」）。長與は二十五日に専門学務局長の山川建から、①起訴前処分遂行、②土方辞表非受理、③上申書公表への警戒、という基本方針を告げられ、経済学部を除く学部長を私邸に招き今後の方針を協議した（「長與又郎日記」）。

法学部の動き

二月二十七日には法学部教授会でも懇談の場が設けられ、田中学部長から大内問題は大学や学界全体に関わる由々しき事態だとの説明があった。杉山直治郎・横田喜三郎・南原繁は、総長を鞭撻して評議会を開催して起訴前処分拒否という意思を明確にすべしと主張、他方で安易な行動は控えよとの意見もあり、結論は持ち越された。

大内問題に対する中田の意見

定年後の中田はこの状況をどう見ていただろうか。二月二十八日午後二時頃、中田は突然矢部貞治の研究室を訪れ、東方文化学院の研究生推薦を求め、矢部を政治分野の評議員に推薦すると語った。電話で済むような雑談のために、一触即発の様相を呈する大学を訪れたとは考えがたい。前日の教授会を受けて、田中から今後の戦略について密談を持ち掛けられたのが真相だろう。実際、この時の中田は当問題について二時間にわたり閑談し、「大学は常に時局に先んじて之を指導して行かねばならないのに、在来の大学はまるで特権階級的な独善主義だから、今度の様ないざこざの起るのも或点は当然なのだ」と内部事情を熟知しているかのように不満を洩らしている（「矢部貞治日記」）。

上申書の新聞紙上への公開

三月十二日には、土方・本位田・田邊から大内即時処分を求める上申書が総長に提出され、翌朝には新聞紙上を賑わせた。法学部は三月十四日に全教授・助教授参加の臨時懇談会を開き、大内問題を議する評議会の開催要望書を総長に提出することを決した。

全学評議会開催

ここに長與も決意し、三月二十二日に大内問題に関する全学評議会を開いた。熱い議論の末、起訴まで如何なる処置もとらないという結論で散会となった。なお、この評議会での工学部長平賀讓の「近時人を目して軽々に非国家的なりと濫りに呼ぶの傾向あるは遺憾に堪えざる風潮なり。……司法上の処置判明せざる前に非国家的なりとして処分するは慎重なりと云うを得ず」という毅然とした発言は、臨席していた田中の心に響き、のちに平賀総長擁立に奔走させる契機となる（「長與又郎日記」、田中『生きて来た道』）。

五月二十六日の第一次近衛内閣改造で、荒木貞夫が文相に就任する。長與は文相との会談をふまえて六月九日に学部長を招集、経済学部の内紛については寛容の精神をもって公平に和解交渉を行い、万事尽きた時には経済学部総辞職、自分も責任を負う、河合問題については大学の主体性に鑑みて起訴・不起訴以前に大学の自粛を纏めたいと語った(「長與又郎日記」)。結果的に、十月に有沢広巳が起訴、十二月に大内兵衛・脇村義太郎が治安維持法違反で起訴・休職処分となり、教授グループ事件は収束を迎えた。

五　荒木貞夫文相の大学制度改革
──中田の協力で作成された「田中メモ」──

清野事件と浜田京大総長の辞任

昭和十三年(一九三八)七月、日中戦争が拡大するなか、荒木貞夫文相は六帝大総長に大学制度改革を宣言した。きっかけは京大総長で考古学者の浜田耕作の「清野事件」引責辞任であった。病床にあった浜田は考古学講座を医学部の教授清野謙次郎に嘱託していたが、この清野が神護寺などの古美術を常習的に窃盗していた事実が発覚したのである。浜田の辞任を受けて総長選挙が予定されたが、文相は学務局長の山川建に浜田留任を説得させて、公選を認めない意向を示した。皮肉なことだが、彼は総長公選内規を作った山川健次郎の息子である(『大学の自治』)。

七月二十二日、病状の悪化していた東大総長の長與又郎は上京中の京大法学部長の宮本英脩、文学部長の小島祐馬らと懇談、午後には田中耕太郎・石原忍・丹羽重光・舞出長五郎の四学部長を呼んで経緯を説明し、今回のことは文相の意向だからやむを得ないと言い残して、療養のため山中湖畔別荘に引き籠った。安易に文部省に回答されても困ると考えた田中は、舞出とともに別荘まで押しかけ、評議会開催を要求した。長與も浜田の訃報を受けて翌日には帰京する（「長與又郎日記」、田中『生きて来た道』）。

帝大総長懇談会での荒木文相の発言

七月二十八日、荒木文相は上野の帝国学士院で帝大総長懇談会を開き、人事に関する制度改革を要請、選挙で決定した内容を奏上するだけでは大臣としての輔弼の任を全うできない、総長・学部長・教授任免に関する自治には何ら法規上の根拠はないと宣言した。

これを受けて、八月一日に緊急臨時評議会が開かれたが、公選内規は政府の承認を経て決定したものだとこのたびの文相の要請には批判的意見が多かったが、運用上で対応しようという軟論が支配的であった（以下、田中『生きて来た道』、「長與又郎日記」、石井勗『東大とともに五十年』）。しかし、法学部の田中の強硬意見をふまえて、「今日変革を加ふるの必要を認めざるものである。若しその運用上に欠陥あらばこれを慎重に研究し、正規の手続きを経て改むるにやぶさかではない」との結論に達した。

臨時評議会と田中メモ

注目すべきは、基本方針を決定したこの重要な臨時評議会において、田中が「大学自治制確立ニ至ルマデノ経緯」と題するいわゆる「田中メモ」を朗々と読み上げ、「個々の人、個々の事件にあらず、天下の全大学を相手としての問題なり。現在の自治をやめることは重大事なり」「文部下僚が影響力を及ぼす様なことは絶対にいけない。改正の提案はこの危険絶対に存在す」と演説したことである。この「田中メモ」は、大学自治の歴史とともに歩んできた中田の全面協力のもと作成されたものである。暑い夏、田中が水道端の中田宅に頻繁に通って聞き取りを行い、中田も資料や日記を繰り直して教示した。ここに田中は中田と多くの時間を共にし、大学の自治の意識が伝授されたのである。

田中メモと中田の協力

田中はこれを自分たちの「鑑」とすべくタイプで打って印刷し、翌週の臨時評議会で配布した。八月五日付文書で冒頭に「本稿ハ、余ガ先輩中田薫博士ノ私的談話ヨリ教示ヲ受ケシ所、及び其の保存セラルル諸資料ヲ貸与セラレ知リ得タル事項ヲ骨子トシテ、後日ノ参考ニ資センガ為メ記述シタルモノナリ」とある（以上、田中『教育と権威』、『大学の自治』）。中田は定年後も、自分の臨席しない大学評議会で、田中の声とガリ版の文字を通して、後進教授たちに大学の自治の大切さを熱く語りかけたわけである。

荒木文相の激怒

改革の必要性は認めないという臨時評議会決議を聞いた荒木は、驚き激怒した。八月十二日に文部大臣官邸で、文相・東大総長学部長会談が開かれた。荒木からは従来の慣行は天皇の任免大権の侵犯だとして、①総長・学部長・教官の選挙廃止、②候補者の複数推薦、③総長・学部長の任期や教授定年制の再検討、の三点が求められた。長與は評議会決議を繰り返し、農学部長・文学部長からは現状説明と新設の日本思想史講座・神道講座の成果説明がなされた。その後、法学部長の田中が法理的側面から四十分にわたって反論、大学の自治への非難は学問の無理解に基づく俗論にすぎず、司法権の独立と類似するもので、選挙についても適材を選んで奏請し任命されるのだから、大権の侵犯ではなく補佐だと説明した。荒木は、まったく譲歩しない大学の態度をみて、これでは自分は責任を全うできないと吐き捨てた（「文部大臣東京帝国大学総長学部長会談要旨　昭和十三年八月十二日」、「長與又郎日記」、『大学の自治』）。

事件の終息

八月下旬からは事務方で折衝が進められ、選挙・投票の語を使わないということで妥協点が模索された。小委員会は、情報が漏れないように東京を避けて、愛知県蒲郡、熱海、箱根強羅ホテルで秘密裏に開かれ、最終的に十月十六日の六帝大懐徳館会議で候補者推薦要綱が纏められた。東大案は五帝大と異なり「教授ノ答申ハ署名セル文書其他責任ヲ明カニスル方法ヲ以テコレヲ為スモノトス」という条項が付されておらず、文部省は趣旨に添わないと難色を示したが、十月二十八日の文相と総長代理佐藤寛次農学部長との会談を経て受諾された。結局、文部省側は複数候補や任期停止については撤回し、選挙ならぬ記名意見書という線で妥協した。

ミシン目形式の推薦意見書

田中は最後まで無記名でなければ公正は確保できないと反対したが、理学部某教授の発案で投票用紙にミシン目を入れて下に候補者名、上に推薦者名を記入し、切り離して投票することになった。署名の方は発令後に速やかに焼却処分する。なお、八月段階で長與も投票用紙と封筒の分離による実質上の無記名を考案していた（『大学の自治』、石井勗『東大とともに五十年』、田中『生きて来た道』、「長與又郎日記」）。

六　平賀粛学と田中糾弾、中田の指導と感慨
――「大学の自治」の挫折――

国家権力の大学介入と経済学部派閥抗争

大学への干渉や言論統制が激化するなか、経済学部の河合栄治郎が次の標的となる。『改訂社会政策原理』ほか四著が発禁処分となり、文部省から繰り返し免職が要請される。これに従来から燻る経済学部派閥抗争、土方成美を領袖とする「革新派」（保守派）と河合ら「純理派」との対立が結びついて泥沼化し、学部全体が機能不全に陥っていた。

長與総長後任選挙と山田三良の辞退

学内処理に心身共に疲労した長與又郎総長は、昭和十三年（一九三八）十一月に辞意を表明し、ミシン目方式最初の推薦候補選抜で、山田三良が新総長に選出された。しかし突如健康上の理由で辞退する。当選翌日に河合に著作の閲覧を求めているので（「河合栄治郎日記」）、山田も当初は受諾するつもりだったようだ。文部省が推薦方法に問題ありと受理しなかったともいわれるが（『東京朝日新聞』十二月十日）、南原繁は「法学部元老との相

談の結果」と語る（『南原繁回顧録』）。「法学部元老」とは、一木喜徳郎か小野塚喜平次のことだろうが、法学部にまで批判が拡散することを心配して、身を引くよう勧めたものと推測される。

平賀譲総長

ここに平賀譲総長が選出された。戦艦大和を設計した海軍造船中将だが、すでに工学部を退官しており、受諾を渋っていたが、田中の説得で就任した。早々に法学部長田中と経済学部長舞出、両学部評議員各二名からなる委員会に懸案を諮問、十二月二十八日には田中・舞出と具体的方針を相談する。ここで田中は、土方と河合の「喧嘩両成敗」処分を提案した。派閥抗争粛正の名分のもと、文部省の要求する河合処分を別の文脈に位置づけ、大学の主体性を守りつつ「革新派」を押える案である。この田中の強い提案を受けても、平賀は「困ったな、そいつは」と呟くのみであった。

委員会答申

委員会答申を受けて、平賀は河合の処分を決断するも、土方の方は伸ばした方がいいという。田中は「河合教授だけを処分して、その加害者を放置するという事は一日でもいかんと思います」と意見した。二十四日深夜、荒木貞夫文相から「総長の思うようにやられよ」との伝言を受けた平賀は、ようやく二人に辞表提出を勧告、二十七日には文官分限令第十一条第一項第四号を適用して「学説表現の欠格」「綱紀の紊乱」による休職処分上申書を文相に提出した。教授会を経ない異例の具状だった。三十一日、河合の

河合と土方の休職処分の上申

田中耕太郎

橋爪明男

土方成美

河合栄治郎

休職が「思想内容の欠格」と変更されて発令された。土方の処分を議する分限委員会の方は国体明徴派議員の帝大粛正期成同盟、教学局、陸軍の反対で遅れていたが、文相はこれらの反対に耳を傾けなかった。

経済学部両派の連袂辞表提出と法学部での田中糾弾

経済学部両派十三名は、学部自治を踏み躙る粛学を不当とし、連袂辞表を提出した。法学部教授会も二月二日、粛学を推進する田中を五時間にわたり糾弾した。その様子を吉村幸雄「第二東大物語」は次のように伝えている。――南原繁の理路整然とした追及に「流石の田中も只でさへ蒼白の顔を引締めてグッと口を噛んだままになつて返答に窮」す。南原は「僕は大学の自治を捨ててまで自分の一身を守つて貫はうとは思はない。もし我々が死を賭して教授会と具状を盾に争っても守り得ぬ場合は、その時は我々は一個の運命として去ればいいのだ」と吐き捨て、「田中君はそれでも人間か！」の一句が聞かれた。教授会終了後には「何とも呆れたものだ。物凄い心臓」「完全に敗けと極まつて、学部長を投げ出さぬのだからね、平賀粛学に悪影響のある内は辞められぬ、何とでも勝手に言つてくれ、といつた様子で、もう寧ろ、殺さば殺せと大の字だね」と囁かれていた。情報漏洩に基づく記事で、他の史料では確認できないが、状況を生々しく伝えるものなのでここに紹介した。

田中君はそれでも人間か！

土方休職処分の発令

二月十三日には遅れていた土方の休職処分も発令される。綱紀紊乱に加え、粛学批判の声明を出して学内の混乱と社会の疑惑を招いたとあった。十六日夜八時頃、総長の措置は遺憾との法学部意見書を託された田中が総長室を訪れる。平賀は、法学部がそういう態度に出るなら職にとどまることはできないと激高、冷淡で涙など見せたことのない田中が初めて涙を流した。夜十二時頃に黙って退席して親友の我妻栄宅に赴き、農学部長の佐藤寛次と三人で相談して、翌日の緊急教授会で学部長辞任を伝えた（以上、田中『生きて来た道』、「南原繁回顧録」）。なお、河合は二月二十八日に出版法違反で起訴され、文官分限令第十一条第一項第二号「刑事事件に関し起訴せられたる時」に変更することが求められた。

田中の涙

田中の学部長辞任

この事件に対する中田の感慨は、「矢部貞治日記」三月四日の記事から窺われる。「二時半過ぎに中田先生を訪ふ。……大学問題になり、大部色々の過去の内幕を聞いた。先生は今度のこと総長がいかぬと言われ、法学部の派閥のことを心配してゐられたが、……併し先生が特に昔の法学部は大学をリードしたし、不満があれば直接総長のところに行って談じたものだが、今日では学部長を攻撃するだけで総長に対しては何一つ言へぬのは実に意気地がないと言はれること、確かに一理ある」とみえる。法学部の派閥の実態や田中糾弾の内実まで熟知しているのも興味深いが、「総長がいかぬ」の一言は平賀が荒木に取り込まれていることを見透かしているかのようである。

平賀粛学に対する中田の意見

平野粛学の真相

平賀粛学の主導者を田中とするのが一般的理解だが、平賀体制が文部省の山田三良総長拒否で誕生したこと、就任直後から平賀と荒木との間で密接な調整がなされていたこと、土方処分を荒木文相がいとも簡単に受け入れたことをみると、大局的には田中の方が二人に踊らされていたと考えるべきだろう。そもそも紛争の元凶とされる土方は、交友関係も広くなく、検察との接点もない。実直ゆえに軽率な発言や行動をする性癖があり、配属将校問題での謝罪以来、信頼は失墜していた。そして警保局嘱託でもある助教授の橋爪明男に利用されていたとされる（「長與又郎日記」、「河合栄治郎日記」、「矢部貞治日記」、土方『事件は遠くなりにけり』）。

荒木と平賀の密約

この橋爪を寵愛抜擢したのが、内紛の淵源を作った山崎覚次郎であった（「河合栄治郎日記」、「矢部貞治日記」、土方『学界春秋記』）。平賀は粛学後早々にこの山崎のもとを訪れて経済学部再建顧問を依頼し、またいち早く橋爪助教授を慰留している（『大学の自治』、「名誉教授座談会」）。矢部は二月二十二日の日記に「本位田（本位田祥男）、田邊（田邊忠男）、中西（中西寅雄）、山田（山田文雄）の辞表は受理するらしく、助教授の方も橋爪を除いて慰留といふことになるらしい」と記したが、二日後には「橋爪が残るらしい。これも愚劣極まる」と驚いている。そして臨時の事務取扱平賀・再建顧問山崎、森荘三郎を介して、橋爪が若くして学部長に就任、戦時中の経済学部を主導することになる（「石井勗氏談話記録」）。

粛学の裏には、橋爪ら若手を抜擢して大学を操ろうという荒木文相や文部官僚の動きがあり、それが平賀との当初からの密約だったのではないか。他方、田中の行動は、教授会無視を冒し、総長の具状の更改を認めた点で、荒木の大学改革と戦って守ったはずの大学自治の二つの武器を自ら放棄したことを意味する。事実、昭和十六年三月、平賀は事前の付議なく第二工学部設置を評議会に報告、開学式には荒木大将が主賓として招かれている（「小野塚喜平次」）。のちに荒木は「総長選挙の問題では、形式的には自分が大学に敗れ、実質的には僕が勝った」と洩らしたというが（石井勗『東大とともに五十年』）、こうした結果をみてそのように述懐したのであろう。

喧嘩両成敗処分と中田

田中の大学の自治のための奮闘、総長のブレインとしての立ち回り、初心を貫く強引な身の処し方は、在職時の中田と酷似する。何より「喧嘩両成敗」という独特の処分は中田が九大内訌事件で用いたものである。普段から中田宅に出入りし相談していた田中は、今回も具体的な指示を受けていたのであろう。中田に憧れ、中田のような生き方を目指した田中だが、時局は以前のように牧歌的ではなく、これと闘うには純理を離れた政治的判断も必要だった。とはいえ、田中の使った教授会軽視という禁じ手は矛盾をはらんだ自滅への道であり、ここに「田中、身を滅ぼすべし」という中田の予言に象徴される運命を背負うことになった。

安井郁事件と中田

平賀粛学から四年後の昭和十八年、国際法の安井郁の教授昇任人事をめぐって、田中はまたもや窮地に陥る。軍部との癒着などを理由に教授昇任を認めないという指導教授の横田喜三郎の意向を無視して、学部長の末弘厳太郎が強引に人件を進めたため、憤った横田と田中は辞表を提出した。丸山眞男ら若手助教授が誠意を尽くして留任を要請し、これに心打たれた田中が辞表を撤回しようとすると、末弘学部長から一度出した辞表を返す必要はないと嫌がらせまで受けた（田中『生きて来た道』、「南原繁回顧録」、鈴木竹雄編『田中耕太郎』、『岡義武談話筆記』）。

この時も中田は二人を守るために奔走している。「この事件（安井郁事件）の解決において、すでに退官されていた中田先生がどのような考えをもち、どのような態度をとられたかということで我々は眼が開かれる。中田先生は、思いもよらない行動、古武士の風格があるというか、古武士という言葉だけでは言い尽くせない行動をとられた」と久保正幡は回想する（久保「中田薫先生の思い出」）。具体的な行動については語らなかったが、おそらく二人の間に入って末弘と田中を諭し、辞表を返却させたのであろう。

第十二　戦中・戦後の生活と静かな晩年

一　戦中の生活――孫の誕生と疎開――

弟子たちの活躍

昭和十五年（一九四〇）、金田平一郎が九州帝国大学法文学部教授に、翌十六年に高柳眞三が東北帝国大学教授に、十七年には仁井田陞が前年十一月創立の東洋文化研究所教授に任ぜられる。研究者として弟子たちが独り立ちする姿をみて中田薫は喜んだ。

瑞彦の美枝との結婚

息子瑞彦も水道端に転居した時にはすでに二十八歳、仕事と武道に生きがいを感じる硬派だったが、母の実家竹内家の紹介で、昭和十四年七月に弘前の名士新谷（あらや）廣清の長女で九歳年下の美枝と結婚した。これまで中田が見合い話を持ちかけたこともあったが、その気がないなら写真は見せないというと、たちまち喧嘩になったという。

孫のみどり・輝男の誕生

昭和十五年五月に初孫みどりが、翌年五月に輝男が誕生。中田は二人の孫をとても可愛がって散歩に連れ歩いた。瑞彦が生まれた時は留学中で、幼い子供の相手は初めてである。学校への送り迎えも中田の日課で、熱を出した際は心配して一生懸命看病している。「主人がやんちゃ坊主でしたからねえ、そりゃね」と嫁の美枝氏は微笑む。美枝のことも大切にし、すべてに耐えて家族を守ってきた美枝が一度だけ瑞彦の女性問題で悲しそうに別れたいと言い出した時も、中田は「別れなくてもよい。息子を勘当して家から追い出せばいいのだから。孫の世話もおれが本を書いて稼ぐから心配しなくてもよい」と慰めて収まったという。中田の弟四郎の妻愛の回想である。

図書・資料の疎開作業

昭和十六年十二月に始まった太平洋戦争も戦局が悪化し、昭和十九年二月から大学の図書や資料の疎開が始まる。昭和十八年から研究室主任を務めていた原田慶吉は、病弱な体に鞭打ってリヤカーを曳いて困難な事業を全うした。数万冊の本を束ねる縄も、自分で背負って持ってきた。妻春子は父が以前に住んでいた千葉県君津郡君津町に母と子供と共に疎開していたが、原田は研究と職務のため土日以外は東京で暮らしていた。昭和二十年三月十日の東京大空襲以降は、研究室に畳二畳を持ち込んで寝泊まりした。

中田文庫の鎌倉への疎開

久保正幡は、大学院生の北村忠夫（のち名古屋大学教授）から、中田旧蔵で比較法制史研究会所管「中田文庫」の疎開先に、北鎌倉東慶寺裏山の松ヶ岡文庫新築土蔵を使用させてもらえるという情報を受ける。昭和二十年春に円覚寺正伝庵の鈴木大拙を訪ね、明日から運んでよいと快諾を得て早々に運び込み（『久保先生略年譜』、久保「中田先生の遺されたもの」）、久保自身も鎌倉に疎開する。

仁井田陞も人夫を雇う余裕がないなか、東洋文化研究所の史料を自ら率先して縄で縛る「男結び」を行い、「退治する」という言葉で士気を高めて、喜多方上三宮の会津大仏で著名な願成寺に疎開させ、自身も妻禮子と造り酒屋の夢心の二階に移り住んだ。このように、弟子たちが文学部の研究者にも劣らない情熱をもって史料・典籍の救済に奔走したのは、中田の背中から史料の大切さを学んだ結果であろう。

空襲で自宅を焼く

中田の自宅も昭和二十年五月十五日夜の空襲で焼亡した。嫁の美枝と孫たちは瑞彦の勤め先のゆかりで新潟白山浦に疎開していたが、中田と榮は東京に留まっており、空襲後はしばらく妹トミの夫三田定則の目黒の家に仮住まいした。

戦中の時世認識

中田の戦中の時世認識を窺う史料は少ないが、六月に友人松本烝治が来訪した際には、空襲警報を耳にしつつ暗い灯火のもと「国民の個人主義的再教育の必要性」を熱く語り合った。終戦間もない頃に松本に送った手紙には、「戦時台閣諸公」と題し「恃勢弄権、無遠謀、欺民誤国、奈愆尤、八紘為宇一炊夢、可愍覚来身楚囚」と難じ、「時事所感」として「昨呼仇敵、意昂然、今弄巧言、徒乞憐。翻覆世間、無可奈。朝晴暮雨、似秋天」と皮肉っており、世を儚む傍観者的な日々であったようだ（「松本烝治関係文書」）。

新潟白山浦への疎開

いつまでも三田家の厄介になるわけにもいかず、すでに美枝と孫たちが疎開していた新潟で白山浦一丁目に独立の家を借りたので、呼ばれて十月からそちらで暮らすことに

疎開先の新潟白山浦（著者撮影）

なる。お嬢様育ちの榮は古い長屋のような家を見て「え！　ここへ住むんですか〜」と声をあげた。寒々しい北の海に近い場所、白山神社から西に六百メートルの場所である。みどり氏は回想する「すごいうちだったよね。下の台所で火炊くとね、煙が二階の床の間の隙間からスーッと上がっていく。ボロヤだったから戸が動かないのよね、雪なんか降ろうものなら全く動かない。二階だって一間か二間、質素な家。一番覚えているのが、お祖父ちゃんが座ってね、こうやってムスッとみると、向こう側の家の二階にもおじいちゃんがいて二人で睨めっこした（笑）。ザクロの木を挟んで」。中田は孫たちを連れて浜の辺を散歩し、院生時代に調査で訪れた新潟の風景を懐かしみつつ、時世の変化に心を痛めた。北海道富良野で中田医院を開業していた弟四郎が、学会参加などのついでに幼い甥っ子の勝平氏を連れて遊びに来るのも、小さな楽しみであった。

親友小野塚喜平次の死

戦中、中田に最も大きな悲しみを与えた出来事は、昭和十九年十一月二十七日、相棒にして親友の小野塚喜平次が肺炎で静養先の軽井沢において他界したことであった。享年七十五。意外なことだが、晩年の小野塚は弟子の岡と矢部に、学者は啓蒙活動やジャーナリズムに関係したりせず、大学行政にもなるべく深入りしないで、学問の進歩のために研究に専念すべきだと注意し、「『政治学大綱』……を書き改めることもできずに終わつた。これは、一つは大学内の行政に時間と精力とをとられたためだ。「この仕事はやはり君でなければ駄目だ」などといわれると、人間には自惚もあり、おだてられてついいい気持になつて引き受けることになつたりする」と人生を振り返っていたという(『岡義武談話筆記』)。回想する総長時代の小野塚の隣には、常に親友の中田の姿があった。

小野塚の思い出

他方、中田は公の場での毅然とした姿とは裏腹の小野塚の姿を思い出していた。ある日、共同研究室に入ると、退官後の小野塚が来室して新聞の前で涙ぐんでいた。「軽井沢に毎年避暑していたことが書いてある。妻孝子のことを思い出して悲しくなってきたのだ」と呟く小野塚に、中田は「君、いいかげん諦めたまえ。死んだ人のことをいつまでも思っていたって仕方がないじゃないか」といってしまう。小野塚は「死んだ妻を思い出して悲しいのが何で悪い！」と血走った眼で睨みつけた。石黒忠悳（陸軍軍医を経て日本赤十字社社長）の令嬢で、魚の小骨まで取ってあげるほどの夫思いの妻だった。

中田、小野塚の旧宅焼け跡を訪れる

玉音放送から三年、昭和二十三年七月二十五日、一家で帰京、焼野原と化した旧宅跡に「マッチ箱同様の粗末極まる所謂「獣宅」」（松本宛書簡「松本烝治関係文書」）のような、バラック二つを廊下でつないで暮らし始めた。窓は板の蔀戸、台所は土間に簀子を敷き、瑞彦が会社の関係で手に入れたコークスを七輪で燃やして炊事をしていた。

散歩の折、近所の小野塚宅の焼け跡を通ると、草が茫々と生い茂り、一部にトウモロコシや稗などが植えてある。「麥秀漸々兮、禾黍油々兮」（箕子）の嘆あり、暗涙を流しつつ「嗚呼、三十余年莫逆の友！　幽魂今何の所乎。故郷か旧宅か、弔はんと欲して尋ねる所を知らず」と中田は呟くのだった（以上、「小野塚喜平次」、『懐旧夜話』）。

二　文化勲章受章、臨時法制調査会——中田の時世認識——

文化勲章受章

昭和二十一年（一九四六）二月、六十九歳の中田は文化勲章（法制史・日本法制史）を受章した。昭和十二年の制定以来五回目、戦後最初の受賞である。中田・岩波茂雄ら六氏への授与

文化功労者年金法

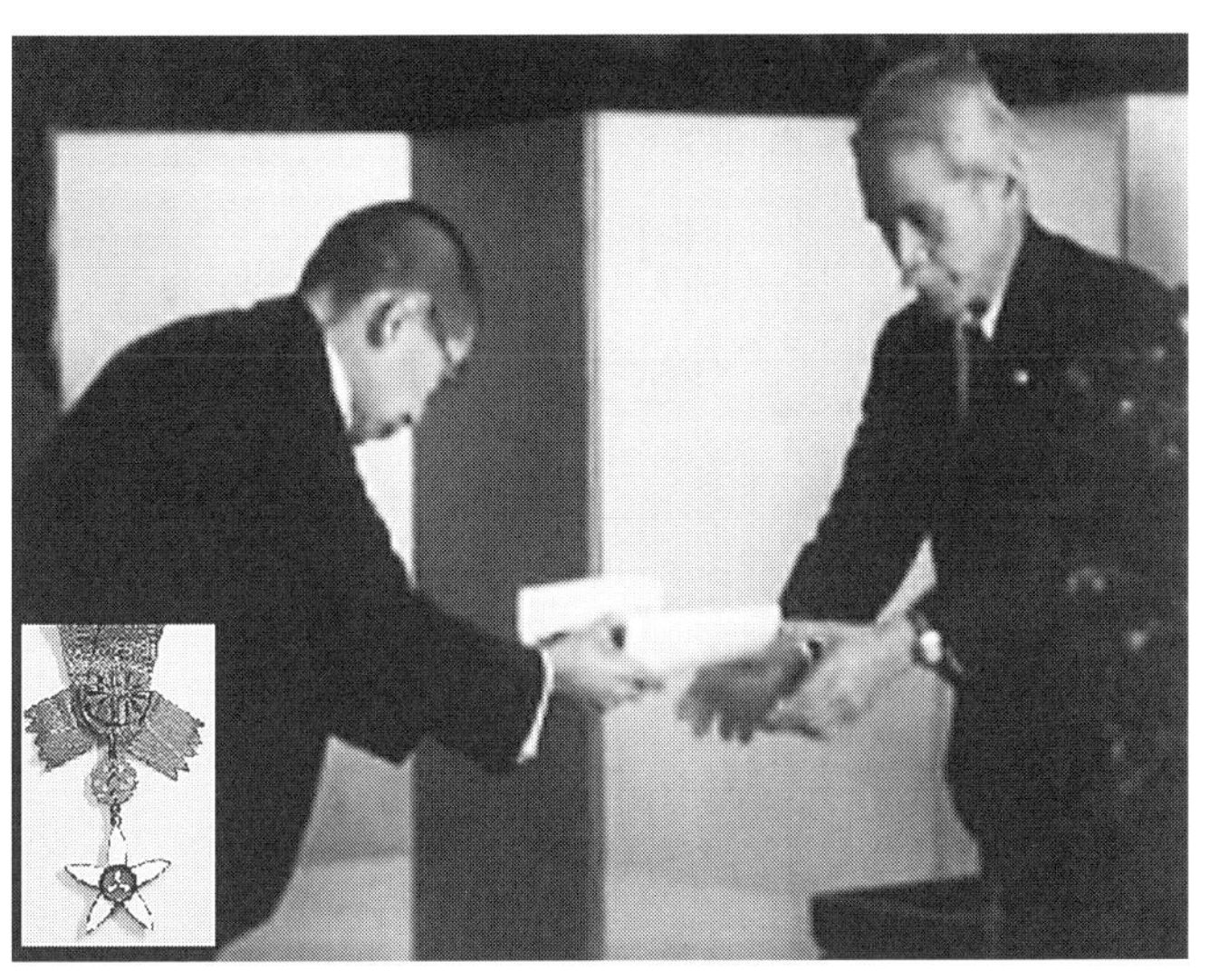

文化勲章受章（NHK アーカイブス）

式は文部大臣閲接室で行われた。麗々しいモーニングは弟四郎から借りたものである。義兄弟で外相の吉田茂や友人の国務大臣松本烝治は、学士院恩賜賞辞退を思い出して最後までひやひやした。実のところ、中田自身は断ろうと考えていたようだが、松本から「コンドハコトワルナ」と電報が届き、二人への迷惑を考え受理することにした（木本至『評伝宮武外骨』所引中田瑞彦談話）。妻榮も受賞には冷静沈着、焼け野原での受賞で賞金もないのか、これでは食っていけないと兄の吉田に愚痴をこぼした。昭和二十六年、第三次吉田内閣の時に文化功労者年金法が定められ、文化勲章受章者はその中から推薦されることになった。中田も遡及的に文化功労者に選出され、みどり・輝男はこの年金のおかげで学校に通うことができたという。

終戦後の政治的活動

終戦後の中田は、政治にとても近い立ち位置に置かれることになった。昵懇の親友松本烝治は幣原喜重郎内閣の国務大臣（憲法問題調査委員会委員長）として憲法草案の作成に尽力し、義兄の吉田茂は首相として戦後復興を主導していた。教え子の田中耕太郎は文部省学校教育局長や第一次吉田内閣の文部大臣、最高裁判所長官として新しい時代を導き、破門した弟子の瀧川政次郎も極東国際軍事裁判戦犯裁判の弁護人を務めている。積極的に動けば中田も多くの足跡を残すことになったであろう。しかし、中田は戦中・戦後を通してアカデミズム以外のために動くことはほとんどなかった。

貴族院勅選議員

もちろん、このような立ち位置にある中田を周りが放っておくはずはない。昭和二十一年三月、無所属倶楽部から貴族院勅選議員に推挙される。吉田の電文によると松本の推挙らしい。この時期の中田の松本宛書簡には、戦後政治への不満が散見する（「松本烝治関係文書」）。松本と戦中に語り合った「個人主義的再教育」の重要性をあらためて噛みしめていると回顧、民心が政府に背き過激な方向へ走る状況を憂慮し、「二代の朝恩」にいまだ酬いることなきを遺憾と皇室の将来を案じ、食糧事情への不満、戦災者・疎開者に無情な宅地法案への憤りなどを書き綴り、大任を背負う松本を応援している。こうした熱い書簡を目にして、松本は中田を政治の世界へと導くことにしたのだろう。中田も当初は「最後のご奉公」と積極的に受けとめて、国会会期には疎開先新潟から一人で東京に出向いた。また長男瑞彦は「文化勲章は受けたが、吉田茂から文部大臣を委嘱された時は断った」と語っており、いつのことかは不明だが、内々に話があったようだ（木本至『評伝宮武外骨』所引中田瑞彦談話）。

臨時法制調査会委員

昭和二十一年五月に第一次吉田茂内閣が誕生すると、九月十八日には「臨時法制調査会」の委員に任じられた（「第三回総会配付資料」、「臨時法制調査会議席図（第三回）」）。戦後の憲法改正にともなう諸法制審議の諮問機関として内閣のもとに設けられたもので、会長は吉田首相、副会長は金森徳次郎国務大臣、委員は官界学界の有識者から選ばれた。七月十一日の第一回総会で「憲法改正に伴ひ、制定又は改正を必要とする主要な法律について、その法案を示されたい」との諮問が出された。

民法改正問題は、裁判所法・検察庁法・刑法・刑事訴訟法とともに第三部会の担当で、八月中旬に改正要綱が決定、第二回総会で中間報告された。当初の案では「民法上の「家」を廃止すること」「家督相続を廃止すること」が謳われたが、直裁的表現が家族制度維持論者を刺激し、わが国の家族倫理を支える戸主権と家督相続と家の三要素の廃止は国民道徳の頽廃を招くとの批判が相次いだ。中田が抜擢されたのはこの第二回総会直後、論戦がクライマックスを迎えた時期であった。

「家」の歴史的沿革に関する講演

十月十二日の首相官邸での委員集会で、家の歴史的沿革に関する講演をすることが求められた。中田は積年の研究をふまえて、日本の家族制度の歴史を大局的に描いてみせた。①戸主権と家督相続権、これを基礎づける親権・父権は歴史的にはむしろ特異な制度で、明治二十二年旧民法の人事編第十二章　戸主及家族で設定された家族保護義務を明治三十二年改正民法で逆転させて「権利化」した「明治後半期の所産」にすぎない、②伝統的な家族制度は「純倫理的」なものゆえ、戸主権と家督相続権の全廃は当然のことだ、③ただし「同胞愛・祖国愛・人類愛にまで発展して行く所の人倫大本の温床」としての価値までを否定し、「法制の埒外に放置し去らんとする」ことは正しくない、④歴史的伝統をふまえた法律進化のうえに新立法は行われるべきである、と主張したのである。その内容は、翌年の『法律新報』に掲載されている（中田「わが家族制度の沿革」）。

人倫の基礎としての家族制度

臨時法制調査会の議論をふまえた改正民法は、昭和二十二年五月三日の日本国憲法施行には間に合わず、十二月二十二日に民事訴訟法・刑事訴訟法とともに新憲法の原理に基づいて改正され、家の制度と家督相続が廃止された。中田の同居親族の敬愛和親を重視する主張、同じく委員である牧野英一の直系血族の協力扶助を強調する提案は、希望決議を受けるかたちで、改正民法第七三〇条　親族編第一章　総則の末尾に「直系血族及び同居の親族は、互に扶け合わなければならない」と付記することで反映された。

しかしこの点についても、中田は「臨時法制調査会に於て民法改正案が審議さる丶ことを聞いた時、我国では現在でも親子兄弟姉妹等近親は既婚と未婚とを問はず、或時期までは同居生活を営む慣習が存続してゐるが、これは同胞愛の温床として立法上重視すべき事実であると考へ、改正案中に「親族が同居する場合には敬愛和親の精神に遵い互に家事に協力すべし」と云ふ趣旨の私案を立て」たのだが、「同委員会が最後に答申せる所謂希望条件は、……「同居親族」の外「直系血族」をも付加……頗る不満であつた」として、「直系血族は必ずしも同居するとは限らない」と牧野を難じた。そのうえで「夫婦間の協力は婚姻生活の完成を目的とし、同居親族間のそれは共同生活の達成を目的としたもの」なのだから、「何故に此倫理を最近親たる兄弟姉妹の同胞にまで及ぼさないのか」理解できないと不満を洩らした（中田「民法改正と家族制度」）。

我妻栄からの激烈な反論

こうした中田の主張に対して、後輩で起草委員の我妻栄は『法律タイムズ』誌上で痛烈な批判を突きつけた。――「法制史の権威、中田薫博士は、この度の民法の改正にもかかわらず、「伝統的家は、依然法の上に於て現存するものと信ずる」旨を力説」し、「純養子の自由、改姓の自由、遺言の自由、これらを使って古来の家名相続を軸とする「純粋無垢の本然の」家を回復できるわけだから、この度の改正は「復古的立法」だと皮肉っておられる。「歴史に盲目」で「主観的な「新しき理論」に拠つて」いる我々「若い世代の者のやる仕事には嘲笑を加え、自ら高しとすることが、老先生の権威なのであろうか」。このように皮肉ったうえで、「家は存続するか？ これを決するものは、しょせん民法の規定ではない。移りゆく社会の経済と思想とである」と断じて、家がかつて有した倫理的意義は認めるが、時代の推移に従って別の形で発揚されるべきもので、伝統的な家の美しい面だけを強調するのは誤りだと批判した（我妻「家は存続するか」）。

中川善之助の批判

さらに希望決議の反映に対する中田の不満についても、我妻は「直系血族」規定は正しいかどうかは別として法律的効力として意味を有するが、中田の主張は「非法律的」で「道徳的な教訓の宣言に終る」と切り捨てた（我妻「親族の扶け合い」）。

痛烈な批判は教え子の中川善之助からも突き付けられる。「法制史がこうであったから、現代立法もそうあらねばならぬというような立論は絶対に誤りで」あり、親族会の害悪の面を直視すべきだと批判したうえで、「私は不敏にして先生の如く歴史に精通しえなかつたことを、わが身の幸福と喜ばざるを得ない。『歴史に盲目』な者のみが、歴史に盲従せざることの特権を持ちうるからである」と揶揄した（中川「新民法と法制史」）。

各時代の特殊な夾雑物（きょうざつぶつ）を取り除けば本源的な家の観念を抽出できる、そしてそれこそを保持すべきだという中田の歴史観、人倫の基礎たる同胞愛の延長線上に社会・国家を措定するヘーゲル的な中田の法律観は、現実の立法作業の場にある新しい世代の法学者たちには全く響かなかった。問題の核心は「過去の歴史認識（法制史の世界）」と「いまの歴史創造（実定法の世界）」との間の溝である。

中田は現実政治における法制史の限界をまざまざと体感し、時世の移り行きを身に染みて感じただろう。梅謙次郎の現実的法典編纂のなかから生み出された主張を史料で実証したはずの中田の歴史像は、新しい法秩序創造の源泉にはなり得なかった。この論争を最後に、中田は政治的発言から身を引く。以後の書簡にみえる言葉は、第一次吉田内閣退陣を「無策無為」「自業自得」と評する傍観者的なもので、静かな懐旧、老いと病の憂い、青春が二度と訪れないことへの歎きがほとんどである（「松本烝治関係文書」）。

公職適格審査訴願委員会委員長就任依頼

帰京して半年ほど経った昭和二十三年十二月二十六日早朝、吉田首相から電話で昼食に夫妻を招待したいと誘いがあった。白金台の外相官邸を訪れると松本烝治もいる。ご馳走になっていると法務庁の殖田俊雄国務大臣も現われる。吉田は唐突に「公職適格審査訴願委員会」委員長就任を懇請してきた。松本も勧めてくる。二日前に衆議院で内閣不信任案が可決、ちょうど第三次吉田内閣の人事が進められていたのである。

しかし中田はすでに学問以外のことには距離を置くようになっていた。貴族院議員や学士院会員の推薦を受けていたので断りにくかったが、妻の病気を理由に辞退した。年

中田の大臣就任依頼伝説

榮とその兄吉田茂，大磯にて
（左から茂・白石嵯峨子・吉田喜代・白石厚子・榮．右下は榮宛書簡）

が明けても執拗な懇請が続く。先述のように長男瑞彦は大臣就任を求められたと回顧しており、委員長を無任所国務大臣に位置づけるからとの説得があったのかもしれない。『東京朝日新聞』昭和二十四年二月三日朝刊には決定事項のような人事記事が掲載される。殖田は自宅にまで訪問し説得を続けたが、中田は「人、各々好む所あり。又志す所を異にするが故に、結局は他人の自由を尊重し、その意志を敬重し、他人の人権を十分認識されんことを希望する」と拒絶した。十六日付で松本に詫び状を送っている。

義兄吉田茂の頻繁な訪問

　その後も吉田は、中田を文教懇話会の委員に推し、また血の繋がった妹のことを思って、しばしば中田家を訪れ、季節には執事にメロンを届けさせた（みどり氏談）。昭和二十五年八月三十日の夕方五時過ぎ「和服姿の吉田首相を乗せたロールスロイス」が護衛を従えて「小石川のとある焼跡の草深い細道に滑り込み」「一軒のあばら家に歩を進めた」。「朝は四時ころに起きカンカン照りの日中でも畑仕事に精を出」して体調を崩した妹のお見舞いで、「中田夫妻と膝を交えて歓談」したことを、翌日の『読売新聞』八月三十一日朝刊は「あばら家の吉田さん——病床の実妹へ温い肉親愛——」と報じている。

三　愛弟子原田慶吉の自死

生活苦との風評

昭和二十五年（一九五〇）九月一日、愛弟子でローマ法学者の原田慶吉が自宅で縊死した。吉田茂訪問の翌々日のことである。前年にも弟子金田平一郎が四十九歳で病没している。二十一日の新聞の社会面に「原田教授はなぜ自殺した？　薄給と税金苦〝私は生きる力を失った〟」と題する記事が写真付きで掲載された。妻春子や鈴木竹雄教授は事実とかけ離れた報道に憤って、税金は漏らさず納めていたし、写真の「部屋に残されたミカン箱の本ダナ」は記者が勝手に段ボールのおもちゃ箱に詰め込んだものだと抗議した。

本郷三丁目における進駐軍の暴行

長男達男氏（東京都立大学工学部名誉教授）によると、昭和二十二年一月夜、家族の疎開地千葉から大学へ戻る途中、本郷三丁目付近でジープに乗った進駐軍兵士に愛用のスイス製時計（著名な肖像写真の左手に写る）を奪われ、ピストル台尻で頭を強打、頭蓋骨陥没で東大病院に入院したが、高校時代から病弱で、その時の脳挫傷の後遺症と持病悪化で研究が困難になったことが死の原因だという。当時こうした事件はプレスコードで揉み消され、犯人は「大男」「白面の男」と報道された。先の記事については「新聞之新聞社」（同年十月十一日）が非難し、春子も『婦人公論』に寄稿したが、ある教授から自重を勧められた。真実を書くことができたのは、昭和三十一年の『婦人之友』においてだった。

自死

　千葉から家族で帰京後、悲愴な姿で昭和二十四年に『ローマ法』上・下と『楔形文字法の研究』を、翌年には『ローマ法の原理』を纏め、同年『楔形文字法の研究』で朝日文化賞を受賞した。しかしパーティーのスピーチはすでに所々意味の取れないものだった。次年度から休講・入院、「家族のために生きねばならぬ。必ず生きぬく」と妻に誓ったが、九月一日に命を絶った。誰もいない台所で最初に父の姿を発見したのは、午後三時頃に学校から帰宅した達男氏であった。

葬儀と中田の空しい励まし

　翌日の朝九時、来訪した久保正幡からこのことを伝えられた中田は驚愕し、午後には久保と仁井田陞と共に霊前に赴いて弔辞を述べた。九月四日、大久保淀橋教会で告別式。中田も列席し、南原繁総長が弔辞を読み上げた。葬儀後しばらくして、春子と達男は恩師中田のバラック宅へ挨拶に訪れた。「暖かく迎えて下さった。細く痩せた気さくな方で、中学生の私を元気づけようと「明治維新後、英語教育を導入したときには、英語の発音に正則と変則があったんだ。例えば「the」を発音するとき、正則では「ザ」と読むが、変則では「トへー」と読んだのだよ」と話してくれたことをいまも記憶している」と達男氏は語る。弟子がこの世に残した少年への切ない心遣いが感じられる。

四　法制史学会創設、学士院第一部長就任、文教懇話会

法制史学会

話は一年ほど遡るが、中田が築き上げた法制史学、育てた弟子たち、両者の基礎の上に昭和二十四年（一九四九）法制史学会が設立された。初代代表理事にはすでに体調の思わしくなかった原田慶吉が選出された。十一月二十三日に創立大会が開かれたが、招待を受けた中田は、新しい世代に任せるべくあえて欠席した。昭和二十七年に『法制史研究』が創刊、中田の「古法雑観」が巻頭を飾った。

日本学士院第一部長

昭和二十七年四月には、日本学士院第一部長に選出されて、八年間務めた。集会の帰りには時折、同期の柳田國男・松本烝治・神戸正雄らと会食し旧交を温めている。柳田の昭和二十八年三月十二日の日記に「学士院の帰りに、中田薫、神戸正雄、松本烝治と

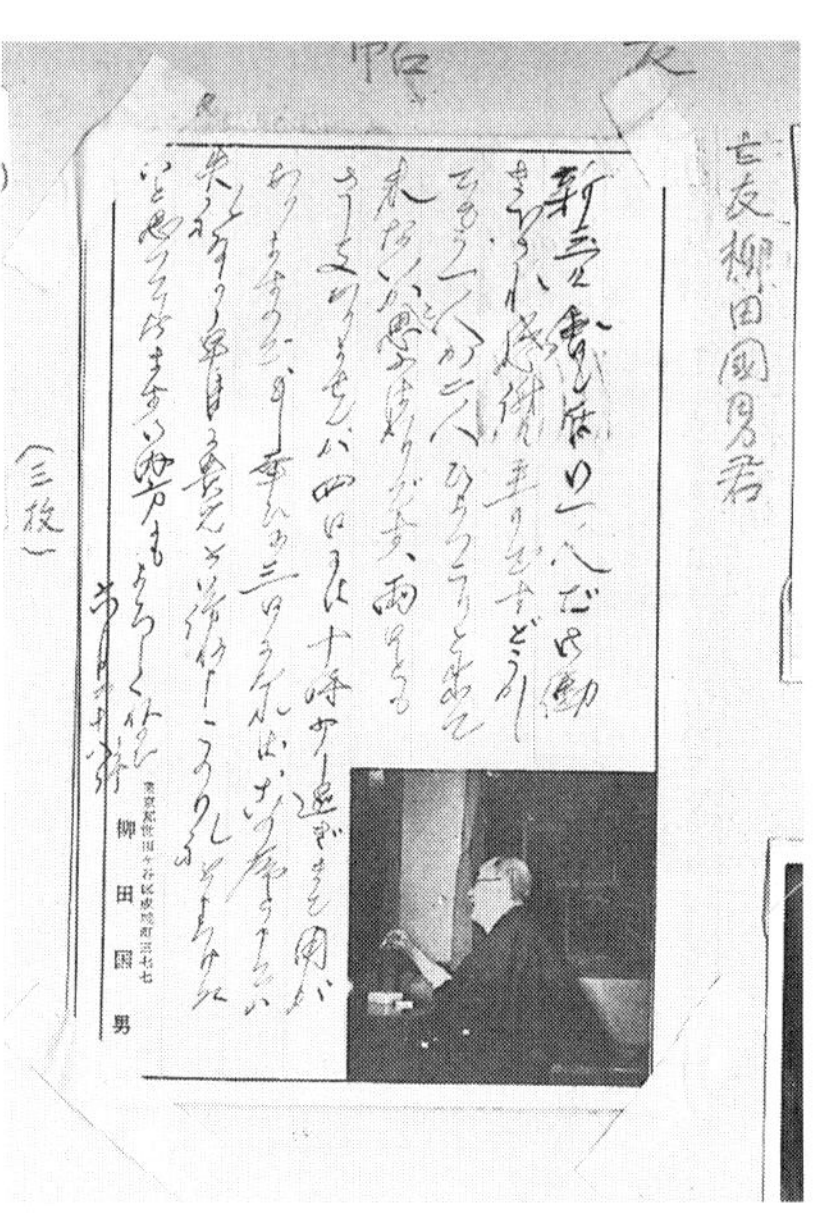

柳田國男との旧交

共に七十七歳の記念に人形町「京亭」で会食」とみえる。柳田も同年四月十四日の日記に「孝（柳田の妻）と共に三々会に参加し、国府津館に泊まる。この会が、第五十三回となることを確認する。参加は松本烝治夫妻と今村幸男、神戸正雄で色紙に署名する」と記している（『柳田國男日記』）。「三々会」とは明治三十三年法科卒業生の同窓会である。

昭和天皇との会話

五月十三日、中田は第一部長として恩賜賞および学士院賞の受賞晩餐会に出席し、天皇の左に座る光栄を拝した。雑談で「先日テレビで拝見いたしましたが、陛下は相撲が大変お好きのようで、手帳か番付かの中に一々勝負を記入しておられたように拝しましたが、極まり手は十分御承知なのですか」と尋ねると、「いや何もわからぬのだ。君は?」と返された。「自分も解説を聞いてようやくわかる程度です」と答えると、相撲がお好きで学習院時代には相撲を取ったこともあるのだと話された。さらに「中田君、君はどこに住んでるね」とお尋ねになったので、文京区水道端で、江戸川公園・伝通院の近くですと説明したが、ご存じないので困ったという（『昭和天皇実録』十一、『懐旧夜話』）。

文教談話会

昭和二十八年十二月、吉田首相の文教懇話会に出席。委員には板倉卓造・和辻哲郎・小泉信三・高瀬荘太郎・羽田亨・安藤正純ら保守派文化人が顔を並べる。占領政策で歴史教育・道徳教育が廃され、青少年の祖国愛が歪められている、国民道徳と青少年の精神作興を内閣の来年度重要課題としたいという首相の意向にもとづくものであった。

宮武外骨の他界

昭和三十年七月二十八日、親しかった宮武外骨が老衰で追分町自宅に没した。八十九歳。追分町浩妙寺での告別式には妻の榮が参列、染井霊園に埋葬された。

二度目の火事と仁井田宅での仮住まい

昭和三十一年一月十日、中田は火の不始末で二度目の火事を体験する。突然のことで、資料や書籍、日記・手帳やアルバムなど多くの思い出の品々を失った。心配した吉田茂はすぐに駆け付けた（みどり氏談）。しばらく中田夫婦は、近所の仁井田陞宅に仮住まいさせてもらった。仁井田の妻禮子氏によれば「戦争後の家が少なかったころはお孫さんが大きい声を出されるとうちに聞こえるくらい、直線では近いのですが、歩いていけばちょっとあるというところで」、「よく行き来して家族ぐるみでお付き合いをしていた」という（「座談会　先学を語る――仁井田陞博士――」）。姪の淳子（あつこ）氏は「先生のお宅は通称オバケ坂（ヤカンオバケの出る薬罐坂。）

（中田家では幽霊坂）の下にあり、ごく近く。火事で先生が仁井田宅に仮住居なさったのはよく覚えております。ある日、出入り自由だった私が茶の間に飛び込むと、いつもの伯父の場所に先生が泰然として座っておられた。この際には当然のこととしてお世話申上げていたようです。師弟関係についても、子供だったこともあり「オジのとてもえらい先生」という認識しかございませんでしたが、毎年元旦には伯父が紋付羽織袴でご挨拶に伺っていたのは印象に残っております。子供心には厳しい大先生でした」「当時うるさくしないようにと言われていましたが、先生や奥様とはご挨拶程度でした」と回想する。

五　静かな晩年と永眠——アルト・ハイデルベルク——

晩年の著書

晩年の中田は水道端の自宅で静かな余生を送った。学術的営為としては、昭和三十一年（一九五六）三月に八十歳を記念して纏めた『古代日韓交渉史断片考』、昭和三十三年三月の『続「南留別志（なるべし）」』、昭和三十九年の『法制史論集』第四巻（補遺）くらいである。

古本好きの美食家中田

この頃の中田の楽しみは、孫のみどり・輝男を連れての古本屋巡り。店内で話し込む中田を待つ孫たちは本棚の間をかけっこ、昵懇の古書店明治堂訪問のあとは三省堂で食べさせてもらい文房具を買ってもらって、最後は古本の荷物持ちである。初任給を超える高価な本を平気で買うので、祖母がよく嘆いていたと二人は回想する。また、お気に入りの奥野信太郎編『東京味覚地図』を普段から携帯し、美枝や榮と共に孫を連れておいしいものを食べ歩いた。日本橋の寿司屋や浅草の今半は常連。本郷の学士会館別館も恒例で、そのあと東大構内を散歩、「あそこにいたんだよ」と研究室の窓を指さすのだった。クリスマスには神田の学士会館に訪れる。孫と嬉しそうにサンタの帽子を被る写真が残る。新聞においしいお店が紹介されると、行ってみようといい出す。酒はほとんど呑まない中田だが、偶に留学時を思い出して黒ビールを嗜むこともあった。向島の百花園に精進料理を食べに行った時、予想外に何十品と出て、心配そうに「どうも新聞と違うぞ」「高くなるぞ」とおろおろする祖父の意外な姿が、みどり・輝男氏の瞳に鮮明に残る。

遊女の歴史、相撲の歴史

カメラを首にかけて浅草や吉原などの史跡を周るのが趣味で、「これが大門だ（新吉原遊廓の門）」「こっちがお歯黒どぶ（遊廓を囲む溝）だ、よく見ろ」と説明を始める。遊女や相撲の歴史を調べ、江戸時代の遊廓案内「吉原細見」の蒐集までし始めた。瑞彦は「青春に悔いがあったのかもしれんな。父は文学をやりたかったらしい」と回想する。浅草の夏の風物詩四万六千日（しまんろくせんにち）などの諸行事も好きでよく訪れた。若い頃ライカを持っていたのが自慢で、押入れを改造して暗室まで作っていたと美枝氏は語る。戦後に国産二眼レフが出た時もいち早く買った。

浅草散歩，相撲伝・江戸の遊女に関する研究ノート

晩年の中田，孫たちとともに
（昭和37年3月1日，85回目の誕生日．右から美枝・中田・みどり・榮・輝男）

冬至に卵が立つという説があるといって孫と張り合い、立った時には嬉しそうに「すぐこい！」と叫んで早速写真を撮った。「うれしかったよね」とみどり・輝男氏は微笑む。

孫たちとの静かな日常

晩年まで文楽や江戸文学への関心は続いた。みどり氏は「歌舞伎も行ったけど文楽によく連れてもらいました。三越劇場で」と語る。輝男氏は京劇にも行ったという。甥の勝平氏も歌舞伎座の文楽「国性爺合戦（こくせんやかっせん）」に誘われ、「始まる前にあらすじを解説してもらい、幕内で一緒に昼食をとった。目当ては歌舞伎座の飯だった」という。別の日には「薫さんと美枝さんから銀座近くの寿司屋」で昼を御馳走になった。「仕送り一万円の頃に五千円を超えた。食ったのはほとんど自分」と回想する。鰻も中田の大好物だった。「薫さんは江戸文学に詳しかった。ある日幽霊の話をしてくれた。江戸時代までは幽霊に足があった。怪談にはカランカランと下駄の音が出てくるんだと教えてくれた」という。

孫には本当にやさしかった。輝男が大学入試に落ちた時、自分の経験を交えて「卒業の時の口頭試問で、質問されてわからなかったが、二者択一の選択であてずっぽで答えたら通ったぞ」と笑わせてくれた。建設会社入社の際には、教え子の一人によろしく頼むと電話までした。「お父様は曲がったことが大嫌いな人で、その点では勝てる人がいないくらい強い人でしたが、さすがに孫には勝てないのね」とは美枝氏の感想である。

みどりが桂離宮と修学院離宮を拝観したいと言い出すと、瀧川幸辰に連絡して申請を依頼し、憧れの柳田國男に「無学の相続」と揮毫してほしいというと、すぐに「柳田君」に頼んでくれた。芸術の道を選び、油絵を学びたいといった時には「面子にとらわれることはない、好きなことをするのがよい」と勧めた。美大に進学して教師となったみどりが学生運動家の向井拓治（五十四歳で医学部に入学して医者となる）と結婚するといって保守的な父に勘当された際も、挨拶に来た婚約者に気遣って「私が教授だった時には君たちのような左翼学生とよく話したのだよ」とやさしく語りかけ、みどりのみならず彼らの子供の名付け親ともなる。ともに大好きな『たけくらべ』に因む名前だ。赴任先の富山から子供を連れて月一度帰京する際も、いろいろと援助してくれたという。

老境に至っても、中田は必ず三種類の新聞に目を通し、趣味で種々の語学を勉強していた。新しい機器にも関心を示し、戦後いち早くオーディオセットを買って楽しみ、晩年は息子からプレゼントされたテレビで、お気に入りの江利チエミの「さんさ時雨」や、ペギー葉山・こまどり姉妹・美空ひばりの歌に聴き入っていた。コマーシャルに弱く、すぐに新しい薬を買ってきては、孫たちに「またたよ〜」と揶揄われた。

弟子仁井田陞の死去

中田の死の一年前、昭和四十一年三月、弟子の高柳眞三が東北大学を退官した。金田平一郎・原田慶吉はすでに他界していたが、同年六月二十二日には仁井田陞が脳の障害で亡くなる。退官二年後のことであった。仁井田は、定年後は中田先生のように職に就かず悠々自適の生活をしたいと妻に語っていたが、退職の翌年からロンドン大学客員教授として赴く。敦煌文書の調査を進めていたが、八月に倒れて帰国する（「座談会　先学を語る――仁井田陞博士――」）。渡欧の少し前、九大の集中講義に出かける直前に、自宅近くの石切橋で自動車事故に遭った時の後遺症だったらしい。仁井田家とは先の失火以来さらに深い近所付き合いとなり、孫の輝男は淳子（あつこ）と小学校の同級生、みどりも褞袍（どてら）姿の仁井田に懐いて、焼き芋嫌いの奥さんには内緒だと照れながらで焼いている隣に座って眺めていたという。没後も、中田は仁井田の月命日にいつも御霊前と書いた好物を贈り続けている。大学に残る弟子は石井良助と久保正幡のみになっていた。

日本学士院卒寿祝賀

昭和四十二年三月、日本学士院から九十歳の卒寿の祝いに写真額が贈呈された。式典では関係者と久しぶりに邂逅した。そこで読み上げられた「中田薫先生九十初度を賀する言葉」（「はじめに」に引用）は、起草者田中耕太郎の中田への率直な畏敬の念が溢れる言葉であり、同時に中田の人生を的確に要約している。この会での中田の姿を中川善之助が書き残している。「久しぶりにお目にかかった先生に、和やかさだけがあって、昔の厳しさの片鱗もうかがえなかったことを寂しく思ったことを今にして想い出す」。突き刺さるような言葉だが、最晩年の中田からも厳しい言葉を期待していたことに深い畏敬の念が窺われる。没後、中川は「私は卒業後、研究室で勉強している間にも、何かと先

田中耕太郎の祝辞

中川善之助の感慨

神田古書会館竣工記念式典への出席

古書会館竣工記念式典に姿をみせた90歳の中田と美枝

生のお部屋を叩いて教えを乞うた。非常に厳格緻密、一言一句を苟（いや）しくもしない風の先生だったが、こちらが幾分でも勉強して質問に伺うと温顔の鬚を撫でながら、いともにこやかに精わしく教えてくださった。限りない厳しさと、別にまた非常な和やかさを私たちは感じていた」と感謝の言葉を捧げている（『法制史論集』出版案内・予約申込パンフレット）。

中田が最後に人前に姿を見せたのは、昭和四十二年五月十日に開かれた神保町の神田古書会館の竣工記念式典であった。その人生を象徴するかのようである。東京および全国古書籍業者の本部として五月一日に竣工された近代的建物である。大正初年から変遷を重ねてきた本部会館、戦災で焼失して以降はバラックの仮建築で済ましていたが、ここに地上四階、地下一階、搭屋二階の鉄筋コンクリート造りの威容が姿を現わした。祝賀会では、十一時に主賓の三笠宮殿下が到着し、三橋猛雄理事長の挨拶を受けて、祝辞を贈った。その後、国立国会図書館館長、千代田区長、岩波書店の岩波雄二郎、文部大臣代理文部秘書官ら来賓の祝辞が続き、祝杯の挨拶は羽仁五郎が行った。歓談のあと十二時過ぎ、九十歳の中田が嫁の美枝に支えられて壇上に上がり万歳三唱、祝賀会は最高頂に達した（『古書月報』一八八号）。老齢の中田に無理を押して出席が依頼されたのは、書籍・史料の保存に大きな役割を果した人物だったからである。杖をついても足元がおぼつかない状態で壇上に上がった中田にも、書物に対する想いを後世に伝えたいとの願いがあったのだろう。なお、現在の建物はその後に改めて建て直されたものである。

死去

それから半年、昭和四十二年十一月二十一日午前十時、中田は文京区小日向一丁目の自宅において老衰（脳軟化症）で眠るように没した。享年九十一。一ヵ月前の十月二十日には、義兄の吉田茂が逝去している。吉田の盛大な国葬に比して、中田の葬儀は静かなものだった。告別式は二日後の二十三日、午後一時から自宅で行われた。東京大学、日本学士院、法制史学会から弔辞が寄せられた。高學院薫譽壽光居士。勲一等瑞宝章。

生前から質素な埋葬を希望し、青山の墓所をいったん更地にして、中田家之墓に一本化しようと語っていた。合理主義者の中田らしい。位牌も名前を刻んだ黒い小さな板を差し込んで、入れ替え可能な合理的なもの。しかし父直慈の墓は三面に銘を刻んだ立派な石塔で、さすがに処分することは憚られる。結局、孫の輝男氏が設計デザインした洋風の夫婦墓に中田と

中田の質素な位牌

中田の墓（青山の繁成寺墓所）

妻榮が葬られることになる。普段から「堅苦しいおじいさんとは一緒のお墓に入らない」といっていた榮だが、六年間も遺骨を自分のそばに置き続けた（みどり氏談）。陰で支え続けてきた夫を慕う思いが滲み出ている。中田の没後に逗子の小坪に息子瑞彦と移り住んだ榮もまた、昭和五十年一月二十三日、夫のもとに旅立った。享年九十一。墓碑にはこう刻まれている。

薫　昭和四十二年十一月二十一日没　九十歳

榮　昭和五十年一月二十三日没　九十一歳

東大学園紛争の前夜

中田の没した昭和四十二年末といえば、東大学園紛争の前夜。権威的な学問の殿堂が暴力的に破壊され、これを象徴する法学部教官たちが断罪される時代、古書に象徴される書籍文化の場たる御茶ノ水周辺もカルチェ・ラタンとなる転換期である。自分たちが作り上げた銀杏並木と安田講堂の風景に象徴される大学の権威と伝統が、過激派学生の暴力によって踏みにじられることになる直前に中田がこの世を去ったことは、その人生を振り返る時、あまりに象徴的である。すべては時間のなかにあった。一つの時代の終焉である。

アルト・ハイデルベルクの歌

中田の回顧や書簡には、青春再び来たらずという「アルト・ハイデルベルク」の愁いが繰り返し綴られている。春風を迎えても頭上の白雪は消えない。若いころから守り抜いてきた大学が大きな変容を迎えるなか、友人たちの死と時間の推移という虚無感を飲み込みつつ、なお、Allein das rechte Burschenherz kann nimmermehr erkalten; im Ernste wird, wie hier im Scherz, der rechte Sinn stets walten; die alte Schale nur ist fern, geblieben ist uns doch der Kern, und den laßt fest uns halten! und den laßt fest uns halten!（学園の心は決して冷却しない。真の気持は常に存するであらふ。古き外皮のみは遠く去っても、核心は吾々に残っている。それを吾々に確かと留めしめよ。そしてそれを確かと吾々に留めしめよ。中田意訳）という歌O alte Burschenherrlichkeit を晩年まで口ずさみながら、静かに中田はこの世を去ったのである。

六　中田資料の寄贈

中田資料の保存と滋賀秀三の尽力

中田が収集した史料やコレクションの多くは関東大震災によって失われたが、自宅に持ち帰っていたものやそれ以降に収集したものは戦火を免れた。しかし昭和三十一年（一九五六）一月の自宅の失火でさらに多くを失った。火災を逃れたものの多くは東京大学法学部に寄贈されたが、東洋法制史の滋賀秀三の尽力によるところが大きい。

昭和三十年二月、法学部研究室に寄託されていた図書二百六十二冊、標本類千二百十四点が正式に法学部に寄贈される。総長から礼状が送られ、法学部からは北出塔次郎作の九谷焼花瓶が贈呈された。自宅に残されていた史料は、昭和四十七年に滋賀が逗子市小坪の長男瑞彦宅を訪ねて、榮に寄贈を依頼した。没後に中田個人の若干の図書が根拠不明のまま法学部に所在し、当時法学部図書委員だった滋賀が晩年の旧蔵書の未処理を知ったのである。法学部に残された個人蔵書とともに、中田家の史料・蔵書の法学部への寄贈を願うため、学部長名の感謝状と目録とを準備して参上、榮と美枝と向き合う。

最晩年の滋賀は、当時の風景をリアルに語ってくれた。「代価は一切差し上げられませんという一方的な申し出で押し切る覚悟であった。その時の榮様のお人柄は、優しい中にもキリリとしたところがあり、かつまた夫君（中田）に似てか、兄上（吉田茂）に似てか、これまた諧謔味のある人と拝察、要求を毅然と受け入れてもらうことができた」という。

おわりに

中田薫の人生は、東京帝国大学法学部教授として、研究室に籠って史料をめくる静かな日常と、大学の自治を守るべく奔走する日々、この相矛盾する二つの道を同時に真っすぐに駆けぬけたものであった。

その法制史研究は、日本の歴史を従来のように支配関係という公法の視点のみで叙述するのではなく、個人の間の私法的な営みに光を当てて生々しく描き直すもので、当時斬新な試みであった。そして彼の講義が比較法制史（西洋法制史）からスタートしたように、ドイツ歴史法学の研究成果をふまえつつ、世界史的視野のもとに個々の地域や民族の固有の法秩序を把握することを目指した。こうした研究視角は法学部の枠を超えて、人文科学系の日本史学にも決定的な影響を与え、日唐律令比較研究や封建制・荘園制研究に象徴される戦後歴史学の方向性を規定した。さらに東洋史学の世界においても、従来軽視されがちであった法制史的な切り口の重要性を喚起する刺激となった。

他方、日露戦争末期の戸水事件（講和反対運動による戸水寛人休職処分事件）に関わって以来、京大を舞台とした澤柳事件（総長澤柳政太郎による教授刷新を目指す罷免事件）や瀧川事件（刑法学説が無政府主義だと問題視された瀧川幸辰の休職処分事件）など、大学の自治をめぐる闘争にさまざまな形で関与し、総長公選制度（官選から自治選挙へ）や大学教授定年制の確立にも尽力した。さらに相棒の政治学者小野塚喜平次や親友の大正デモクラシーの立役者吉野作造とともに、昭和初期の左翼学生運動や政府・右翼の大学への干渉に、時には一教官として、時には総長のブレインとして真正面から向き合った。また友人の上杉愼吉とは思想的立場を超えて協力し合い、現在の大学院大学に相当する学術研究所構想を提起し、関東大震災の史料喪失のなかで、ジャーナリスト宮武外骨を学歴と無関係に東大に迎えて明治新聞雑誌文庫を創設、史料保存に尽力した。愛する大学を充実させ、これを守らんとする実直な中田の行動は、妥協なき真理探究の志とともに、帝国学士院恩賜賞や名誉教授すらも辞退するその頑固さに支えられていた。

終戦直後は、義兄の吉田茂や大学同期の親友松本烝治との関係から、貴族院議員に推薦され、新憲法制定にともなう民法改正の臨時法制調査会の委員にもなるが、そこで教え子にあたる新しい世代の法学者たちから、歴史に盲従するための知識など実定法の制定には何の役にも立たないと徹底的な批判を受け、身を引いて静かな晩年を過ごした。

本書を読んでくださった方々からは、東京帝国大学を中心とした大学史概説になっている、中田の学問的営為の叙述が少ないとの非難を受けるかもしれない。実際、中田はジャーナリズムにおいて発言することや華やかな政治的な場で活動することを好まず、アカデミズムの範囲を逸脱することは全くなかった。その意味で、中田の人生は東京帝国大学の歩みと一体のものだったのである。また、広い読者を対象とする伝記的叢書という制約から具体的学説に立ち入る叙述は最低限にせざるをえなかったが、そもそも伝記が対象とする具体的人生が、論文に結晶化される学問的営為と直結しないという難しさもあった。堅実な学者であればあるほど、本人も自覚的に両者に距離を置き、純理に基づく研究を遂行するからである。とはいえ、中田の志の継承者で、長く最高裁判所長官を務めた教え子の田中耕太郎がいうように「これらの行政的業績は先生の熱烈な真理愛、学問愛の当然の発露にほかならない。この伝記をふまえて、時流に流されない頑固だがユーモアに富む中田の顔を思い浮かべながら、あらためて中田の個々の論文を読んでいただきたい。なお、中田法制史学の到達した全体像を俯瞰するべく、最終年度の講義を基礎として修訂を加えた講義録を講談社学術文庫から公刊する。併せ参照いただければ幸いである。

中田法制史学の基盤については、多少の知見を提示できたかと思う。歴史法学の直輸入ではなく、自身の成長過程における多様な文化体験、それに相通じるモンテスキュー『法の精神』からの刺激、明治民法起草者の一人で恩師の梅謙次郎からの影響、これらを受けて法や慣習の多様性を自然法の土台のうえに理解せんとする独自の問題意識が育まれたことを指摘した。また、公法史・私法史を楽観的に峻別したのではなく、両者の未分化な位相をなまなましく描き出した点も重要である。

普遍的で理性的な自然法観念を基礎に持ちつつ法秩序の歴史的位相を直視した中田ゆえに、明治の民法編纂の時代、大正デモクラシーの時代、軍国主義の時代、戦後民法改正の時代といった激変する時流に多くの歴史法学者が流されていくなかで、確固たる足場を持ち続けることができたのだろう。他方、中田が荘園制研究のなかで獲得した、権利意識の未成熟による「義務の物権化」という日本歴史のなかの公法・私法が交錯する位相への視線は、いまなお残る全体主義的傾向、秩序のなかの個人という日本社会の独特の構造を抉り出している。中田の守り抜いた大学の自治、学問の自由もまた、現在あらためて我々に突き付けられている課題である。

戦後の民法改正の過程で中田が若手法学者から投げつけられた鮮烈な批判は、その後の法学の転換、すなわち歴史や法理学から切り離された実定法万能の時代の意識を象徴している。これは中田の学問がむしろ人文系の日本史学の方に大きな影響を与えた事実と無関係ではあるまい。法制史の基礎法学として固有の意義が曖昧となり、「法的現象を対象とする歴史研究」と混交しつつある。最近出版された日本法制史の教科書類をみても、日本史学出身者の執筆比率が異常に高い。この現象は、単に古典的素養の風化のなかで前近代史料の分析能力を訓練する場が法学部で僅少であるためだけではない。

興味深いのは、近年の民法改正を牽引した法学の大家、内田貴氏が名著『法学の誕生』を出版したことである。約百二十年ぶりの改正の動きのなかで「時間のなかの実定法秩序」に再び光が当てられたこと、民法編纂にかかわった穂積陳重の思想とその変遷に視線が向けられたことは、歴史的な法学研究の復活を感じさせる。

本書のなかで私は、中田の学問内容と行動原理が、法典編纂の実践的な場で柔軟な歴史的思考を磨き上げた梅謙次郎の学問からの強烈な影響に、その淵源があることを強調した。まさに民法学者内田氏が大切にした歴史的目線と同じものを、もっと大きな歴史のうねりのなかでかつて梅は獲得し、梅の素描したデッサンを専門的な史料の考証によって歴史的に基礎づけて描き出したのが、中田の法制史学であった。その意義と限界について、いまあらためて問いなおす時に至っているように思われる。

中田家関係系図

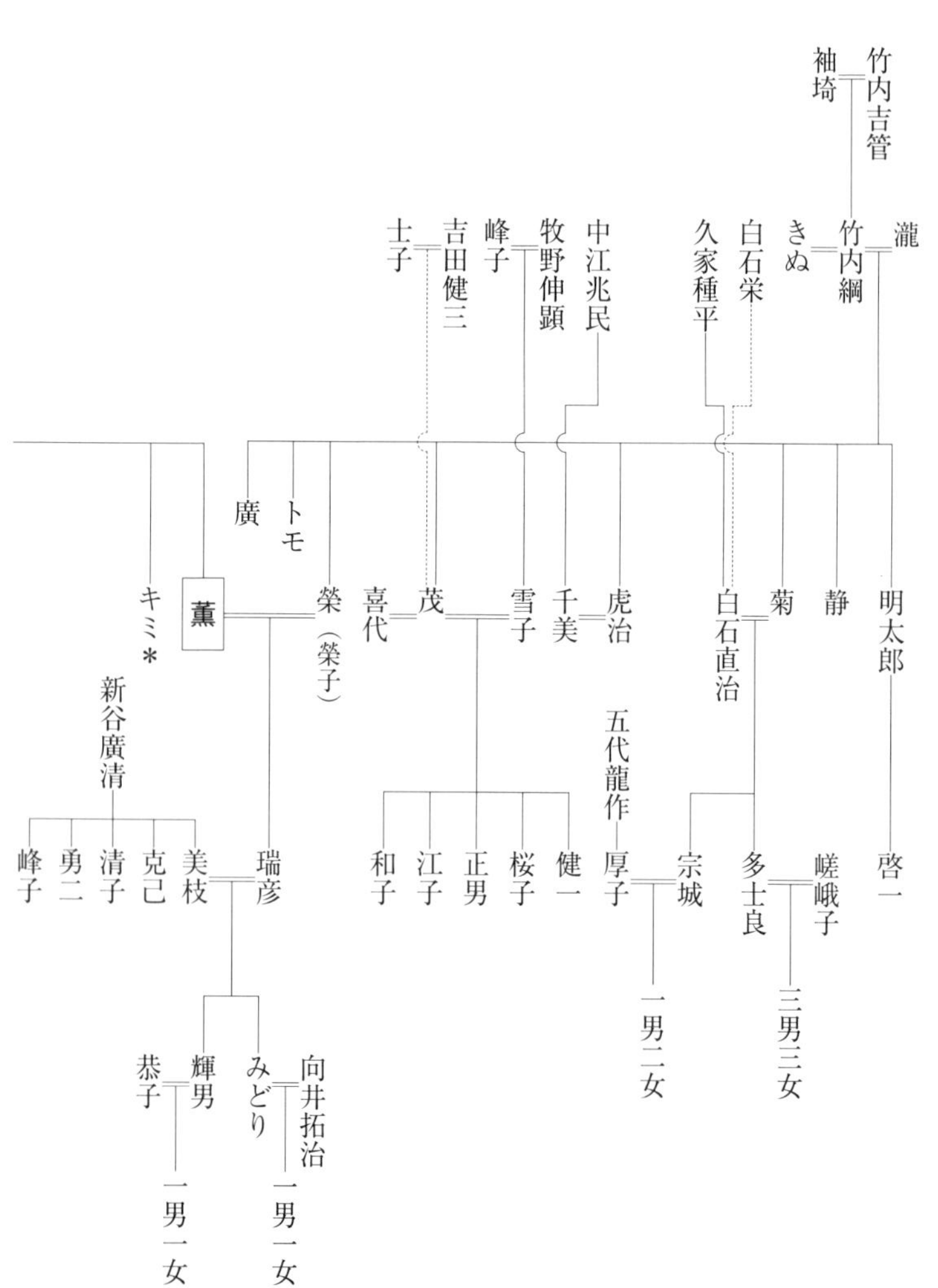

竹内吉管
袖埼
瀧
竹内綱
きぬ
白石栄
久家種平
中江兆民
牧野伸顕
峰子
吉田健三
士子
明太郎
静
菊
白石直治
虎治
千美
雪子
茂
喜代
榮
（榮子）
薫
キミ＊
トモ
廣
啓一
嵯峨子
多士良
三男三女
宗城
厚子
五代龍作
一男二女
健一
桜子
正男
江子
和子
瑞彦
美枝
克己
清子
勇二
峰子
新谷廣清
向井拓治
みどり
一男一女
輝男
恭子
一男一女

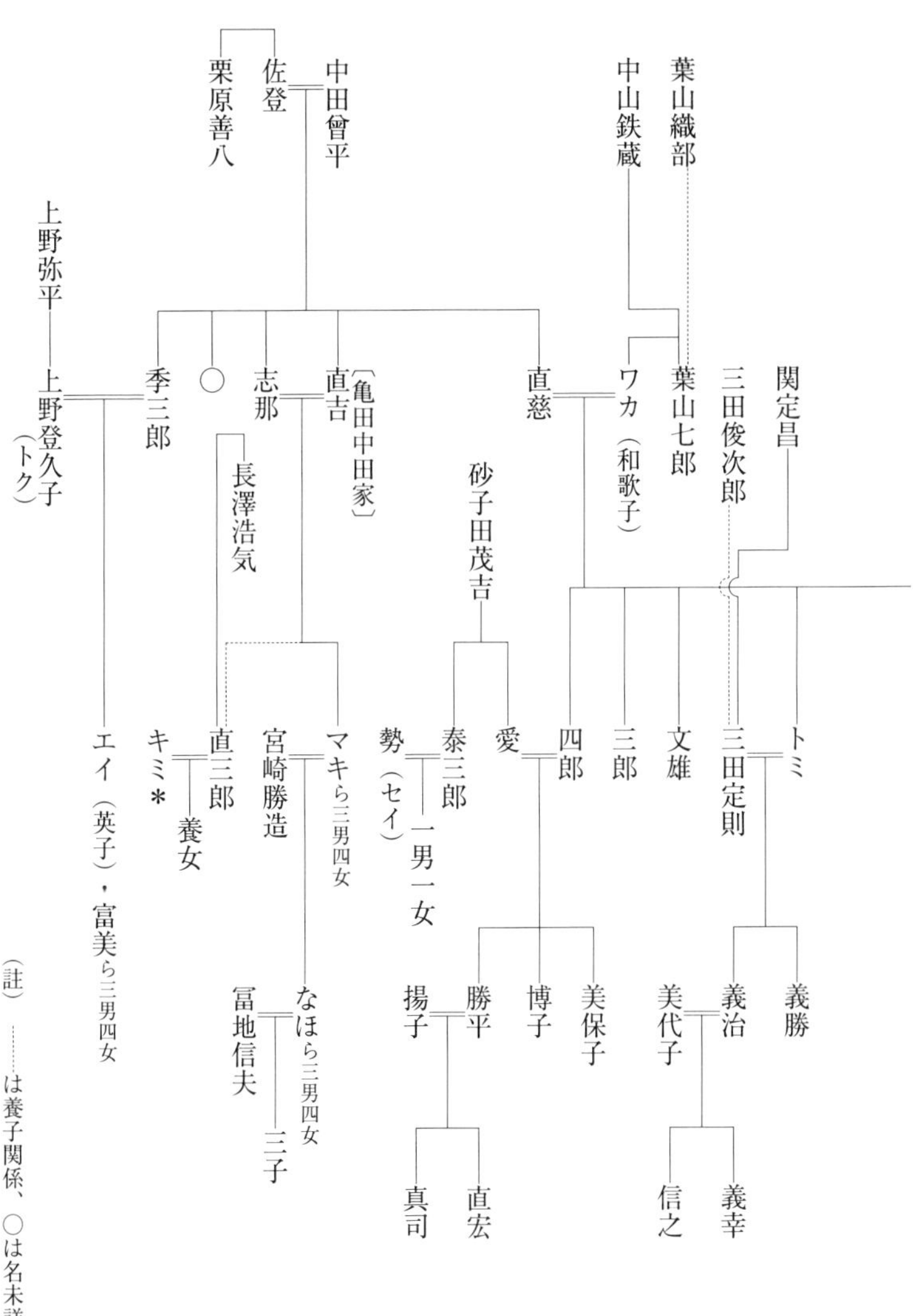

（註）……は養子関係、○は名未詳を示す。

略年譜

年次	西暦	年齢	事蹟	参考事項
明治一〇	一八七七	一	三月一日、山梨権中属の父直慈の赴任先、山梨県甲府市の紅梅町に誕生（母ワカ）	二月〜九月、西南戦争○四月、文部省所管の東京大学創立
一二	一八七九	三	一〇月、妹キミ誕生	四月、琉球処分○九月、教育令制定
一三	一八八〇	四	この年、父直慈が大蔵省租税局四等属となり、東京に移る	七月、刑法・治罪法公布
一六	一八八三	六	一二月、竹内綱の六女で後に妻となる榮誕生	
一七	一八八四	七	九月、尋常小学校入学。その後、父直慈が鹿児島県収税長となり、一家鹿児島に移る。鹿児島師範学校付属小学校に転学。同級生の山本英輔や岡積利兵衛と親交を深める○一〇月、妹トミ誕生	五月、群馬事件○九月、加波山事件○一〇月、秩父事件○一二月、甲申政変
一九	一八八六	九		三月、帝国大学令公布。東京大学は帝国大学と改称して五分科に。予備門は第一高等中学校に○四月、教育令を廃し、小学校令・中学校令・師範学校令公布
二〇	一八八七	一〇	九月、弟文雄誕生	一二月、保安条例公布
二二	一八八九	一二		二月、大日本帝国憲法・皇室典範公布

二三	一八九〇	一三	九月、鹿児島高等中学造士館予科補充科に入学	七月、第一回帝国議会衆議院議員総選挙○一〇月、教育勅語発布○四月・一〇月のボアソナード旧民法公布を受けて民法典論争が起こる○一一月、大日本帝国憲法施行
二四	一八九一	一四	八月、弟三郎誕生	五月、大津事件
二五	一八九二	一五	九月、鹿児島高等中学造士館予科に進学	一月、久米邦武筆禍事件○二月、松方内閣の選挙大干渉事件
二六	一八九三	一六	五月九日、父直慈、岐阜県収税長への転任を拝命○九月、京都の第三高等中学校予科に転学○一〇月、弟四郎誕生	
二七	一八九四	一七	六月二三日、高等学校令公布により第三高等中学校は専修コースに改組。予科廃止により当該学生は他校に転配○七月七日、分袂式○九月、仙台の第二高等学校予科（法科）に転学	三月、甲午農民戦争○七月、日清戦争勃発（～翌年四月）
二九	一八九六	一九	この年、父直慈、宇都宮税務管理局長に異動	四月、明治民法（総則・物権・債権）公布
三〇	一八九七	二〇	三月六日、第二高等学校の予科生四三七名が吉村寅太郎校長に辞職勧告書を提出、中田ひとり署名せず。後任校長には澤柳政太郎が着任○二月二四日、父直慈、宮内省内蔵助兼調度局主事○七月、第二高等学校卒業○八月一日、弟文雄没○九月、	六月、京都帝国大学創立○この年、梅謙次郎、東京帝国大学法科大学長、内閣法制局長官となる

明治三一	一八九八	二二	東京帝国大学法科大学政治学科に入学○梅謙次郎の民法講義、宮崎道三郎の比較法制史講義に感銘を受ける この年、モンテスキュー『法の精神』と出会い、法制史研究を志す○この頃、本郷の西洋料理屋「彌生亭」の女給お蝶さんと悲恋	六月、明治民法（親族・相続）公布○七月、明治民法全編施行
三二	一八九九	二三	穂積陳重の代講で戸水寛人の法理学を受講する機会を得る	三月、商法公布施行
三三	一九〇〇	二四	二月一二日、父直慈、東宮主事○七月、法科大学政治学科を八番で卒業○九月、大学院に進学、宮崎道三郎の法制史研究室に属す。唐令復元・日唐律令比較研究に取り組み始める	三月、治安警察法施行○八月、北清事変
三四	一九〇一	二五	四月、三浦周行が法科大学法制類聚編纂掛主任となり、面識を得る○一二月一〇日、父直慈、内大臣秘書官兼宮内書記官	九月、北京議定書締結
三五	一九〇二	二六	二月二二日、父直慈没す。牛込区南榎町に下宿していたが、官舎を出た母・弟と共に牛込市ヶ谷砂土原で同居。その後、牛込二十騎町に書斎兼下宿を置く○四月一四日、法科大学助教授となる○七月一一日、新潟に調査出張○秋から翌年にかけて徳川時代の不動産法の研究に着手	一月、日英同盟協約調印
三六	一九〇三	二七	一月、最初の論文「養老戸令応分条の由来」を公	六月、戸水寛人以下七博士、対露開

			表○三月、三浦周行が法制類聚編纂掛を退任、法制史研究室の史料収集・調査を引き継ぐ○一二月、「頼母子の起源」	戦の意見書を首相桂太郎に提出○八月、対露同志会結成
三七	一九〇四	二七	二月、「徳政発現の年代に就て」○三月、新潟での調査成果を「越後国割地制度」として公表。また法言語学的研究を手掛けて「古代亜細亜諸邦に行はれたる神判」を公表○この頃、史学会に入会し、七月から翌年八月にかけて、白鳥庫吉と郡村語源論争○一〇月～一二月、「唐令と日本令との比較研究（一）～（三）」連載	二月、日露戦争勃発。日韓議定書調印
三八	一九〇五	二八	三月、「養老令の施行期に就て」○八月二六日、戸水寛人休職事件への抗議運動、中田も参加して署名集めに尽力	八月、日露戦争終結に向け講和会議開始。戸水寛人が条約批准拒絶を求め上奏文提出○九月五日、ポーツマス条約締結。日比谷焼打事件
三九	一九〇六	二九	一月～一二月、美濃部達吉の推薦で庄園制研究の成果を『国家学会雑誌』に連載（「日本庄園の系統」「王朝時代の庄園に関する研究」）○この年から翌年にかけて、喜田貞吉とアイヌ語神名論争○一二月八日、吉田茂の仲介で竹内綱の六女の榮と結婚。吉田とは義兄弟となる	一一月、南満州鉄道株式会社創立
四〇	一九〇七	三〇	昨年末からこの年の初め、庄園制論文の補遺にあたるコムメンダチオ・知行・地頭職に関する諸論	四月、帝国国防方針決議○六月、ハーグ密使事件

			文を発表○一一～一二月、林野下戻法問題にきっかけを得た徳川時代土地所有権の諸論文（「徳川時代に於ける山年貢の性質」「御朱印寺社領の性質」）を公表○この年、母ワカと弟四郎、逗子に移住	
明治四一	一九〇八	三一	二月五日、長男瑞彦誕生○四月一日、独仏英三ヵ年留学に横浜港から出立○五月二〇日、マルセイユ着。二一日夜、ハイデルベルク駅で先に留学していた後輩上杉慎吉らと邂逅。二六日にグレーザー家に下宿し、ピットニーにドイツ語のトレーニングを受け、ハイデルベルク大学の聴講申請を行う○九月、ライン地方、フランクフルト一帯を旅行	一〇月、戊申詔書発布○一二月、戸水寛人が東大辞職
四二	一九〇九	三二	四月、スイス・イタリア・オーストリア・ハンガリー・南ドイツに旅行○五月二三日、ベルリンのティヤガルテン付近に下宿し、ベルリン大学に学ぶ○五月二四日、上杉慎吉の帰国を見送る。三潴信三らと懇意となる○六月、長期旅行からベルリンに戻った同期の松本烝治と邂逅	一〇月二六日、伊藤博文暗殺
四三	一九一〇	三三	この年、パリ大学に移り、自由法論を学ぶ○九月、師梅謙次郎の訃報（八月二五日没）が届く○一二月一二日～二〇日、久しぶりにハイデルベルクを	八月二二日、韓国併合条約調印○九月、朝鮮総督府設置

			訪れ、吉野作造と交流○一一月、法学博士の学位を受ける	
四四	一九一一	三四	五月二八日、ベルリンからシベリア鉄道で帰国の途につく○六月一二日、帰国○この年、教授に就任、比較法制史講座担任となる。	二月、南北朝正閏論争○七月一七日、京大教授の岡村司が譴責処分○一〇月、辛亥革命、翌年一月中華民国樹立
大正 元	一九一二	三五	一〇月三一日、法学協会法理研究会で「仏国に於ける自由法説に就て」と題して発表	七月、明治天皇崩御・嘉仁親王践祚
二	一九一三	三六	七月一二日、京大総長澤柳政太郎が「老朽若朽」教授に辞職勧告して七教授が辞表提出。大学の自治の侵害と法科教授らが抗議（澤柳事件）○一〇月二九日、宮崎道三郎在職二十五周年祝賀式	二月、大正政変で桂内閣倒閣、山本権兵衛内閣成立○六月、文部省教育調査会設置
三	一九一四	三七	一月一四日、京大法科教授ら連袂辞表提出○一六日、中田ら東大有志、澤柳事件への応援を決定○一八日、法科協議会で中田起草の抗議三ヶ条を決議○二三日、人事における総長と教授会との協定を妥当とする文相裁定を勝ち取る○二月、三学年制学科課程調査委員となり、三学年制再導入・選択科目制度改革の原案を答申○五月、『宮崎先生在職二十五周年記念論文集』を献呈。論文「徳川時代ノ文学ニ見エタル私法」は、日本の家長権・家督相続の特質に関する研究の出発点となる。○	一月二三日、シーメンス事件報道○四月一六日、第二次大隈重信内閣成立○八月一五日、第一次世界大戦参戦

大正四	一九一五	三八	六月、法科の商品陳列室・列品室・書庫の設計委員となる○九月二三日、母ワカ没 七月、穂積陳重の『隠居論』第二版を書評で酷評○一〇月二日から一二月末、評議会・教授会で「大学令要綱」の内容を検討	一月、対華二十一ヶ条要求○九月、山川健次郎総長、文相高田早苗に「大学令要綱」諮詢を要求
五	一九一六	三九	一月、経済科大学分立案の立案を委嘱される○六月、図書館商議員となる（三期）	一〇月、寺内正毅内閣成立
六	一九一七	四〇	一二月、ヘボン寄付講座設置問題で反対派の上杉慎吉らと対立（翌年「米国憲法・歴史及外交」講座として実現）○一二月、京大出張の折に神戸正雄から京大の定年制案を聞き、帰京後に総長山川健次郎と語り合う	九月、岡田良平文相、教育調査会に代えて臨時教育会議を発足○一一月、ロシア革命、ソビエト連邦樹立
七	一九一八	四一	二月、「大学制度改正私見」を上杉慎吉とともに作成、全国の大学・教育関係学会・官庁に頒布○三月、総長のもとに帝国大学制度調査委員会設置○一二月、「中世の家督相続法」	八月、シベリア出兵○九月、原敬内閣成立○一二月、大学令公布。新人会・黎明会結成
八	一九一九	四二	五月二三日、帝国学士院恩賜賞を辞退、新聞紙上を騒がせる○七月八日、総長公選内規を評議会で決議	二月、改正帝国大学令○六月、ヴェルサイユ条約調印
九	一九二〇	四三	六月、皇居外堀の弁慶橋保存運動に参加。黒板勝美とも交友を深める	一月一四日、森戸辰男を新聞紙法違反で起訴
一〇	一九二一	四四	四月、この年度の宮崎道三郎の法制史講義を代講、	一一月四日、原敬首相暗殺○皇太子

年号	西暦	年齢	事蹟	一般事項
			初めて日本公法法制史を講じる○六月、法学部長に選出されるも辞退○九月二二日、定年制決定、翌年三月実施	裕仁親王、摂政就任
一一	一九二二	四五	三月、宮崎道三郎定年退官、四月から法制史講座担任を引き継ぐ。この年度初めて日本私法法制史を講じる○春、吉野作造から宮武外骨を紹介される○五月一日、春木一郎の外遊を受け、一年限りで羅馬法講義を担当○六月、弟三郎没す○一一月、法学部研究室主任○六月、法経研究室棟の新築準備委員となる○この年、牧健二と文治守護地頭論争	二月、ワシントン海軍軍縮条約締結○三月、全国水平社結成○四月、治安警察法改正○七月、日本共産党結党
一二	一九二三	四六	一月、新法経研究室棟着工○九月一日、関東大震災で研究室・図書館など被災（中田も個人蔵・研究室蔵の史資料、研究蓄積を失う）○九月、図書復旧委員に任命される○一〇月、敷地に関する調査委員会委員として郊外移転案を阻止。宮武外骨とともに『徳川時代の文学と私法』を刊行○この年から三年間、京都帝国大学の比較法制史の集中講義を委嘱される	九月一日、関東大震災○四日、亀戸事件○一六日、甘粕事件○一二月二七日、虎ノ門事件
一三	一九二四	四七	一月、法制史料の再収集を計画、五・六年で帝国図書館等所蔵資料の謄写を進めるべく、十名程度の職員の雇用と年間予算三六〇〇円の計上を認め	六月、加藤高明護憲三派内閣成立

			させる。○二月、宮武外骨を法学部嘱託として史料収集を委嘱○九月、全学建設委員会内田祥三の復興構想による法学部の周辺地移転を阻止	
大正一四	一九二五	四八	六月、帝国学士院会員となる	四月、陸軍現役将校学校配属令・治安維持法公布○五月、普通選挙法公布
昭和元	一九二六	四九	三月、『法制史論集』第一巻を岩波書店から刊行○一〇月九日、九州帝国大学法文学部内訌事件。二二日に中田が喧嘩両成敗の処断を下す○この間、瀧川政次郎を破門	一二月二五日、大正天皇崩御、裕仁親王践祚
二	一九二七	五〇	二月、明治新聞雑誌文庫創設○三月、法学部研究室棟が落成○四月、本年度から文学部国史学科にも出講○六月、法学部長に就任	三月、蔵相片岡直温の議会での「失言」が金融恐慌の発端となる
三	一九二八	五一	一月二四日、七生社・新人会乱闘事件、学生処分を主導○四月一七日、大学評議会で新人会解散命令に反対○四月一八日、宮崎道三郎没す○九月、豊島園事件。学生処分を主導○一〇月、「律令時代の土地私有権」○一二月、小野塚喜平次が正式に総長に就任、ブレインとして支える。学生課を総長のもとに設置○この年、仁井田陞に唐令拾遺の編纂を託す	二月、第一回普通選挙○三月、共産党員一斉検挙（三・一五事件）○六月、張作霖爆殺事件
四	一九二九	五二	四月七日、友人の上杉慎吉没	一〇月、ニューヨーク株式市場大暴

五	一九三〇	五三	六月五日、法学部長再選○六月、平野義太郎事件。学部長として退官願を出させる○八月、高校時代の恩師栗野健次郎からの書状を受ける○九月、法学部長を中途辞任	落、世界恐慌 一月、金本位制復帰、金輸出解禁○四月、ロンドン海軍軍縮条約締結○一一月、浜口雄幸首相狙撃事件
七	一九三二	五五	六月一四日、学生団体「国防研究会」設立、その指導教授となる	三月、満州国建国宣言○五月、犬養毅首相殺害（五・一五事件）
八	一九三三	五六	三月、吉野作造没○五月二九日、瀧川事件に応援を出すべきとの若手教授の意見を臨時の法学部懇談会で潰す○六月二三日、東大配属将校増員問題勃発。総長小野塚喜平次とともに大学の自治のために奔走	三月、国際連盟脱退○五月、京大の瀧川幸辰が休職処分となる（瀧川事件）○六月二一日、瀧川事件に抗議する学生集会により美濃部達吉の憲法講義が占拠される
一〇	一九三五	五八	一月二〇日、戸水寛人没○四月、「国体明徴に関する文部省訓令」案の修正に尽力○一一月、教学刷新評議会委員就任要求を拒絶	二月、貴族院で菊池武夫が美濃部達吉の天皇機関説や末弘厳太郎の著作を誹謗○八月、首相岡田啓介、国体明徴声明を発す○一一月、美濃部達吉が狙撃される
一一	一九三六	五九	この年、小石川区水道端二丁目に転居○中田の講義から刺激を受けた坂本太郎が「養老律令の施行に就いて」を公表	二月、二・二六事件○一一月、日独防共協定締結
一二	一九三七	六〇	三月、定年退官、弟子ら還暦祝賀論集を献呈○四月、名誉教授推薦を強硬に辞退○この年、弟子の	五月、文部省『国体の本義』発行○六月、第一次近衛文麿内閣成立○七

			高柳眞三の留学を受けて東北帝国大学の集中講義を引き受ける	月七日、盧溝橋事件、日中戦争始まる○一二月、矢内原忠雄筆禍事件
昭和一三	一九三八	六一	七月、文相荒木貞夫の大学制度改革。総長・学部長・教授の任免に関する自治には何ら法規上の根拠はないと宣言。これに抗する田中耕太郎が臨時評議会で読み上げる大学自治の沿革に関する「田中メモ」の作成に協力○一一月、平賀譲が総長に就任、翌年二月にかけて経済学部の内部抗争を喧嘩両成敗で処理（平賀粛学）。粛学を主導する田中耕太郎を支える○一二月、『法制史論集』第二巻を刊行	二月、第二次人民戦線検挙事件で大内兵衛・有沢広巳・脇村義太郎らが検挙される○四月、国家総動員法公布
一五	一九四〇	六三	五月、孫みどり誕生	二月、津田左右吉の著作が発禁処分に○九月、日独伊三国同盟締結○一〇月、大政翼賛会発足
一六	一九四一	六四	五月、孫輝男誕生○六月、『法制史論集』第三巻刊行	一〇月、東条英機内閣成立○一二月八日、真珠湾攻撃（太平洋戦争始まる）
一八	一九四三	六六	この年、安井郁昇任に反対して辞表を提出した田中耕太郎の救済に奔走	一〇月、文科系学生徴兵猶予廃止○一一月、大東亜共同宣言発表
一九	一九四四	六七	一一月二七日、親友の小野塚喜平次没	六月、サイパン島陥落○七月一八日、東条英機内閣総辞職○八月、学童疎開

二〇	一九四五	六八	春、弟子の久保正幡、鈴木大拙の許可を得て中田旧蔵の「中田文庫」を北鎌倉東慶寺裏山の松ヶ岡文庫に疎開○五月一五日、空襲で自宅焼亡、妻とともに目黒の義弟三田定則宅に寄住○六月、友人松本烝治が来訪、時局について夜を徹して語り合う○一〇月、新潟の白山浦に疎開	三月一〇日、東京大空襲○八月六日に広島、九日に長崎へ原爆投下○八月一〇日、御前会議でポツダム宣言受諾を決定○一五日、「終戦の詔勅」放送○九月二日、日本降伏文書調印
二一	一九四六	六九	二月、戦後初の文化勲章受章○三月、無所属倶楽部から貴族院勅選議員に推挙される○九月一八日、民法改正を議する臨時法制調査会委員に任用○一〇月一二日、首相官邸での委員集会で「わが家族制度の沿革」と題する講演を行う	一月九日、松本烝治が「憲法改正私案」を憲法調査委員会に提出○五月、極東国際軍事裁判開廷、第一次吉田茂内閣成立○一一月三日、日本国憲法公布
二二	一九四七	七〇		三月、教育基本法・学校教育法公布○五月三日、日本国憲法施行○一二月二二日、改正民法公布
二三	一九四八	七一	一二月、義兄吉田茂より公職適格審査訴願委員会委員長の就任を懇請されるも強硬に辞退	一一月、極東国際軍事裁判判決
二四	一九四九	七二	七月、水道端の仮屋に帰京○一一月、法制史学会創立	一〇月、中華人民共和国、ドイツ民主共和国成立
二五	一九五〇	七三	九月一日、弟子の原田慶吉自死	五月、文化財保護法公布○六月、朝鮮戦争勃発○七月、警察予備隊設置
二六	一九五一	七四	四月、文化功労者年金法制定、遡及適用される	九月八日、サンフランシスコ講和条約・日米安全保障条約に調印

年号	西暦	年齢	事項	一般
昭和二七	一九五二	七五	四月、日本学士院第一部長○七月、『法制史研究』創刊、巻頭に「古法雑観」を掲載	七月、破壊活動防止法公布
二八	一九五三	七六	七月七日、東京大学名誉教授○一二月、文教懇話会に出席	七月、朝鮮戦争休戦協定
三〇	一九五五	七八	二月、図書を法学部に寄贈○七月二八日、宮武外骨没	一一月、保守合同、自由民主党結成
三一	一九五六	七九	一月一〇日、火事に遭い、しばらく近所の仁井田陞宅に寄宿○三月、『古代日韓交渉史断片考』刊行	一〇月、日ソ共同宣言○一二月一八日、日本、国際連合に加盟
三三	一九五八	八一	三月、『続「南留別志」』刊行	四月、文部省、小中学校道徳教育義務化○一〇月、警職法反対運動
三九	一九六四	八七	七月、『法制史論集』第四巻刊行	一〇月、東京オリンピック開幕
四一	一九六六	八九	六月、弟子の仁井田陞没	
四二	一九六七	九〇	三月、日本学士院卒寿祝賀会○五月一〇日、神田古書会館竣工記念式典に招待される○一一月二一日、自宅にて没す。二三日、告別式。高學院薫譽壽光居士。勲一等瑞宝章	二月、最初の建国記念の日○一〇月、吉田茂没、国葬

参考文献

〔呼称・略称一覧〕

＊本文中に引用する日記は呼称を統一し、頻出する文献や長い論題の文献については略称を用いた。以下、カッコ内に正規の典拠名を示す。

「河合栄治郎日記」（「日記」『河合栄治郎全集』二十二・二十三巻、社会思想社、一九六九年）
「高野岩三郎日記」（『高野岩三郎日記』法政大学大原社会問題研究所蔵）
「坪井九馬三日記」（「坪井九馬三関係資料」、東京大学文書館蔵）
「長與又郎日記」（小高健編『長與又郎日記―近代化を推進した医学者の記録―』上下、学会出版センター、二〇〇一・〇二年）
「矢部貞治日記」（大正十年三月二十一日～昭和十年四月七日は衆議院憲政記念館蔵の『矢部貞治日記』を用い、昭和十年四月八日～昭和十二年五月二十七日は私家版で一九八九年に刊行された矢部尭男編『矢部貞治日記 欧米留学時代』を用いた。昭和十二年五月二十八日～昭和二十年十二月三十一日は一九七四年に読売新聞社から出版された『矢部貞治日記 銀杏の巻』を用いた）
「吉野作造日記」（「日記」『吉野作造選集』十三巻～十五巻、岩波書店、一九九六年）
「大学の自治」（朝日ジャーナル編集部編『大学の自治』朝日新聞社、一九六三年）

「小野塚喜平次」（南原繁・蠟山政道・矢部貞治『小野塚喜平次―人と業績―』岩波書店、一九六三年）
「南原繁回顧録」（丸山眞男・福田歓一編『聞き書　南原繁回顧録』東京大学出版会、一九八九年）
「石井勗氏談話記録」（「石井勗氏談話記録（東京大学旧職員インタビュー（2））」『東京大学史紀要』四号、一九八三年）
「内田談話」（「内田祥三談話速記録（東京大学旧職員インタビュー）」『東京大学史紀要』十九～二十六号、二〇〇一～〇八年）
「久保先生略年譜」（『久保正幡先生略年譜・主要著作目録（再改訂版）』私家版、一九九八年）
石井進「「中世」の発見」（石井進「日本史における「中世」の発見とその意味」『石井進著作集』第六巻、岩波書店、二〇〇四年。初出一九六九年）
久保正幡「中田薫先生の思い出」（久保正幡「中田薫先生の思い出と法制史学会の回顧」吉原丈司筆録、第一七〇回法制史学会東京部会例会、一九九五年。『警察政策学会資料』一一五号、二〇二一年に抄録）
松本烝治「諸先生の思い出」（松本烝治「大学生時代の諸先生の思い出（1）～（5）」『書斎の窓』五～十号、有斐閣、一九五三・五四年）

〔未刊行史料〕

京都大学大学文書館蔵

「第三高等学校関係資料」
宮内庁書陵部図書課宮内公文書館蔵
「貞明皇后実録編纂資料　貞明皇后関係切抜帳　中田直慈在職日誌1～4」（識別番号84225～84228特定歴史公文書）
国立公文書館蔵
「甲府勤番葉山七郎明細短冊」（万延元年（一八六〇）七月十九日）
「臨時法制調査会第三回総会配付資料」（JACARRef.A15060477700）、「臨時法制調査会議席図（第三回）昭和二十一年十月二十一日」（JACARRef.A15060477600）
国立国会図書館憲政資料室蔵
「松本烝治関係文書」（「松本宛書簡250～268」、「手帳594（明治三十七年・三十八年）」）
国立国会図書館・京都大学経済学部図書室蔵
「法科大學法制類聚編纂掛　文庫書目」一九〇三年九月謄写（旧幕府引継書類、『旧幕府裁許絵図目録　内閣記録課主管』、『旧幕府書類目録　内閣記録課主管』などを収録）
東京大学大学院法学政治学研究科附属近代日本法政史料センター原資料部蔵
「上杉愼吉関係文書」、『岡義武談話筆記』
東北大学附属図書館特殊文庫蔵
「高柳文庫」（図書三八一八冊、古文書約一四〇〇点のほか、ノート類など多様な資料を含む）

ハイデルベルク大学文書館蔵

「聴講生登録簿 WS1908/09（Gasthörer-Verzeichnisse）」

『懐旧夜話』

鈴木竹雄・田中二郎・田中耕太郎・久保正幡氏の依頼により、昭和三十三年三月二十八日、四月十五日、五月二十一日、六月十一日、二十五日、十一月十四日、二十五日、十二月二十一日の八回にわたって、中田が上記四人を交えて懐旧した談話の筆録（速記者石井千穂子）を、中田自身が添削した資料である。談話を録音したオリジナルリールテープも部分的に残る（個人蔵）。筆録原本は現在のところ所在未詳だが、幸い東京大学法学部に画質の悪い複写コピーが残る（現、東京大学大学院法学政治学研究科附属近代日本法政史料センター原資料部蔵）。最晩年の滋賀秀三先生からお聞きしたところによると、当時東京大学百年史法学部編集委員会委員長だった滋賀氏が、百年史編纂事業のためだけに内々に、資料名も伏して利用するという条件で、久保正幡氏から入手したコピーで、そうした沿革から長らく学部長管理の未公開資料として扱われてきたのである。今回、中田薫のご遺族から人物叢書の執筆に利用することについて特に許可を得て、法学部から閲覧を認めていただいた。なお、内容には中田の記憶違いも少なからず散見する。年月日や関係人物などの明らかな事実誤認については修正して利用した。また、食事処での雑駁な談話の速記であるため、話が冗長な部分や文法的に破綻している箇所もある。なるべく原形を重視することに努めたが、伝記という本書の性格に鑑み、必ずしも厳格な引用にこだわらず、内容に即してやや整理して使用した場合もある。正確な翻刻と校訂、講話記録の詳細な史料的説明は別に公表したい。

〔中田薫の著作〕

中田薫『法制史論集』四巻五冊　岩波書店　一九二六〜六四年

中田薫「著作文献目録」（同『法制史論集』第四巻補遺に附録）　岩波書店　一九六四年

中田薫編『宮崎教授在職廿五年記念論文集』　有斐閣書房　一九一四年

中田薫「総てを保存せよ」（『典籍』三号）　一九一五年

中田薫「宮崎道三郎先生小伝」（『宮崎先生法制史論集』）　岩波書店　一九二九年

中田薫「上杉君を想ひて」（『上杉先生を憶ふ』）　七生社　一九三〇年

中田薫「趣味と思ひ出」（『緑会雑誌』四号）　一九三〇年

中田薫「粟野先生の書翰壹通」（熊谷榮之助編『粟野健次郎先生追懐録』）　第二高等学校同窓会　一九三六年

中田薫「古在総長の想出」（安藤円秀編『古在由直博士』）　西ヶ原刊行会　一九三八年

中田薫「わが家族制度の沿革」（『法律新報』七三三号）　一九四六年

中田薫「わが家族制度は――いかにあるべきか」（『民衆大学――時局解説――』二巻一号）　一九四七年

中田薫「民法改正と家族制度」（『法律新報』七四一号）　一九四七年

中田薫「岩つつじ―若かりし日の恋物語―」自筆草稿（個人蔵）　一九六三年十月
中田薫「徳川幕末不動産法」（「明治卅六年五月十九（十五ヵ）日脱稿」の跋文、法政大学蔵）
中田博士自筆「「唐令拾遺」稿本」（一九八三年再発見、東京大学東洋文化研究所蔵）

〔著書・資料〕

赤松克磨編『故吉野博士を語る』　中央公論社　一九三四年
雨宮庸蔵『偲ぶ草―ジャーナリスト六十年―』　中央公論社　一九八八年
石井勗『東大とともに五十年』　原書房　一九七八年
伊藤孝夫『瀧川幸辰―汝の道を歩め―』（ミネルヴァ日本評伝選）　ミネルヴァ書房　二〇〇三年
内田貴『法学の誕生―近代日本にとって「法」とは何であったか―』　筑摩書房　二〇一八年
海後宗臣『臨時教育会議の研究』　東京大学出版会　一九六〇年
大浦八郎編『三高八十年回顧』　関書院　一九五〇年
小野秀雄『新聞研究五十年』　毎日新聞社　一九七一年
鹿児島高等中学造士館編『鹿児島高等中学造士館一覧』　一八九五年
堅田剛『独逸法学の受容過程―加藤弘之・穂積陳重・牧野英一―』

鎌田慧『反骨―鈴木東民の生涯―』御茶の水書房　二〇一〇年
木本至『評伝宮武外骨』講談社　一九八九年
教育調査会編『学制問題ニ関スル議事経過』社会思想社　一九八四年
京都大学百年史編集委員会編『京都大学百年史』総説編・部局史編・資料編　一九一七年
京都大学後援会　一九九七〜二〇〇一年
京都大学大学文書館編『第三高等学校関係資料』解説・目録　二〇〇九年
桑原春晃編『野地菊司自叙伝』長浜繁　一九四二年
小田村寅二郎『昭和史に刻む我らが道統』日本教文社　一九七八年
今野元『吉野作造と上杉愼吉―日独戦争から大正デモクラシーへ―』名古屋大学出版会　二〇一八年
斎藤隆三『自叙伝』志富靱負　一九六一年
坂本太郎『古代史の道―考証史学六十年―』読売新聞社　一九八〇年
司法省総務局編『法制類聚』司法省総務局　一八九〇年
人事興信所編『人事興信録』一九〇三〜二〇〇九年
神陵史編集委員会編『神陵史』三高同窓会　一九八〇年
鈴木竹雄編『田中耕太郎―人と業績―』有斐閣　一九七七年

住谷悦治『鶏肋の籠』中央大学出版部　一九七〇年
第三高等中学校編『第三高等中學校一覽』第三高等中学校　一八八八～九四年
第二高等中学校編『第二高等中学校一覧』第二高等中学校　一八八八～八九年
高柳洋吉編『高柳真三遺文集―追想のために―』私家版　一九九一年
瀧川事件・東大編集委員会編『私たちの瀧川事件』新潮社　一九八五年
瀧川幸辰『総長の記録』世界思想社　一九五九年
瀧川幸辰先生記念会編『瀧川幸辰―文と人―』世界思想社　一九六三年
竹内洋『大学という病―東大紛擾と教授群像―』中央公論新社　二〇〇一年
田澤晴子『吉野作造―人世に逆境はない―』（ミネルヴァ日本評伝選）ミネルヴァ書房　二〇〇六年
田中耕太郎『教育と権威』岩波書店　一九四六年
田中耕太郎述『生きて来た道』世界の日本社　一九五〇年
田中宋太郎『難民記』報徳出版社　一九四七年
東京12チャンネル編『証言・私の昭和史』学峯書林　一九六九年
東京大学百年史編集委員会編『東京大学百年史』通史・部局史・資料　東京大学　一九八四～八七年
東京大学百年史編集室編『平賀譲史料目録』（東京大学史史料目録9）一九八二年

東京帝国大学編『東京帝国大学五十年史』上下　東京帝国大学　一九三二年
東京帝国大学編『東京帝国大学学術大観』法学部・経済学部　東京帝国大学　一九四二年
東京帝国大学編『東京帝国大学一覧』　東京帝国大学　一八九七～一九四三年
東京帝国大学編『東京帝国大学卒業生氏名録』　東京帝国大学　一九二三～三八年
東京帝国大学法学部編『東京帝国大学法学部便覧』　東京帝国大学　一九二二～五三年
東京帝国大学法学部編『明治初期新聞雑誌図書展覧目録』　東京帝国大学　一九二七年
東京帝国大学法学部明治新聞雑誌文庫編『東天紅』　瀬木博尚　一九三〇年
東京帝国大学学生課編『昭和八年度中に於ける本学内の学生思想運動の概況』『昭和九年度中に於ける本学内の学生思想運動の概況―附録　左翼思想清算の推移過程を示す手記実例―』　東京帝国大学　一九三四・三五年
東北大学編『東北大学五十年史』上・下　東北大学　一九六〇年
東北帝国大学編『東北帝国大学一覧』　東北帝国大学　一九二〇～四四年
戸水寛人『回顧録』『続回顧録』　有斐閣書房　一九〇六年
内藤初穂『軍艦総長・平賀譲』　文芸春秋　一九八七年
長尾龍一『日本憲法思想史』（講談社学術文庫）　講談社　一九九六年
中田直慈『嶋嶼見聞録』　鹿児島県　一八八七年
新潟日報社編『越佐が生んだ日本的人物』　新潟日報事業社出版部　一九九四年

日本学士院編『学問の山なみ―物故会員追悼集―』第1～第3　一九七九～八〇年
橋川文三『柳田國男―その人間と思想―』（講談社学術文庫）講談社　一九七七年
花見朔巳編『男爵山川先生伝』故山川男爵記念会　一九三七年
土方成美『学界春秋記―マルクシズムとの抗争三十余年―』中央経済社　一九六〇年
土方成美『事件は遠くなりにけり』経済往来社　一九六五年
報知新聞社編集局編『大学教授評判記』河出書房　一九三五年
松尾尊兊『滝川事件』（岩波現代文庫）岩波書店　二〇〇五年
三上参次『明治時代の歴史学界―三上参次懐旧談―』吉川弘文館　一九九一年
美濃部亮吉『苦悶するデモクラシー』文芸春秋新社　一九五九年
向坂逸郎『嵐のなかの百年―学問弾圧小史―』勁草書房　一九五二年
山下玄洋『中学造士館の研究―資料の紹介と考察―』斯文堂　一九九七年
横田喜三郎『私の一生』東京新聞出版局　一九七六年
横田正俊『法の心』毎日新聞社　一九七一年
『三々会卒業十周年記念帖』三々会（私家版）一九一〇年
『駿藩名所分配姓名録』学問所製本所・本屋市蔵　一八六九年
『卒業記念帖』『Souvenir album』『緑会』東京帝国大学・緑会　一九〇六年～
『東京市及接続郡部　地籍地図』東京市区調査会　一九一二年

（地図資料編纂会編『地籍台帳・地籍地図〔東京〕』全七巻、柏書房、一九八九年として復刻）
『東京都古書籍商業組合機関誌 古書月報』一八八号（会館竣工記念号） 一九六七年
『中田先生還暦祝賀 法制史論集』 岩波書店 一九三七年

〔論文・文献〕

井ヶ田良治「中田薫」（潮見俊隆・利谷信義編『日本の法学者』） 日本評論社 一九七五年
井ヶ田良治「法制史上の「家」―中田薫学説の成立―」（同志社大学人文科学研究所編『共同研究日本の家』） 国書刊行会 一九八一年
井ヶ田良治「日本法制史学の「現在」性―中田薫の「土地私有権史」論を中心に―」（矢崎光圀・八木鉄男編『近代法思想の展開』） 有斐閣 一九八一年
石井紫郎「中田薫」（永原慶二・鹿野政直編『日本の歴史家』） 日本評論社 一九七六年
石井良助「日本法制史学八十八年―東京大学における―」（石井良助『大化改新と鎌倉幕府の成立 増補版』） 創文社 一九七二年
石母田正「三先生のこと」（『社会科学の方法』六巻八号） 一九七三年
梅謙次郎「家族制の将来を論ず」（『法学大家論文集 民法之部』） 明治大学出版部 一九一〇年。初出一九〇二年
江口重国「配属将校増員問題経緯報告」（南原繁・蠟山政道・矢部貞治『小野塚喜平次―人と業

績―』）　岩波書店　一九六三年
大内兵衛・佐々木道雄・有沢広巳・山田盛太郎・脇村義太郎ほか「名誉教授座談会」（『東京大学経済学部五十年史』）　東京大学出版会　一九七六年
笠松宏至「中田薫に帰る―『法制史論集』復刊にあたって―」（同『中世人との対話』）　東京大学出版会　一九九七年。初出一九八五年
柏村哲博「創立者総代宮崎道三郎の生涯」（『日本大学史紀要』創刊号）　一九九五年
片岡輝夫「原田慶吉先生の逝去を悼みて」（『法制史研究』三号）　一九五三年
川島武宜・竹内好・丸山眞男「座談会　仁井田陞博士と東洋学」（『みすず』第八巻十一号）　一九六六年
久保正幡「中田薫先生の遺されたもの」（『図書』二五四号）　一九七〇年
久保正幡「大学行政」（鈴木竹雄編『田中耕太郎―人と業績―』）　有斐閣　一九七七年
久保田譲「学制改革の発端」（国民教育奨励会編『教育五十年史』）　民友社　一九二二年
小松清「義父と蒼い空」（赤松克麿編『故吉野博士を語る』）　中央公論社　一九三四年
佐藤雄基「立教大学図書館所蔵大久保利謙文庫とその内覧会―歴史家の蔵書からみる史学史―」（『立教大学日本学研究所年報』十七号）　二〇一八年
七戸克彦「九州帝国大学法文学部と吉野作造（一）（二）」（『法政研究』八三巻四号・八十四巻一号）　二〇一七年

末川　博「思い出の人とあゆみ」（『末川博随想全集』第九巻）　栗田出版　一九七二年
周藤吉之「仁井田陞博士を偲びて」（『法制史研究』十七号）　一九六七年
関口　泰「京大事件前後（5）」（『大阪朝日新聞』昭和九年二月十九日）　一九三四年
高柳賢三「学生時代の想出」（『緑会雑誌』九号）　一九三七年
瀧川幸辰「回想の法学者」（『瀧川幸辰刑法著作集』第五巻）　世界思想社　一九八一年
瀧川政次郎「紹介及批評　中田薫著『法制史論集』第一巻（大正十五年三月、東京岩波書店発行／菊版七三八頁　定価金六円）」（『国家学会雑誌』四十巻八号）　一九二六年
瀧川政次郎「私の履歴書⑤　法制史研究に献身」（『古代文化』四号）　一九五八年
田澤晴子「留学時代の一枚」（『吉野作造記念館だより』九号）　二〇〇三年
田澤晴子「吉野作造の足跡を訪ねる―ハイデルベルク・ウィーンを中心に―」（『吉野作造記念館研究紀要』二号）　二〇〇五年
田澤晴子・平野敬和・藤村一郎「三谷太一郎氏インタビュー記録―「大正デモクラシー」研究をふり返る―」（『社会科学』四十八巻二号）　二〇一八年
舘　昭「大正三年の帝国大学令改正案と東京帝国大学―奥田文政下の学制改革問題―」（『東京大学史紀要』一号）　一九七八年
舘　昭「帝国大学制度調査委員会に関する一考察」（『東京大学史紀要』二号）　一九七九年
照沼康孝「東京帝大経済学部問題と長与又郎―長与又郎日記を中心に―」（『東京大学史紀要』

八号）　一九九〇年

東京大学百年史法学部編集委員会「東京大学法学部百年史稿」（『国家学会雑誌』九十一巻九号〜九十五巻五号）　一九七八〜八二年

長尾藻城「生前墳墓窟より娑婆へ」（『医学及医政』大正十三年三月）　一九二四年

長尾藻城「廃姓外骨の東大法学部入り」（『日本及日本人』四十四号）　一九二四年

長尾龍一「宮崎道三郎の法史学」（『法学に遊ぶ　新版』）　慈学社　二〇〇九年。初出二〇〇七年

中川善之助「新民法と法制史―歴史に盲目なる者の弁―」（『法律新報』七四六号）　一九四八年

中田瑞彦「本部朝基先生・語録」（小沼保『琉球拳法空手術達人正伝』）　壮神社　一九七八年

中田瑞彦「少年と青年前期頃の思い出」（『吉田健一著作集』二十三巻月報）　集英社　一九八〇年

中野実「史料解説　新渡戸稲造他「大学制度改正私見」」（『東京大学史紀要』二号）　一九七九年

中野実「新渡戸稲造他「大学制度改正私見」（二）」（『東京大学史紀要』七号）　一九八九年

仁井田陞「私の処女論文」「中国の法と社会と歴史」（『東洋とは何か』）　東京大学出版会　一九六八年。初出一九六四年

西山伸「史料紹介 滝川事件について—宮本英雄氏聞き取り—」(『京都大学大学文書館研究紀要』六号) 二〇〇八年
新田一郎「京城天真楼遺聞 Version 2.01 —京城日本人社会史一隅—」(法制史学会東京部会第二六四回例会報告記録) 二〇一四年
野村淳治「上杉さんの想出」(七生社編『上杉先生を憶ふ』) 七生社 一九三〇年
長谷川如是閑「吉野博士と私」(赤松克麿編『故吉野博士を語る』) 中央公論社 一九三四年
鳩山一郎「昨今に思う」(『サンデー毎日』一九五一年六月三日号) 一九五一年
原田春子「夫はなぜ自殺したか?—学者の妻の手記—」(『婦人公論』三十五巻十一号) 一九五〇年
原田春子「ひとりのあゆみ(思いがけぬ夫の死にあって) わが子とともに」(『婦人之友』五十巻九号) 一九五六年
穂積重遠「諸先生の肖像額を仰いで」(『緑会雑誌』七号) 一九二五年
松尾尊兊「吉野作造の朝鮮論」(『吉野作造選集』九巻) 岩波書店 一九九五年
丸山眞男「座談会 映画『ローザ・ルクセンブルク』をめぐって」(『図書』四六五号) 一九八八年
三浦周行「校訂令集解の刊行に就きて」(同『法制史の研究』) 岩波書店 一九一九年
美濃部達吉「私の大学学生時代」(『緑会雑誌』九号) 一九三七年

宮崎誠・柏村哲博「宮崎道三郎のドイツ留学について」（『日本大学史紀要』五・六号） 一九九八・九九年

宮武外骨「跋」（中田薫『徳川時代の文学と私法』） 半狂堂 一九二三年

宮武外骨「死刑類纂追捕―おもひうかび―」（外骨『此中にあり』一） 半狂堂 一九二三年

宮武外骨「自序」（同『猥褻と科学』） 半狂堂 一九二四年

宮武外骨「明治新聞雑誌文庫略史」（『公私月報』一号） 一九三〇年

柳田國男「地方公演の二、三」（『柳田國男全集』二十一巻） 筑摩書房 一九九七年

柳田國男「故人寄贈の桜悲し」（『柳田國男全集』二十九巻） 筑摩書房 二〇〇二年

柳田國男「年譜」（『柳田國男全集』別巻一） 筑摩書房 二〇一九年

山口道弘「私有と自主立法権（Autonomie）―法制史家中田薫の学問形成―」（佐藤健太郎ほか編『公正から問う近代日本史』） 吉田書店 二〇一九年

山本達郎・仁井田礼子・滋賀秀三・佐伯有一・柳田節子・池田温・田仲一成・今堀誠二〔紙上参加〕「座談会 先学を語る―仁井田陞博士―」（『東方学』七十八輯） 一九八九年

吉野作造「穂積老先生の思ひ出」（『吉野作造選集』十二巻） 岩波書店 一九九六年

吉原達也「宮崎道三郎博士の講述『比較法制史』について」（『日本法学』八十四巻三号） 二〇一八年

吉村幸雄「第二東大物語」(『日本評論』一九三九年四月号)　一九三九年
米田實「吉野博士のことども」(赤松克麿編『故吉野博士を語る』)　中央公論社　一九三四年
我妻栄「親族の扶け合い」「家は存続するか」(『法律タイムズ』十四・十五号、一九四八年。
同『改正民法余話―新しい家の倫理―』に再録)　学風書院　一九四九年
和仁かや・梶嶋政司ほか「金田平一郎旧蔵書」(『九州大学附属図書館研究開発室年報』二〇二〇／二〇二一)　二〇二一年
「石井良助先生略歴および主要著書」(『創文』三四二号)　一九九三年
「昭和八、九年配属将校増加問題関係」(『東京大学百年史』通史二)　東京大学　一九八五年所引
「東大法学部の人々」(『法律春秋』五巻五号)　一九三〇年
「原田教授はなぜ自殺した？　薄給と税金苦〝私は生きる力を失った〟」(『朝日新聞』一九五〇年九月二十一日朝刊、社会面)　一九五〇年
「原田教授自殺の真相の真相　朝日のトリック写真　原田教授夫人の抗議」(『新聞之新聞』一九五〇年十月十一日)　一九五〇年
「『法制史論集』出版案内・予約申込パンフレット」　岩波書店　一九七〇年
「歴史学界長老諸氏の消息」(『日本歴史』一八八号)　一九六四年

著者略歴

一九六八年　大阪府生まれ
一九九七年　同志社大学大学院文学研究科博士課程後期退学
現在　同志社大学文学部教授、博士（文化史学）

主要著書

『日本古代君主制成立史の研究』（塙書房、二〇一七年）
『新版 史料で読む日本法史』（共著、法律文化社、二〇一六年）
『古代史講義【宮都篇】』（共著、ちくま新書、筑摩書房、二〇二〇年）

人物叢書　新装版

中田薫

二〇二三年（令和五）八月一日　第一版第一刷発行

著者　北　康宏（きた やすひろ）
編集者　日本歴史学会
代表者　藤田　覚
発行者　吉川道郎
発行所　株式会社 吉川弘文館
東京都文京区本郷七丁目二番八号
郵便番号一一三―〇〇三三
電話〇三―三八一三―九一五一〈代表〉
振替口座〇〇一〇〇―五―二四四
http://www.yoshikawa-k.co.jp/
印刷＝株式会社 平文社
製本＝ナショナル製本協同組合

ISBN978-4-642-05312-9

『人物叢書』(新装版)刊行のことば

人物叢書は、個人が埋没された歴史書が盛行した時代に、「歴史を動かすものは人間である。個人の伝記が明らかにされないで、歴史の叙述は完全であり得ない」という信念のもとに、専門学者に執筆を依頼し、日本歴史学会が編集し、吉川弘文館が刊行した一大伝記集である。

幸いに読書界の支持を得て、百冊刊行の折には菊池寛賞を授けられる栄誉に浴した。

しかし発行以来すでに四半世紀を経過し、長期品切れ本が増加し、読書界の要望にそい得ない状態にもなったので、この際既刊本の体裁を一新して再編成し、定期的に配本できるような方策をとることにした。既刊本は一八四冊であるが、まだ未刊である重要人物の伝記についても鋭意刊行を進める方針であり、その体裁も新形式をとることとした。

こうして刊行当初の精神に思いを致し、人物叢書を蘇らせようとするのが、今回の企図である。大方のご支援を得ることができれば幸せである。

昭和六十年五月

日本歴史学会

代表者　坂本太郎

小堀遠州
徳川家光
由比正雪
林羅山
松平信綱
国姓爺
野中兼山
保科正之
隠元
徳川和子
酒井忠清
朱舜水
池田光政
山鹿素行
井原西鶴
松尾芭蕉
三井高利
河村瑞賢
徳川光圀
契沖
市川団十郎
伊藤仁斎
徳川綱吉
貝原益軒
前田綱紀
近松門左衛門
新井白石
鴻池善右衛門
石田梅岩
太宰春台
徳川吉宗
大岡忠相
賀茂真淵
平賀源内
与謝蕪村
三浦梅園
毛利重就
本居宣長
山村才助
木内石亭
小石元俊
山東京伝
杉田玄白
塙保己一
上杉鷹山
大田南畝
只野真葛
小林一茶
大黒屋光太夫
松平定信
菅江真澄
鶴屋南北
島津重豪
狩谷棭斎
最上徳内
遠山景晋
渡辺崋山
柳亭種彦
香川景樹
平田篤胤
間宮林蔵
滝沢馬琴
調所広郷
橘守部
黒住宗忠
水野忠邦
帆足万里
江川坦庵
藤田東湖
二宮尊徳
広瀬淡窓
大原幽学
島津斉彬
月照
橋本左内
井伊直弼
吉田東洋
緒方洪庵
佐久間象山
真木和泉
高島秋帆
シーボルト
高杉晋作
川路聖謨
横井小楠
小松帯刀
山内容堂
江藤新平
和宮
西郷隆盛
ハリス
森有礼
松平春嶽
中村敬宇
河竹黙阿弥
寺島宗則
樋口一葉
ジョセフ＝ヒコ
勝海舟
臥雲辰致
黒田清隆
伊藤圭介
福沢諭吉
星亨
中江兆民
西村茂樹
正岡子規
清沢満之
滝廉太郎
副島種臣
田口卯吉
福地桜痴
陸羯南
児島惟謙
荒井郁之助
幸徳秋水
ヘボン
石川啄木
乃木希典
岡倉天心
桂太郎
徳川慶喜
加藤弘之
山路愛山
伊沢修二
秋山真之
前島密
成瀬仁蔵
前田正名
大隈重信
山県有朋
大井憲太郎
河野広中
富岡鉄斎
大正天皇
津田梅子
豊田佐吉
渋沢栄一
有馬四郎助
武藤山治
坪内逍遥
山室軍平
阪谷芳郎
南方熊楠
山本五十六
中野正剛
三宅雪嶺
近衛文麿
河上肇
牧野伸顕
幣原喜重郎
御木本幸吉
尾崎行雄
緒方竹虎
中田薫
石橋湛山
八木秀次
森戸辰男
▽以下続刊